汽车销售

从新手到高手

FROM NOVICE TO EXPERT

李志远／编著

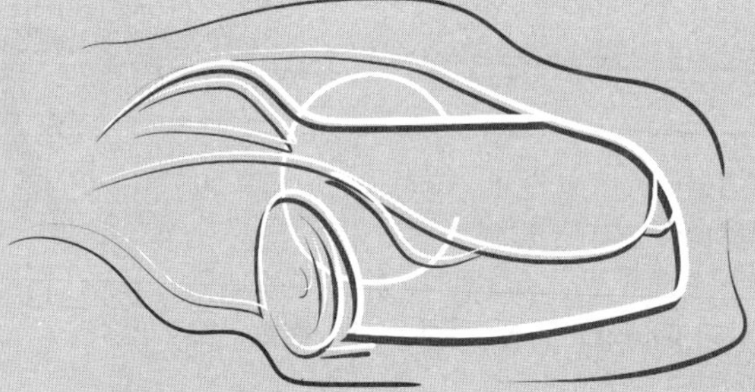

中国铁道出版社有限公司
CHINA RAILWAY PUBLISHING HOUSE CO., LTD.

图书在版编目（CIP）数据

汽车销售从新手到高手 / 李志远编著 . —北京：中国铁道出版社，2017.8（2021.10 重印）

ISBN 978-7-113-23014-2

Ⅰ . ①汽… Ⅱ . ①李… Ⅲ . ①汽车 - 销售 Ⅳ . ① F766

中国版本图书馆 CIP 数据核字（2017）第 090376 号

书　　名：汽车销售从新手到高手

作　　者：李志远

责任编辑：吕　芠　　编辑部电话：(010) 51873035　　邮箱：181729035@qq.com

封面设计：MXK DESIGN STUDIO

责任印制：赵星辰

出版发行：中国铁道出版社有限公司（100054，北京市西城区右安门西街 8 号）

印　　刷：三河市兴博印务有限公司

版　　次：2017 年 8 月第 1 版　2021 年 10 月第 10 次印刷

开　　本：700 mm×1 000 mm　1/16　印张：18　字数：323 千

书　　号：ISBN 978-7-113-23014-2

定　　价：49.00 元

前言

随着中国经济的不断发展，汽车不再是奢侈品，许多家庭具有了购买汽车的能力。中国汽车市场进入了百花齐放、快速发展的黄金期。这使得汽车销售成为了一个热门职业。而且，这个职业的门槛并不高，如果做得好收入很可观。于是很多人，特别是年轻人想加入汽车销售行业。其实，在国外早有通过汽车销售获得巨大成就的人。

35 岁前，他一事无成，患有相当严重的口吃，工作换了四十个，甚至当过小偷，开过赌场，后来建筑生意失败欠下了巨额的外债。

1963 年，35 岁的他为了养家糊口开始踏足汽车销售行业。此后，他的人生像一路开了挂似的，在短短三年内爬上世界第一，并被吉尼斯世界纪录称为“世界上最伟大的推销员”。他保持了“连续 12 年平均每天销售 6 辆车”的世界汽车销售纪录，至今无人能破。

这个由全盘失败再到完美蜕变的传奇人物就是乔•吉拉德。相信很多有志于汽车销售行业的追梦者都将他视为精神的偶像、学习的标杆。但是这样传奇成功的人生真的能复制吗？其实有很多销售员在工作的过程中都困惑和迷茫了。

为什么客户频频光顾，只看不买？

为什么推销工作这么到位了，客户还是接二连三地拒绝？

为什么口干舌燥说了这么久，客户还是各种不满意？

为什么事先说好要买，客户到最后却变了卦？

为什么别人的销售领地络绎不绝，你的却门可罗雀？

为什么卖出一部车这么难？为什么钱这么难挣？

这是很多汽车销售新人从心底发出的呐喊和质问。其实现在的汽车销售工作已经成为高专业化、高难度、高技术、高技巧的一门职业。销售新人要想踏入这个门槛，蜕变了汽车销售领域的“乔•吉拉德”，首先就得熟练掌握你所售产品的所有专业知识，其次还要了解目前汽车销售行业的水到底有多深，此外还要练就内功，调整好自己的心态，以最优秀的自己迎接各方面的挑战。当然，这些只是作为一个销售新手必须具备的基本功。

而要想实现一个新手向高手的蜕变，销售员既要学会挖掘客户内心的需求，实现与客户的高效沟通，又要掌握恰如其分的产品介绍技巧，让产品的卖点俘获客户的“芳心”；既要做好试乘试驾的引导服务，又要掌握化解客户异议的话术技巧；既要能够灵活运用快速促成的策略，又要掌握跟踪回访的艺术。总之，汽车销售是一个高薪且充满挑战的职业，一个人若是能够练就上述这些内功外功，除了实践的打磨以外，还需要一本亦师亦友的专业书做引导。

《汽车销售从新手到高手》是一本汽车销售业务的百宝箱。全书分为汽车销售新手篇和汽车销售高手篇两部分内容，多方位立体化地囊括了汽车销售的基本知识和汽车销售人员至关重要的各种实战技巧。在这里，你可以看到世界各种汽车的详细介绍；也可以了解到中国汽车市场的现状以及发展趋势；当然，汽车按揭贷款、保险办理、客户接待、产品介绍、试驾试乘、交车回访等等内容也是应有尽有。

一书在手，广大的销售新手们就相当于踩在巨人的肩膀上，可以有效避开销售路上的深挖浅坑，也可以拿书中的实战技巧现学现用。当然，在实践销售活动中的好多困惑也可以通过阅读本书找到答案。总之，这是一本集国内外卓越汽车销售人员的销售经验、技能之大成的智慧书库。无论是汽车销售新手还是老手，相信通过本书的阅读和学习，一定能够迅速提升销售技能，成功开启销售财富的大门。

CONTENTS 目 录

新手篇

第一章　汽车销售越专业越好：吃透你所售卖的产品

第二章　想游泳，先知池水有多深：详细了解汽车销售市场

高手篇

第六章 做好客户接待：打好汽车售卖的基础

第七章 这样沟通最有效：搞清楚客户的需求和购车意向

第八章 介绍汽车，突出卖点：吸引客户爱上这款车

第九章　试乘试驾：注重细节，把客户体验做到位

第十章　排除购车异议：读懂拒绝，把“NO”变成“YES”

第十一章 快速成交：使用“柔掌”推客户最后一把

第十二章 完美交车：走好售车流程的“最后一公里”

第十三章 回访跟踪：以优质服务赢得良好口碑

附赠实用工具

配套资源下载地址：
http://upload.m.crphdm.com/2019/0813/1565693637613.doc

新手篇

第一章
汽车销售越专业越好：吃透你所售卖的产品

如今汽车销售已经成为一种高难度、高技术、高技巧、高专业化的职业。要想成为一个令客户信赖的专业汽车销售人员，扎实的专业知识以及有效的沟通技能是你必须掌握的。这就要求你首先要熟悉自己将要售卖的产品——汽车。

世界主要汽车品牌介绍

如今，随着汽车需求量的不断增加，汽车消费市场前景大好。由此，汽车的品牌也在不断增加，呈现“百花争鸣”的态势。所以，在进入汽车销售行业之前，你要对国内外主要汽车品牌有较为深入的了解。

情景案例

因为生活和工作原因，王明临时决定购买一款属于自己的汽车，只不过，之前因为没有买车的打算，王明对于汽车不是很了解，所以，王明找到一位做过汽车销售的朋友询问一些专业知识。

这天，王明来到朋友刘洋家，和朋友聊天过程中询问起了相关知识。

刘洋：“老王，你说你想买车？”

王明：“是啊，突然有的想法，但是我对汽车一点也不了解啊，你给我说说呗，现在市场上主要的汽车品牌有哪些？”

刘洋：“好吧，正好有时间，那我给你简单说下吧。首先，现在国内外的汽车品牌很多，大致分为美系、德系、日韩、欧系以及其他自主品牌等，种类繁多。其中各系车都有各自的不同品牌。喏，这是我之前整理的资料，你先大致看一下吧。”

王明：“好的，谢了哥们。”

一、国外著名汽车品牌介绍

1. 美系主要汽车品牌

（1）通用汽车公司。通用生产的汽车典型地表现了美国汽车的豪华、宽大、内部舒适、速度快、储备功率大等特点。它旗下的主要汽车品牌有雪佛兰、别克、GMC、凯迪拉克、霍顿、欧宝、沃克斯豪尔、吉优等品牌。

（2）福特汽车公司。福特汽车公司是世界上最大的汽车生产商之一，成立于 1903 年，旗下拥有的主要品牌为福特和林肯。

2. 日系主要汽车品牌

（1）丰田汽车公司。丰田汽车公司总部在日本东京，旗下的主要汽车品牌有丰田牌、皇冠、光冠、花冠、克雷西达以及凌志等。

（2）本田汽车公司

本田公司汽车产量和规模名列世界十大汽车厂家之列，目前为日本第三大汽车公司。创始人本田宗一郎。公司总部设在东京。本田公司的标志为正体“H”镶嵌于一个方框之中。旗下主要汽车品牌有 Legend（里程）、Civic（思域）、Odessey（奥德赛）、Airwave（气浪）、Stream（时韵）、FC×、CRV、雅阁、飞度、思铂睿、锋范 、讴歌 、思迪。

（3）日产

日产（NISSAN ），日产汽车公司是日本的第二大汽车公司，也是世界十大汽车公司之一。创立于 1933 年。几十年来，日产汽车公司的技术与产品受到全世界消费者的喜爱。其轿车的代表有骐达、轩逸、天籁、阳光等。

3. 韩系主要汽车品牌

现代起亚汽车集团，现代起亚汽车集团是世界产量第五大的汽车生产商。由一系列附属公司以复杂的控股方式组成的集团公司，集团的前身是现代汽车集团，实际代表是现代汽车公司。

现代 • 起亚汽车集团包括现代、起亚两个汽车品牌。现代车标是椭圆内一个斜字母 H；起亚车标是椭圆内一个“KIA”，其中“A”没有中间一横。

4. 德系主要汽车品牌

（1）大众汽车公司。大众名列世界十大汽车公司之一。其旗下主要汽车品牌有保时捷、大众、兰博基尼、斯柯达、宾利、布加迪、奥迪、斯堪尼亚、MAN、西雅特、杜卡迪和大众商用车等。

（2）戴姆勒•奔驰汽车公司。奔驰汽车的经营风格始终只追求生产出高产量、高性能和高级别汽车产品。旗下主要汽车品牌有奔驰、迈巴赫、smart。

（3）宝马汽车公司。宝马汽车公司的商标图案“BMW”是巴依尔发动机公司的缩写。宝马汽车公司以汽车的高质量、高性能和高技术为追求目标，旗下车系有 1、2、3、4、5、6、7、8（停产）、i、M、×、Z 几个系列，还包括 2003 年收购的劳斯莱斯和 MINI 子品牌。

5. 英系主要汽车品牌

（1）豪华轿车

宾利，宾利汽车公司是举世闻名的超豪华汽车制造商，总部位于英国克鲁。宾利车标设计运用简洁圆滑的线条，晕染、勾勒形成一对飞翔的翅膀，整体恰似一只展翅高飞的雄鹰。中间的字母“B”为宾利汽车创始人 Bentley 名字的首字母。

路虎，又名罗孚，是英国古老的汽车制造商，其品牌先后被宝马、福特、印度塔塔集团等收购，主要产品有神行者、极光、发现、揽胜、卫士等。

（2）跑车

MG，成立于 1924 年，是英国汽车品牌，主要生产敞篷跑车。车标运用了英国圣公教会天穹的极具张力、坚定、稳固的八角形形状来作为 MG 的标志。其中八角形象征着热情、忠诚。

阿斯顿马丁，阿斯顿・马丁之前是英国豪华轿车、跑车生产制造公司。该公司始建于 1913 年，创始人是莱昂内尔・马丁和罗伯特・班福德，公司设在英国新港市，以生产敞篷旅行车、赛车和限量生产的跑车而闻名世界。汽车标志为一只展翅飞翔的大鹏。

捷豹，又称美洲豹汽车，全球闻名的英国汽车品牌。捷豹是英国的一家豪华汽车生产商，车标为一只正在跳跃前扑的“美洲豹”形象。

6. 法系主要汽车品牌

标致，标致是法国标致雪铁龙集团子公司标致汽车公司旗下汽车品牌，徽标是一头站立的狮子。在标致汽车发动机罩或前格栅上都能见到狮子身影。

雪铁龙，雪铁龙公司是法国最早采用流水线生产的公司。1934 年生产出法国第一辆前轮驱动汽车。1976 年被法国标致公司兼并，成为法国标致一雪铁龙集团（PSA）成员之一，但仍保持较大独立性。品牌标识以双人字标为基础，同时整体采用富有金属感的色泽，轮廓更立体圆润，极富时尚、现代气息。

雷诺，雷诺是世界上最悠久的汽车公司和世界十大汽车公司之一。图形商标是四个菱形拼成的图案，象征雷诺三兄弟与汽车工业融为一体，表示“雷诺”能在无限的（四维）空间中竞争、生存、发展。生产的车辆以雷诺轿车为主，还有小型车、中型车、休旅车、大型车（包含卡车和工程用车及巴士）等。

7．意大利主要汽车品牌

法拉利汽车。法拉利汽车大部分采用手工制造，因而产量很低，年产量只有 4 000 辆左右的豪华跑车。公司主要以生产赛车和跑车而世界闻名。

二、中国著名自主汽车品牌介绍

1．第一汽车集团公司

中国第一汽车集团公司总部在吉林省长春市，前身是建于 1953 年的中国第一汽车制造厂。旗下品牌主要有红旗、解放、奔腾、夏利、一汽客车。

2．奇瑞汽车集团公司

奇瑞公司为我国第一个将整车、CKD 散件、发动机以及整车制造技术和装备出口至国外的轿车企业。奇瑞汽车是中国自主品牌中的代表和精品，9 年蝉联中国自主品牌销量冠军。旗下主要汽车品牌有瑞虎、奇瑞、风云、艾瑞泽。

3．浙江吉利控股集团有限公司

浙江吉利控股集团是中国汽车行业十强企业。旗下品牌有吉利、沃尔沃、英伦出租车三大品牌系列。

4．长城汽车股份有限公司

该公司总部位于河北省保定市。长城汽车是中国首家在香港 H 股上市的整车汽车企业、国内规模最大的皮卡 SUV 专业厂、跨国公司。旗下品牌主要有长城、哈佛、风骏。

5. 长安汽车股份有限公司

它是中国知名汽车制造企业，旗下主要有 CS 系列、睿骋系列、逸动系列、悦翔系列、欧诺、欧尚等。

6. 比亚迪汽车有限公司

该公司的汽车产品包括各种高、中、低端系列燃油轿车，以及汽车模具、汽车零部件、双模电动汽车及纯电动汽车等。代表车型包括 F3、F3R、F6、F0、G3、G3R、L3/G6、速锐等传统高品质燃油汽车，S8 运动型硬顶敞篷跑车、高端 SUV 车型 S6 和 MPV 车型 M6，领先全球的 F3DM、F6DM 双模电动汽车和纯电动汽车 E6，以及朝代系列元、宋、唐、秦等。

小结

随着汽车行业的发展，如今的汽车种类繁多，而汽车销售又是一个专业要求极高的职业。所以，作为踏入汽车销售行业的敲门砖，你首先要对世界主要汽车品牌有所了解，尤其是你将要销售的品牌。

汽车的详细分类

通过上一节，你应该大致了解了世界主要汽车品牌的相关知识。那么，仅仅了解了这些还远远不够，汽车的详细分类也是你要掌握的基础专业知识之一。在你决定踏入汽车销售行业的那一刻起，这些基础专业知识需要你提前储备好。

情景案例

王明："我说洋子，这汽车的品牌也太多了，汽车公司也好多啊。"

刘洋："那是，如今汽车已经和人们的生活息息相关了呢，作为一种使用起来舒适、便捷的工具，越来越受到人们的欢迎。既然有这么好的市场前景，当然会有许多人想要分汽车市场这块大蛋糕，汽车公司增多很正常，当然各种品牌也不少了。"

王明："那洋子，汽车都有哪些分类呢？"

刘洋："要说分类，还得看按什么分了。汽车有好多划分的标准，比如不同作用的汽车，不同动力的汽车，不同型号的汽车等等。”

王明：“额，这要详细分是不是又要好多了？我还不知道要买辆什么样的车型呢，你这有没有详细介绍啊？”

刘洋：“当然有啊，这些都是汽车销售要掌握的基本知识。老王，你接着往后翻就有汽车的详细分类。”

王明：“好的，我得好好看看，看哪种汽车比较适合现在的我。”

汽车的种类繁多，以下是根据不同的功能、用途、动力以及行驶道路条件进行的简单分类。

1. 因为汽车功能不同而划分的种类

汽车因为功能不同而有很多车型，具体相关分类如下所示。

轿车：指用于载送人员及其随身物品，且座位布置在两轴之间的汽车。通常包括驾驶者在内，座位数不超过九个。其中轿车强调的是舒适性，以乘员为中心。而出于经济考虑，轿车一般选择马力适中、排量小、耗油量小的发动机。

MPV：这是一款多用途汽车，它把轿车、旅行车和厢式货车的功能集于一身，并且车内每个座椅都可以调整，更有多种组合的方式。

SUV：属于运动型多用途汽车，是指那些设计前卫、造型新颖的四轮驱动越野车。SUV前悬架一般是轿车型的前悬架，后悬架是非独立悬架，离地面空隙较大，使得SUV在一定程度上既有轿车的舒适性，又有越野车的越野性能。

RV：这是一种休闲车，主要适用于娱乐、休闲和旅行的汽车，日本是首先指出RV汽车概念的国家。不过RV的覆盖范围比较广泛，并没有严格的范畴。广义上讲，除了轿车和跑车外的轻型乘用车，都可以归属于RV，包括MPV及SUV也同属RV。

皮卡：又名轿卡，是一款兼有轿车车头和驾驶室，同时带有敞开式货车车厢的车型，其特点是在兼顾轿车舒适性的同时又不失强劲动力，而且皮卡载货能力以及适应不良路面的能力比轿车还强。最常见的皮卡车型是双排座皮卡。

2. 按用途不同划分的不同车型

按用途的不同划分，汽车可以分为运输汽车和特种用途汽车两类。

（1）运输汽车包括轿车、客车、货车以及牵引汽车四种，其具体分类如下。

轿车，按发动机工作容积即发动机排量的大小，将其分为五个级别。分别为：微型轿车，发动机工作容积在1升以下；普通级轿车，发动机工作容积1.0～1.6升；中级轿车，发动机工作容积1.6～2.5升；中高级轿车，发动机工作容积2.5～4升；高级轿车，发动机工作容积在4升以上。

客车：根据客车服务方式的不同，其构造也不相同，可分为城市公共汽车、长途客车、团体客车、游览客车等类型。

货车：根据所载货物众多种类，货车的装载量与车厢的结构也各有不同，主要分为普通货车和专用货车两大类型。

牵引汽车：这类汽车是指专门或主要用于牵引挂车的汽车，可分为半挂牵引汽车和全挂牵引汽车等类型。

（2）特种用途汽车是指根据特殊使用要求设计或改装而成的一类汽车，主要用于执行运输以外的任务。但是其中具有装甲或武器的作战车辆不在此列，它们被列为军事特种车辆。特种用途车的分类有以下几类。

娱乐汽车：专供假日娱乐消遣的汽车，这种汽车的主要任务不再是运输。

牵引汽车：在之前已经介绍，这类汽车是指专门或主要用于牵引挂车的汽车，分为半挂牵引汽车和全挂牵引汽车等类型。

特种作业汽车：指汽车上安装有各种特殊设备从而进行特种作业的一类车辆，如环卫环保作业车、市政建设工程作业车、石油地质作业车、医疗救护车、公安消防车、机场作业车等。

竞赛汽车：按照特定的竞赛规范而设计的汽车，如F1赛车。

3. 按动力不同划分的不同车型

零排放汽车：零排放汽车是指不排出任何有害物质的汽车，其中包括太阳能汽车、纯电动汽车、氢气汽车等，也被称为绿色汽车、环保汽车、生态汽车和清洁汽车。

电动汽车：纯电动汽车是指以电源为动力，通过电动机驱动车轮行驶，并且符合安全法规各项要求以及道路交通的车辆。

活塞式内燃机汽车：通常根据使用的燃料不同，大致分为汽油车和柴油车。

燃气轮机汽车：与活塞式内燃机相比，燃气轮机功率大、重量轻，转矩特性好，所使用的燃油无严格限制。不过其缺憾在于耗油量大、噪声较大，制造成本也比较高。

混合动力汽车：混合动力汽车是指在纯电动车上加装一套内燃机，旨在减少汽车污染的同时提高其行驶里程。混合动力汽车有串联式和并联式两种结构形式。

小结

根据不同的标准，可以将汽车分为不同的种类。在你正式进入汽车销售岗位工作时，你可以根据客户不同的生活需求和工作性质向其推荐不同的车型。

国产、合资、进口车的区别

目前在我国汽车消费市场上，汽车大体分为三类：国产车、合资车和进口车。三者不仅使得大家可以自主选择适合自己的车，圆了更多国人的“汽车梦”，同时三者之间又因为质量、工艺、价格等各方面而存在着很大的区别和差异。面对不同需求以及购买力的客户，你要详细地向他们解说其中的区别，提出合理的购车建议，这样对你销售业绩和客户满意度的提高都会有所帮助。

情景案例

王明：“你看这两款车的配置价格怎么差别有些大啊？”

刘洋：“那是当然，你仔细看，这两款分别是国产车和合资车，如果和进口车比，差距会更大。”

王明：“那国产车与合资车和进口车具体是怎么区分的啊？”

刘洋：“首先从本质上区分，进口车你肯定知道，是在国外生产，原装进口过来的车，比如奔驰S级、宝马7等；至于合资车和国产车的区别，首先，国产车是咱们自己的技术，自己国家生产的，就比如比亚迪、吉利、中华等；而合资车，则是中外合资，国内生产，但使用的是国外的技术，比如大众系列和奥迪A6L等。”

王明：“噢，那基本是合资车和进口车的核心技术都是国外的，只有国产车是自己掌握技术呗。”

刘洋：“对啊。国产车毕竟起步晚，不过国产车相对于其他两者来说较为便宜，当然三者也各有千秋，这要看你想怎么选择了。”

王明：“嗯嗯，确实。”

刘洋：“那你先看看吧，也正是因为有这三者之分，咱们国人买车才有了更多选择，这就是它们带来的好处。”

王明：“的确，我们可以根据自己的实际情况来做出不同选择，这点挺好。”

国产车、合资车及进口车的具体定义如下。

国产车：国人自己设计的车。由国人自己设计并制造，具有自己品牌和自主知识产权。除了前面提到的比亚迪、吉利、中华之外，还包括奇瑞、长城、红旗等。

进口车：进口车是指进口品牌在国外生产，然后以整车进口在国内进行销售的车辆。如奔驰 S 级、宝马 7 系、奥迪 A8 和日系豪华车等销量不大的车型，目前仍以整车进口的形式在国内销售。其中进口车一般分为美规车、中规车、中东版、欧洲版等版本。进口车的核心技术由国外掌握。

合资车：合资车的定义是由中方与国外投资方共同成立的项目。其中，中方以出让土地厂房使用权、资金的方式投资；而国外投资方则以提供品牌、技术、资金、人才等的方式投资。合资汽车就是以这样的中外合作的方式生产的汽车。就相当于汽车制造过程中由国外提供技术、人才、品牌等，然后在国内组装。合资车的核心技术仍由国外掌握。

下面先来介绍一下合资车与国产车的主要区别。

国产车是自主设计研发并且由本国技术在国内生产。而合资车的设计理念和技术都是从国外引进，而由国内的工人来建造生产，甚至国产化率程度较高的会选用国产材料。若是从工艺、技术、发动机等多个方面来进行说明的话，其实合资车和国产车都有档次之分，质量差距不小。质量控制的程度也相差比较大。先从价位来进行说明，以 10 万为基准线，10 万以下的合资车质量很难得到保障。

因为有三方的利润在，所以合资车本身的价格只有这么多，就只能缩减成本。而10万元价位的国产车不但车型比同价位合资车高一个档次，而且质量操控的也好。所以在10万到15万价位的车，国产车比合资车性价比好。但是20万以上价位的汽车当中，合资车要比国产车性价比好点，因为自主车目前主攻的是10万以下级别。不过国产车10万价位的性价比要优于15万价位合资车。所以10万左右价位的车型一般选择国产车就好，比如吉利、奇瑞、长城等几家好的国产品牌车。

当然，就整体来说，合资车由于依靠国外汽车企业的成熟技术，在生产出的汽车质量、技术上一般要优于大多数国产品牌车，但是随着国产品牌的进步，相信国产品牌汽车在质量、性能等方面一定能越来越好。

至于国产车和进口车的区别，毕竟国产汽车起步晚了许多，技术储备、设计理念等方面难免差进口车较大，这在零件质量和装配质量上体现更为明显；但是，相对于进口车，国产车的优势在于售后服务方面。国产车维修服务网点多，维修人工及配件价格都比较便宜，各方服务较周到；而进口车如果出现故障或事故，修理起来相对麻烦。进口车的进口车配件价格昂贵，而且存在许多假冒产品，有时很难辨别。并且进口车的结构、款式变化较快，一款车寿命可能只有几年，整车一旦停产，零配件的供应就成了问题。同时，面对国外层出不穷的新车，有些修理人员技术不全面，难以很快适应并提供高质量的服务。因此，进口车售后维修方面相对不占优势。对于广大工薪阶层，无论是从经济性还是实用便捷方面考虑，选择国产名牌车性价比更高。

在很多消费者看来，国外的汽车产品比国产的好。对于一辆汽车，更多消费者都会觉得进口车的质量要更好，即便同款车型的品牌车，也会偏向进口款。但进口款的售价往往会比国产车和合资车都高出不少，令很多人望而却步。

那么，合资车和纯进口车都有哪些区别呢？具体从以下几个方面对比考虑。

1. 零部件的供应商

合资车是指国外品牌在国内生产的成品车，零部件的出产地不仅有国外本土生产的，也有国内生产的。而纯进口车型的零件则是国外各个工厂生产的，质量均属于全球统一标准，所以二者零部件质量上相差不大。

2．质量工艺

合资车虽然在国内生产，但是现在国内的汽车生产厂商都采用了先进的国际标准与生产工艺，而且运用了标准化的工具及防错措施，对质量把关也是非常严格的。所以，合资车与进口车质量无太大区别。

3．核心技术

一辆车的核心部件及技术包括发动机、底盘、变速箱等。目前国内合资车企业并非拿零件来组装，而是从钢板材料开始，经过冲压、焊装、涂装、总装等步骤生产出来的，并且合资车企业多数在中国都有自己的发动机、变速箱工厂。所以与进口车相比，核心技术都来自于国外的合资车，故此亦无太大差别。

4．配置方面

合资车的“中国特色”和纯进口车区别之处在于外国品牌进入中国后就会“减配”，无论是保险杠、防撞梁，还是日间行车灯、ESP 等配置，都会不同程度减掉。而这些车减配后，车的安全性能和操控性及乘坐感都会受到很大影响。所以，在这点上，合资车要比进口车差很多。

小结

在国产车、合资车和进口车的选择上，并不是越贵越好，如果你推荐给客户的车型客户由于购买力、需求等原因无法购买，那不仅对你的业绩没有帮助，也会浪费彼此时间。而一个优秀的汽车销售人员一定会熟悉三者具体的区别在哪里，并详细向客户说明利弊，然后再根据不同客户的不同购买力为客户提供合适的建议。

整车的结构及性能

因为你所售卖的产品是汽车，所以，对于汽车的了解当然越多越好，这才可以体现你的专业水平，同时也会增加客户对你的认可。在汽车销售人员的职业要求中，汽车的整体结构和性能也是其必须了解和掌握的一部分内容。

情景案例

王明：“洋子，你再给我说说汽车的其他知识呗，比如结构和性能等。”

刘洋：“嗯，好啊，那么先从汽车的结构和性能说起吧。首先汽车的整车结构是由发动机、底盘、车身、电气设备等四个基本部分组成，至于汽车的性能及评定指标有动力性、燃油经济性、制动性、操纵稳定性和行驶平顺性以及通过性等6大指标。后面分别有它们的详细介绍，你看一看。”

王明：“好的。”

汽车的整体结构在案例中已经有详细的说明了，接下来是对汽车性能的具体阐释。

1. 动力性能指标

汽车动力性能指标是指汽车在良好路面上直线行驶时所能达到的平均行驶速度，主要由汽车的最高车速、加速时间和所能爬上的最大坡度三个方面的指标来评定。

（1）最高车速

指汽车在水平良好的路面上行驶时所能达到的最高车速，车速越大，动力性越好。

（2）加速时间

表示汽车的加速能力，原地起步加速时间以及超车加速时间来表示加速能力。

（3）爬坡能力

用满载时汽车所能爬上的最大坡度表示，一般最大坡度为16.5度左右。不过由于越野汽车行驶条件的特殊，它的最大坡度可过30度左右或更高。

2. 燃油经济性

汽车燃油经济性是指通过一定情况下汽车行驶100km的燃油消耗量或汽车在一定燃油量下可行驶的里程数评定。它的单位为L/100km，其数值越小表示汽车燃油经济性就越好。

3. 制动性

通过汽车的制动效能、制动效能恒定性和制动时汽车的方向稳定性三个方面进行评价。

（1）制动效能

指汽车的制动距离，即汽车从制动到停车的制动距离，制动距离越短，制动性能越好。

（2）制动效能的恒定性

指汽车高速行驶下长坡连续制动时，制动器连续制动时制动效能保持的程度，即制动器的抗衰退性能。

（3）制动时汽车的方向稳定性

指汽车制动时不发生跑偏、侧滑以及失去转向能力的性能。

4．操纵稳定性

汽车的操纵稳定性能指司机在不感到紧张、疲劳的情况下，汽车所能抵抗外界干扰（如侧向力及向心力等）而保持稳定行驶的能力。汽车越容易操控，汽车的操控稳定性能越好。常用汽车的稳定转向特性来评价，主要有不足转向、过度转向以及中性转向三种状况。

5．行驶平顺性

平顺性，又称为乘坐舒适性，主要根据不同路况下乘员乘坐的舒适度评定。

6．通过性（越野性）

汽车的通过性（越野性）是指汽车能以足够高的行驶速度通过各种不良路况（如松软地面、坎坷不平地段）以及各种障碍（如陡坡、侧坡、壕沟、台阶等）的能力。

小结

汽车由四大基本部分构成整体结构，六大指标判断性能。对于这些专业常识，汽车销售人员要烂熟于心，这样才能在懂车的客户面前不露怯，在不懂车的客户面前熟练介绍。当然，这种专业素质良好的销售形象也更容易获得客户的认可和信任。

驱动系统

众所周知，心脏对人生命的维持至关重要，那么驱动系统对于汽车的行驶作用就相当于汽车的心脏。

情景案例

王明："看了这么多，我也算是入门了吧。"

刘洋："勉强算是，只不过还有许多专业知识，你在买车前都得搞懂的，首先就汽车的驱动系统，这个你就要详细了解。"

王明："嘿嘿，好吧，哥们，那就继续麻烦你了。"

刘洋："别假惺惺，记得请客啊，我要吃大餐。"

王明："没问题，那关于这个汽车的驱动系统，究竟是怎样的？"

刘洋："汽车的驱动系统包括发动机、离合器、变速器、传动轴、万向节、黏性耦合器、主减速器、差速器及半轴等部分。即包括了汽车的发动机、传动系以及制动系。主要驱动形式因为驱动轮的数量与组合分为了两轮驱动和四轮驱动两大类以及其他组合方式的驱动形式。下面你仔细看一下吧。"

王明："嗯，只听你讲的话，我还真可能有点晕。哈哈！"

汽车驱动系统包括发动机、传动系和制动系。其中发动机提供动力，然后由传动系将动力传递给驱动轮，最后当驾驶人员想停车或者减速的时候则由制动系使行驶中的汽车按照要求进行强制减速甚至停车，同时使汽车下坡行驶时保持稳定，以及使已停驶的汽车在各种道路条件下（包括在坡道上）稳定驻车。

了解汽车驱动系统主要从汽车驱动方式入手。而汽车驱动方式是指发动机的布置方式和驱动轮的数量及位置的形式。按照驱动轮的数量，可分为两轮驱动和四轮驱动系统两大类。

1. 两轮驱动系统

两轮驱动是指只有两个驱动轮连接车辆的动力系统。在两轮驱动形式中，根据在车辆中发动机以及驱动轮的位置可以将两轮驱动形式细分为前置后驱（FR）、前置前驱（FF）、后置后驱（RR）、中置后驱（MR）等形式。两轮驱动形式的具体分类如下。

（1）前置前驱（FF）

前置前驱方式是指发动机前置前轮驱动。目前大多数中、小型轿车都采用了这种驱动形式。它把变速器和驱动桥做成一体，固定在发动机旁边，将动力直接输送到前轮驱动车辆前进，“拉”着车辆前进。

（2）前置后驱（FR）

前置后驱，是指发动机前置，后轮驱动的驱动形式。是一种传统的驱动形式，就是一种典型的前置后驱轿车。车辆采用这种驱动方式时前车轮负责转向任务，后轮承担驱动工作。发动机输出的动力通过离合器、变速器、传动轴输送到后驱动桥上，驱动后轮使汽车前进，用形象的话来说，是“推”着车辆前进。前置后驱的车辆转弯时易出现转向过度的情况。两驱越野车和轿车最常用的汽车驱动方式是前置后驱形式。

（3）中置后驱（MR）

指发动机放置在前、后轴之间的位置，同时采用后轮驱动，类似 F1 赛车的布置形式。还有一种“前中置发动机”，即发动机置于成员之前及前轴之后，类似于 FR，可以通过实现理想轴荷分配（如 MR）提高操控性。MR 的优点是：轴荷分配均匀，操控特性较为适宜。不过有些缺憾的是发动机占去了座舱的空间，降低了空间利用率和实用性，因此 MR 大都是追求操控表现的跑车。

（4）后置后驱（RR）

早期多用于微型车，现在多应用在大客车。但保时捷 911 的“甩尾”则是因 RR 出名的。RR 的优点是：结构紧凑，没有沉重的传动轴和复杂的前轮转向兼驱动结构。但是因为后轴荷较大，在操控性方面会产生与 RR 相反的转向过度倾向。

2．四轮驱动系统

所谓四轮驱动，即汽车四个车轮都是驱动轮，这样可以根据行驶路面状态的不同而将发动机输出不同比例扭矩分布在所有四个轮子上，以提高汽车的行驶能力。当发动机动力被四个轮子分配，即使遇到不良路况也不易打滑，极大地改善了汽车的通过能力。同时，四轮驱动系统引擎驱动力应用效率比两轮驱动更优异，轮胎牵引力与转向力的有效发挥能达到更好。并且也可以形成更好的行车稳定性。

而两轮驱动的车辆若是遇到雪地或易滑路面则比较容易打滑，即使在良好的路面上也是一样。

四驱系统主要分为分时四驱和全时四驱，一般用 4×4 或 4WD 来表示。四驱系统的主要分类具体如下。

（1）分时四驱

分时四驱指驾驶员可以根据路面情况，通过接通或断开分动器来手动选择两轮驱动或四轮驱动模式。这种模式最显著的优点是可根据实际情况来选取驱动模式，比较经济。在公路上行驶时可以使用两轮驱动挡；而当遇到雨雪路况时，可以选择四轮驱动，增强车辆的附着力和操控性。这也是一般越野车或四驱 SUV 最常见的驱动模式。

（2）全时四驱

全时四驱指车辆前后车轮永远维持四轮驱动模式，不需要驾驶员手动操作，在行驶时将发动机输出扭矩按 50 ：50 设定在前后轮上，使前后排车轮保持等量的扭矩。全时驱动系统驾驶操控性和行驶循迹性良好，可以使车辆在铺覆路面上顺利驾驶。但其美中不足的是比较废油，经济性不够好。而且早期的全时四驱系统中，车辆因为没有任何装置来控制轮胎转速的差异，所以一旦一个轮胎离开地面，就会令车辆停止行驶，不能前进。但是，随着科技的发展，现在一些车辆智能化的全时四驱系统，在遇到特殊路面时，可以重新分配扭矩，使不打滑的驱动轮可以分配更多扭矩，从而解决早期全时四驱的弊端。如比如奥迪的 quattro。

（3）适时驱动

适时驱动指车辆可以通过电脑控制来选择适合当下情况的驱动模式。比如在正常的路面，采用后轮驱动的方式。一旦遇到路面不良或驱动轮打滑的情况，电脑会自动检测并自然切换到四轮驱动状态，不再需要驾驶员的判断和手动操作，应用更加简单。不过，这种驱动系统的缺点在于，电脑与人脑相比，反应较慢，而且没有驾驶员亲自操作，可能会令驾驶员感觉失去了那种一切尽在掌握的征服感和驾驶乐趣。

（4）兼时 / 适时混合驱动

这驱动形式可以弥补兼时与适时长短处，使驾车者可以按照自己的兴趣自由地变换静啮传动或者适时传动方式。

小结

汽车驱动系统以及驱动形式都是一个优秀的销售人员所应具备的专业知识之一。面对如今汽车市场里形形色色的车辆，客户往往在货比三家时，忽略了自己的实际需求。所以，客户购车时才会有犹豫不决，顾虑重重。如果这时候销售员可以详细为客户介绍一下车辆的驱动系统和越野性能，并且帮助客户选择出合适的驱动方式，那么一定可以赢得客户的信赖，成功交易岂不容易一些？

发动机分类及参数

在汽车驱动系统里面，发动机是绝对的核心。因为汽车的动力是由发动机来提供的，发动机的性能影响着汽车的动力性、经济性和环保性。

情景案例

王明：“汽车驱动系统很重要啊。”

刘洋：“嗯，这是肯定的，因为驱动系统把驱动力传递到驱动轮上，控制着汽车一切运动。不过其实更为重要的是发动机，因为发动机是汽车动力的来源。如果没有发动机，汽车将无法启动，行驶、驱动系统也就没用了。发动机就是汽车和驱动系统的心脏！”

王明：“哦，明白了！”

刘洋：“现在汽车各个品牌的发动机也可能不同，种类繁多，至于发动机的性能，则要通过各项参数来大概了解一下。”

王明：“哦，请给我具体讲讲吧？”

刘洋：“发动机型号比较多，仔细讲的话要讲好久，而且你也不一定记得住，这本资料上有详细介绍，你看一下吧。”

王明：“嗯，好的。”

首先，发动机按照不同的划分标准有不同的分类，具体如下。

1. 按活塞运动方式分类：可分为往复活塞式和旋转活塞式两种活塞式内燃机。前者活塞在汽缸内做往复直线运动，后者活塞在汽缸内做旋转运动。

2. 按照进气状态分类：内燃机按照进气状态可以分为自然吸气（非增压）式发动机和强制进气（增压式）发动机。

3. 按照气缸排列方式分类：按照气缸排列方式不同内燃机可以分为单列式、双列式和三列式。单列式发动机气缸排成一列，一般垂直布置，但有时为了降低高度，也把气缸布置成倾斜的甚至水平的。双列式发动机则把气缸排成两列，夹角 <180°（一般为 90°），称为 V 型发动机，若夹角 =180°，称为对置式发动机。三列式发动机又称为 W 型发动机，即把气缸排成三列。

4. 按照气缸数目分类：按照发动机气缸数目不同可以将其分为单缸发动机和多缸发动机。单缸发动机指只有一个气缸的发动机；相对应的，多缸发动机则是指有两个或两个以上气缸的发动机。如双缸、三缸、四缸、五缸、六缸、八缸、十二缸、十六缸等都是多缸发动机。现代车用发动机多采用四缸、六缸、八缸发动机。

5. 按照冷却方式分类：按照冷却方式不同分为水冷发动机和风冷发动机两种方式。其中，水冷发动机指利用冷却液作为冷却介质冷却气缸和气缸盖等零件的内燃机；而风冷发动机则指利用空气作为冷却介质冷却气缸和气缸盖等零件的内燃机。其中，水冷发动机冷却效果较好，工作可靠，冷却均匀。

6. 按照行程分类：按照完成一个工作循环所需的行程数可将内燃机分为四行程内燃机和二行程内燃机。四行程内燃机指曲轴转两圈（720°），活塞在气缸内上下往复运动四个行程，完成一个工作循环的内燃机；二行程内燃机则指曲轴转一圈（360°），活塞在气缸内上下往复运动两个行程，完成一个工作循环的内燃机。目前汽车发动机广泛使用四行程内燃机。

7. 按照所用燃料分类：按照所使用燃料的不同可以将内燃机分为汽油机和柴油机。汽油机使用汽油为燃料；柴油机使用柴油为燃料。汽油机与柴油机比较各有特点；汽油机转速高，质量小，噪声小，起动容易，制造成本低；柴油机压缩比大，热效率高，经济性能和排放性能都比汽油机好。

了解了发动机分类之后，你还需要对发动机的各项参数加以熟悉。下面就从以下几方面详细说明发动机相关参数。

（1）发动机排量

单位用升（L）表示，我们常听说的 1.6、1.8 就是指发动机排量为 1.6L、1.8L，此外常用的单位还有 ml 和 cc，表示发动机各汽缸工作容积的总和。而汽缸工作容积又称为单缸排量，是指活塞从上止点到下止点所扫过的气体容积，取决于缸径和活塞行程。发动机排量作为发动机一项非常重要的参数，它比缸径和缸数更能代表发动机的大小，而且发动机排量和发动机许多指标都密切相关。一般来说，排量越大，发动机输出功率越大。同时，发动机排量并不是影响油耗的唯一因素，因此排量大的发动机油耗不一定高。

（2）进气形式

从上文可知发动机进气形式可以分为自然吸气（非增压进气）和增压进气两种。自然吸气指靠发动机工作时候的真空负压来完成吸气，增压进气指通过空气增压设备来强制发动机进气。因为增压进气的进气量更大，所以一般在同排量的发动机中增压进气的动力更高。

（3）气缸数

现在汽车发动机大多采用的是多气缸发动机。发动机气缸越多，每次点火的时间间隔越短，发动机运转也就更平顺。

（4）气门数

发动机每个气缸都有至少两个气门，负责发动机的进气和排气。理论上来说，气门个数越多，进排气量也就越多。现在主流发动机气缸每缸 4 气门。

（5）压缩比

发动机压缩比是指气缸在下止点时的最大体积与气缸在上止点时最小体积之比。通常，压缩比越高的发动机效率越高，同时经济性越好。但由于压缩比越高，对发动机材料和燃料的要求就会越高。

（6）最大功率

发动机最大功率是指的这台发动机可以实现的最大动力输出。国际通用单位为千瓦（kW），此外还有大家常说的马力。马力和千瓦的换算关系为 1 马力 =0.735kW。

（7）最大扭矩

发动机的扭矩就是指发动机从曲轴端输出的力矩。通用单位是 N・m。扭矩对于一台发动机来说和功率一样重要。

（8）最大功率 / 扭矩转速

发动机的转速和负荷的控制影响着发动机的输出特性，最大功率和最大扭矩输出都有特定的转速，因此在全转速范围内不能输出最大功率和最大扭矩。此处输出转速指的是发动机全负荷状态下的输出转速。理论上最大扭矩输出转速与最大功率输出转速越接近，发动机效率越高。

（9）供油方式

供油方式指的是燃油供给给发动机燃烧的方式。现在中国汽车的供油方式全面进入 “电喷”时代，即“电子控制的燃油喷射系统”时代。目前供油方式的区别在于“缸内直喷”和“进气道燃油喷射”，即燃油是直接喷入气缸还是喷到气缸外。理论上缸内直喷改变了预混合燃烧的模式，燃烧效率更高。而现在常说的“多点电喷”就是“进气道燃油喷射”。

小结

发动机作为汽车的心脏，一定会是客户最为关注的汽车主要性能之一。所以，需要你熟悉掌握相关知识，并向客户加以详细说明，从而更好地帮助客户解决疑难问题。

主动安全系统

所谓汽车主动安全系统，就是指帮助驾驶员在轻松和舒适的驾驶条件下提前避免事故的发生，进而避免人员受到伤害而采取的安全设计。它的主要特点是提高汽车的行驶稳定性，尽力防止车祸发生。主动安全性的好坏决定了汽车产生事故发生概率的大小。

情景案例

客户："你好，这款车的安全性怎么样？"

销售员："您正好问到点儿上了，我们这款车主要特点就是可靠的安全设计，如果现在您有时间的话，我可以立即将车的主动安全系统和被动安全系统两方面的内容详细介绍一下，怎么样？"

客户："好啊，那么先给我介绍下这款车的主动系统吧。"

销售员："好的，首先，汽车的主动安全系统是为了避免车祸发生而设计的，它是由……组成，其中……"

安全系统主要包括了下面将要介绍的一些主动安全装置和系统。其中主动安全装置指为了预防交通事故发生而配备的安全装置，如盘式制动器、前照灯、转向灯、高位刹车灯、前后雾灯、后窗除雾灯。主动安全系统则有以下几类。

1. ABS，即制动防抱死系统。

2. VSC，车身稳定控制系统。

3. TCS，牵引力控制系统，简称TCS，又称ASR或TRC。

4. EBA，紧急刹车制动辅助系统。

5. EBD，电子制动力分配系统。

6. ESP，电子稳定程序，实际也是一种牵引力控制系统。

7. DAC，下坡辅助系统。原理与发动机制动原理相同。

8. HAC，上坡辅助系统，基于ESP系统衍生开发出来的一种功能。

9. 距离检测自动巡航控制系统：

通过距离传感器检测与前车的距离，距离检测自动巡航控制系统可以降低驾驶过程中因为驾驶员的疏忽或驾驶不熟练而造成的危险。

10. 轮胎气压不足警示系统：

主要作用是当轮胎气压由于泄漏或其他原因低于标准值时，系统的主控电脑通过传感器感知并向驾驶员提出警示信息。

11. 车速感应型动力转向系统：

主要作用是电脑根据车速自动控制转向力大小，当车辆在低速时需要较大的转向力，而在高速时则需要较小的转向力，从而提高车辆高速行驶时转向的稳定性。

小结

随着汽车技术和高速公路的发展以及汽车保有量的增加，交通安全已经成为一个不容忽视的问题。所以，汽车的安全系统非常重要，而其中主动安全系统更为重要。主动安全系统旨在提前预防事故的发生，所以它的好坏可以直接影响交通事故发生的概率。销售员一定要把这些内容烂熟于心，这样才能更好地服务于客户。

被动安全系统

随着车辆的增加，交通事故时有发生，因此，在安全汽车配置的时候不仅要提前做好事故发生的预防工作，还要做好准备在事故发生时减少车内乘员受到的伤害和损失，这就是车辆的被动安全系统所发挥的作用。由于目前国际汽车界对被动安全已经具有非常详细的测试细节以及规定，所以被动安全保护概念已经延伸到车内外所有的人甚至物体。因此在某种程度上，被动安全是可以量化的。

情景案例

客户：“什么是汽车的被动安全系统啊？”

销售员：“被动安全系统指的是车辆中为避免或减轻人员在车祸中受到伤害而设计的安全系统。”

客户：“那被动安全系统都包括哪些部分？”

销售员：“如安全带，安全气囊，车身的前后吸能区，车门防撞钢梁等装置都属于被动安全设计，旨在车祸发生以后将伤害减到最小。”

客户：“嗯，明白了，能不能顺便就这款车对被动安全系统进行一下详细介绍呢？”

销售员："当然可以，现在分别对这几部分介绍，首先是安全带，它……"

随着科技的发展，汽车的被动安全系统也正在被不断完善，其中被动安全系统中相关措施具体如下。

1. 安全车身（GOA 车身）

车身在设计时为了减轻汽车碰撞过程中乘员的伤亡，着重加固乘客舱部分，削弱汽车头部和尾部。这样在当汽车发生碰撞时，汽车头部或尾部被压扁变形同时吸收碰撞能量，使得客舱不产生变形，从而保证了乘员的安全。

GOA 是世界顶级水平的安全设计（GLobal Outstanding AssessMEnt）的缩写。它所设计的位于车辆前后的可溃缩车体，在应对撞击事故的同时还能全方位加强座舱防护，缓和二次撞击，有利于驾驶者逃逸或被救。它是丰田公司的设计专利。

2. 安全带及安全带预收紧装置

当车身发生碰撞时吸收了大部分冲击动能后，车内仍有一部分能量需要安全带和气囊来化解。其中，安全带是最关键的，它是为了固定乘员身体以避免发生二次碰撞而设置的，分为两点式和三点式两种，两点式只固定乘员的腰部，因此一般不用在汽车前座，而三点式是在两点式的基础上加一根斜跨到肩部的带子，用以固定乘员上半身，使得车辆安全性得到了提高。

如今，最新的安全带增加了预紧装置和限力保护措施，即当传感元件探测到车辆发生碰撞时，预紧器通过爆破能量（比安全气囊的爆破能量小很多）收紧安全带，延长安全带的吸能时间和距离。限力保护指在乘员受到压迫极限的时候适当放松安全带，避免不必要的伤害发生。

3. 安全气囊

安全气囊的作用是当车辆发生碰撞时防止驾驶者的头部和胸部撞击到方向盘或仪表板等硬物上（安全气囊一般只有在时速 40 公里以上的正面撞击，以及车辆中心左右各约 30° 角的正侧面撞击时，才会感应产生作用）。当车辆前端发生了强烈的碰撞，安全气囊迅速膨胀，当膨胀起来后又立即泄气，防止乘员在撞上它以后反弹回来的二次伤害。

必须说明的是，安全气囊的爆出具有很短的时间性，一般来说，是遇到较为剧烈的撞击才会弹出，且不可收回。从现实角度上来说安全气囊的防护性远不及安全带。而且安全气囊要安全带配合使用下才能发挥作用。

4．汽车专用安全调制玻璃

汽车安全玻璃分为钢化玻璃与夹层玻璃两种。处于炽热状态下的玻璃迅速冷却后而产生的预应力强度较高的玻璃就是钢化玻璃，它破碎时会分裂成许多无锐边的小块，不易伤人。钢化玻璃一般用于客用车前风挡外的各处和货车的全部；夹层玻璃共有 3 层，中间层韧性强并有粘合作用，被撞击破坏时内层和外层仍粘附在中间层上，不易伤人。汽车用的夹层玻璃，中间层加厚一倍，有较好的安全性而被广泛用于客用车（轿车和大、中、小、微客车）的前风挡。

汽车安全玻璃是汽车被动安全设施之一，必须满足以下安全因素：视线良好、强度足够、意外事故时对乘员起到保护作用。同时安全调制玻璃共同的特点是透明度都达到或大于 70%。

5．转向柱能量吸收装置

主要作用是防止在碰撞事故中驾驶员的胸部由于惯性撞击到转向盘而造成伤害。此机构工作时当撞击力达到预设值，方向盘将向下溃缩，让出一定的空间，这样减轻了对驾驶员胸部的伤害。另外，如果有撞击力从下向上作用在转向轴上，转向轴将从中间断开，从而避免了转向柱上移而伤害到驾驶员。

6．侧门防撞钢梁

当汽车受到侧面撞击时，车门因为受到冲击很容易变形，这样将直接伤害到车内乘员。所以为了提高汽车的安全性能，就将一两根非常坚固的钢梁放在汽车两侧门的夹层中间，它的作用是：当侧门受到撞击时，坚固的防撞杆能大大减轻侧门的变形程度，从而能减少汽车撞击对车内乘员的伤害。

7．头颅保护系统

WHIPS 头颈保护系统，主要作用是当轿车受到后部的撞击时，头颈保护系统会迅速充气膨胀起来，同时整个靠背都会随车内乘员一起后倾，使乘员的整个背部和靠背安稳地贴近在一起，然后靠背则会后倾以将头部向前甩的力量最大限度地降低，并且座椅的椅背和头枕会向后水平移动，使身体的上部和头部得到轻柔、均衡地支撑与保护，以减轻脊椎以及颈部所承受的冲击力，防止事故发生时头部向后甩所带来的伤害。一般设置于前排座椅。

8．安全座椅

根据儿童情况而设计，通过多年的实践已经得到证实，安全座椅可以有效地减少婴幼儿受到的伤害，是非常重要的被动安全措施。

小结

被动安全系统，其实就是专门在事故发生，并且车辆已经失控的状况之下，针对车内乘坐人员进行被动的保护作用。如果说主动安全系统是预防事故发生的，那么被动安全系统就是在事故的发生已经不可避免时尽可能补救，以最大限度的减少车内乘坐人员受到的伤害。销售员要牢记被动安全系统的这些知识点，并将其作为一个重点的卖点传递给客户。

悬挂系统

客户买车除了看轿车的性能和实用性以外，最关心的莫过于乘坐的舒适性和驾驶感受了。而这就离不开汽车的悬挂系统了。简单来说，由车身与轮胎间的弹簧和避震器组成的整个支持系统就是悬挂系统。作用是支持车身，改善乘坐的感觉，而且不同的悬挂设置会使驾驶者有不同的驾驶感受。悬挂系统综合多种作用力，决定着轿车的稳定性、舒适性和安全性，是现代轿车十分关键的部件之一。

情景案例

客户："你好，你帮我简单介绍一下这款车吧。"

销售员："嗯，不知道先生之前有没有了解过这款车呢？如果了解过，您是希望我从哪儿开始讲呢？"

客户："我在网上简单的了解过，但是觉得还是不太懂，这样好了，你就先给我讲讲这款车的悬挂系统吧。"

销售员："好的。"

典型的悬架结构包括弹性元件、减震器以及导向机构等组成，有的结构则还有缓冲块、横向稳定杆等。悬架结构的弹性元件又分别有钢板弹簧螺旋弹簧、空气弹簧、扭杆弹簧等形式，而现代轿车悬架多采用螺旋弹簧和扭杆弹簧，个别高级轿车则使用空气弹簧。

悬挂系统一般来讲分为非独立悬挂和独立悬挂两种。其中非独立悬挂指的是在一根整体车轴的两端装车轮，当一边车轮跳动时，另一侧车轮也相应跳动，使整个车身振动或倾斜；而独立悬挂则将车轴分成两段，由螺旋弹簧将每只车轮独立安装在车架下面，当一边车轮发生跳动时，另一边车轮不受影响，两边的车轮各自独立运动，提高了汽车的平稳性和舒适性。

由于非独立悬挂系统已经不再适合现代人对车子乘坐舒适性及操纵安定性越来越高的要求，所以非独立悬挂系统已渐渐被淘汰。而独立悬挂系统凭借其车轮触地性良好、左右两轮可自由运动、轮胎与地面的自由度大、乘坐舒适性及操纵安定性大幅提升、车辆操控性较好等优点目前被汽车厂家普遍采用。常见的独立悬挂系统有多连杆式悬挂系统、麦弗逊式悬挂系统、拖曳臂式悬挂系统等。

1. 横臂式悬架

横臂式悬架是指车轮在汽车横向平面内摆动的独立悬架，按横臂数量的多少分为双横臂式和单横臂式悬架两种。其中单横臂式具有侧倾中心高，结构简单，以及较强的抗侧倾能力的优点。不过随着现代汽车速度的提高，侧倾中心过高会引起车轮跳动时轮距变化大，使得轮胎磨损加剧，同时在急转弯时左右车轮垂直力转移过大，会导致后轮外倾增大，减少了后轮侧偏刚度，从而产生高速甩尾的严重状况。因此，由于不能适应高速行驶的要求，目前单臂式独立悬架应用不多。双横臂式独立悬架按上下横臂是否等长，又分为等长双横臂式和不等长双横臂式两种悬架。等长双横臂式悬架现在也很少采用，因为其车轮上下跳动时，虽能保持主销倾角不变，但轮距变化大（与单横臂式相类似），造成轮胎磨损严重，所以现在很少用。而不等长双横臂式悬架已广泛应用在轿车的前后悬架上，部分运动型轿车及赛车的后轮也采用这一悬架结构。因为对于不等长双横臂式悬架，只要适当选择，优化上下横臂的长度，并通过合理的布置，就可以使轮距及前轮定位参数变化均在可接受的限定范围内，保证汽车具有良好的行驶稳定性。

2．多连杆式悬架

多连杆式悬架指通过（3 ~ 5）根杆件组合起来控制车轮的位置变化的悬架。它是横臂式和纵臂式的折中方案，能使车轮绕着与汽车纵轴线成二定角度的轴线内摆动，适当地选择摆臂轴线与汽车纵轴线所成的夹角，能满足不同的使用性能要求。多连杆式悬架的主要优点是：车轮跳动时轮距和前束的变化很小，使汽车在驱动、制动状态都可以按司机的意图进行平稳地转向，缺点在于汽车高速时有轴摆动现象。

3．纵臂式悬架

纵臂式独立悬架是指车轮在汽车纵向平面内摆动的悬架结构，又分为单纵臂式和双纵臂式两种形式。其中双纵臂式悬架多应用在转向轮上。单纵臂式悬架不用在转向轮上。

4．烛式悬架

其结构特点是车轮沿着刚性的、固定在车架上的主销轴线上下移动。优点是：主销的定位角不会随着悬架变形而发生变化，仅是轮距、轴距稍有变化，因此特别有利于汽车的转向操纵稳定和行驶稳定。但烛式悬架的不足之处在于：汽车行驶时的侧向力会全部由套在主销套筒的主销承受，致使套筒与主销间的摩擦阻力加大，磨损也较严重。烛式悬架现已应用不多。

5．麦弗逊式悬架

与烛式悬架相同的是麦弗逊式悬架，其车轮也是沿着主销滑动的悬架，但与烛式悬架的不同之处在于，它的主销是可以摆动的，它的滑柱受到的侧向力也有了较大的改善。麦弗逊式悬架是摆臂式与烛式悬架的结合。与双横臂式悬架相比，麦弗逊式悬架的优点在于它比双横臂式悬架有更加良好的操纵稳定性，同时因为取消了上横臂，给布置发动机及转向系统带来方便。麦弗逊式悬架现在多应用在中小型轿车的前悬架上，如保时捷 911、国产奥迪、桑塔纳、夏利、富康等轿车的前悬架。虽然麦弗逊式悬架并不是技术含量最高的悬架结构，但它具有很强的道路适应能力，是一种经久耐用的独立悬架。

6．主动悬架

主动悬架是由电脑控制的一种新型悬架。它汇集了力学和电子学的技术知识，是一种比较复杂的高技术装置。它具有控制车身运动的功能。当汽车制动或拐弯时的惯性引起弹簧变形时，主动悬架会产生一个与惯力相对抗的力，减少车身位置的变化。例如，德国奔驰 2000 款 Cl 型跑车，当车辆拐弯时悬架传感器会立即检测出车身的倾斜和横向加速度。电脑根据传感器的信息，与预先设定的临界值进行比较计算，立即确定在什么位置上将多大的负载加到悬架上，使车身的倾斜减到最小。

小结

汽车的悬挂系统对于车辆的操纵稳定性和乘坐舒适性有着至关重要的作用，它的存在使得汽车行驶过程中可以隔离路面的不平，从而使行驶更加舒适；并且行经不平路面时保持轮胎与路面接触。悬架的如何选择可以根据客户的个人喜好来选择，就好像 “飞车党”为了改善操控性而改良悬挂系统一样。

灯光电路系统

汽车灯光系统是汽车安全行驶的必备系统之一。灯光的使用可以保证驾驶员在不同环境下（夜晚、复杂天气、隧道等能见度低的环境）的正常行驶，它的正确使用不仅可以使驾驶员清楚路况，保护自己和他人的安全；也可以传递信号，营造出一个井然有序的交通环境。

情景案例

客户：“你先给我介绍下这款车的照明系统怎么样？”

销售员：“没问题啊。首先，它的照明系统分为外部照明系统和内部照明系统，而外部系统包括前照灯、雾灯、倒车灯和牌照灯等；内部照明系统又有顶灯、仪表灯、踏步灯、工作灯、行李厢灯、阅读灯以及门灯等。当然，汽车灯光系统还不止这些。”

客户：“还有什么灯？”

销售员：“汽车灯光系统中除了重要的照明灯系统外，还有信号灯，这一类也极为重要！”

客户：“那你把信号灯也给我介绍介绍吧。”

销售员："好的。汽车的信号灯主要有转向信号灯、危险报警灯、示宽灯、尾灯、制动灯、倒车灯等。汽车灯光系统的使用会直接影响行车的安全性。"

首先，你要先认识灯光系统中的照明系统，照明系统的具体介绍如下：

1. 汽车外部照明系统

（1）汽车前照灯

前照灯又叫前大灯，主要用于夜间行车道路的照明，装于汽车头部两侧。每辆车安装 2 只或 4 只，装于内侧的一对为远光单光束灯，装于外侧的一对为近、远光双光束灯。前照灯灯光色为白色灯光，远光灯功率为 45 ~ 60W，近光灯功率为 25 ~ 55W。对前照灯的质量要求是：前照灯能保证提供车前 100m 以上路面明亮、均匀的照明，并且不能对迎面来车的驾驶员造成眩目作用。如今随着车速的不断提高，大多数汽车上的前照灯的照明距离均可达到 200 ~ 300m。

（2）雾灯

雾灯，主要作用是在雨雪雾等复杂天气行车时照明道路以及为迎面来车和后面来车提供信号，所以安装于汽车的前部和后部，有前雾灯和后雾灯之分。其中前雾灯安装在前照灯附近，一般稍低于前照灯的位置，因为雾天这种复杂天气下能见度低，驾驶员视线会受到限制。黄色、红色都是穿透力最强的颜色之一，所以前雾灯光色为黄色，而且黄色光光波较长，具有良好的透雾性能，灯泡功率一般为 35W；后雾灯只有单只时，应安装在车辆纵向平面的左侧，并且与制动灯间的距离应大于 100mm，后雾灯灯光光色为红色，以警示尾随车辆保持安全距离，灯泡功率一般为 21W。

（3）倒车灯

倒车灯主要用于倒车时为汽车后方道路提供照明，同时警告其他车辆和行人，表示该车正在倒车，兼有灯光信号装置的功能，所以也属于信号灯。倒车灯光光色为白色，装于汽车尾部，功率一般为 28W。

（4）牌照灯

牌照灯顾名思义用于照亮车辆牌照，要求夜间距车 20m 处仍能看清牌照号码。牌照灯灯光光色为白色，装在汽车尾部牌照的上方或左右两侧，灯泡功率为

8 ~ 10W。它受示宽灯或前照灯开关控制。按规定要求，牌照灯必须与小灯同一个开关控制。

2. 汽车内部照明系统

汽车内部照明系统的组成包括顶灯、仪表灯、踏步灯、工作灯、行李厢灯。主要作用是为驾驶员、乘客提供方便。灯泡功率在 2 ~ 20 W 范围内，光色为白色。

（1）顶灯：为驾驶室或车厢内的照明灯具，安装在驾驶室或车厢内顶部，灯光颜色一般为白色。

（2）仪表灯：用来照明汽车仪表，安装于仪表盘内，灯光颜色一般为白色。

（3）踏步灯：作用是用来照明车门的踏步处，一般安装在汽车的上下车台阶的左右两侧，方便乘客上下车，灯光颜色一般为白色。

（4）工作灯：是车辆维修时可以移动使用的一种随车低压照明工具，常常带有挂钩或夹钳，插头有点烟器式或两柱插头式两种。电源来自发电机或蓄电池。

（5）行李厢灯：为轿车行李厢内的灯具，灯光为白色。

（6）阅读灯：装于乘员席前部或顶部，方便乘员看书时聚光不会给驾驶员产生眩目现象，照明范围较小，有的还有光轴方向调节机构。

（7）门灯：装于轿车外张式车门内侧底部，当开启车门时发亮，以警示后来行人、车辆注意避让。功率为 5W，光色为红色。

小结

汽车的灯光不仅有照明作用，它还是司机与司机之间交流的重要工具，可以传递重要的信息。汽车销售人员要熟练记忆汽车的灯光电路系统，并能准确说出各种灯光安装的位置、作用、功率等信息，这样才能更好地介绍给客户。

汽车识别码

每一辆车都有自己的专属“身份证号”，通过它你可以了解到汽车的相关信息，它就是车辆识别代码，即 VIN，是英文 Vehicle Identification Number 的缩写，由一组字母和阿拉伯数字共 17 位组成。目前世界各国汽车公司生产的汽车大部分都使用 VIN 车辆识别代码。我国规定在 1999 年 1 月 1 日以后所有新生产汽车必须使用车辆识别代码。VIN 车辆识别代码可保证 30 年内每辆车的识别代号在国际上是唯一的。

情景案例

（销售实习生）A：“今天有客户问我汽车识别代码的相关问题，我没有答上来，好郁闷。”

（销售员）B：“你这是第一天，有些知识掌握的不熟练也正常，不要灰心。”

A：“嗯，你能不能再给我讲讲汽车识别代码？”

B：“好啊，首先，汽车识别代码就相当于汽车身份证号，是由数字和字母一共 17 位组成的代号，每一位代码都代表着汽车某一方面的信息参数，一般位于车辆前半部分的仪表台上或者直接打印在车架、车身等部件上。”

A：“噢，那它有什么含义呢？”

B：“它由三部分组成，分别表示汽车的世界制造厂识别代号、车辆特征以及车辆指示部分。每位代码具体含义是……”

1. 代码含义说明

每位代码代表着汽车某一方面的信息参数。如 LBVVG7908SCOOO01 就是一个车辆识别代码。车辆识别代码由三部分组成，分别是 WMI、VDS 和 VIS，它具体组成与含义如下所示。

（1）认识 WMI

WMI 世界制造厂识别代号，必须经过申请、批准和备案后方能使用。当这个代号被指定给某个车辆制造厂时，就能作为该厂的识别标志，在与 VIN 车辆识别码的其余部分一起使用时，保证了世界范围内制造的所有车辆的 VIN 代号在 30 年之内具有唯一性。1 ~ 3 位（WMI）分别表示了制造厂、品牌和类型。

① 第一个字码是标明一个地理区域的字母数字，如非洲、亚洲、欧洲、大洋洲、北美洲和南美洲。

汽车生产国家或地区代码如下所示：

代码	国家	代码	国家
1.	美国	J	日本
2.	加拿大	S	英国
3.	墨西哥	K	韩国
4.	美国	L	中国
6.	澳大利亚	V	法国
9.	巴西	R	台湾
W	德国	Y	瑞典
T	瑞士	Z	意大利

② 第二个字码是标明一个特定地区内的一个国家的字母或数字。在美国，汽车工程师协会（SAE）负责分配国家代码，即汽车制造商代码。具体如下：

1 – Chevrolet（雪弗兰） B – BMW（宝马） M – Hyundai（现代）

2 – Pontiac（庞蒂亚克） B – Dodge（道奇） M – Mitsubishi（三菱）

3 – Oldsmobile（奥兹莫比尔） C – Chrysler（克莱斯勒） M – Mercury（水星）

4 – Buick（别克） D – Mercedes（奔驰） N – Infiniti（英菲尼迪）

5 – Pontiac（庞蒂亚克） E – Eagle（鹰牌） N – Nissan（日产）

6 – Cadillac（凯迪拉克） F – Ford（福特） P – Plymouth（普利茅斯）

7 – GM Canada（通用汽车加拿大） G – General Motors（通用） S – Subaru（斯巴鲁）

8 – Saturn（土星） G – Suzuki（铃木） T – Lexus（雷克萨斯）

8 – Isuzu（五十铃） H – Acura（讴歌） T – Toyota（丰田）

A – Alfa Romeo（阿尔法·罗密欧）H – Honda（本田）V – Volkswagen（大众）

A – Audi（奥迪） J – Jeep（吉普） V – Volvo（沃尔沃）

A – Jaguar（捷豹） L – Daewoo（大宇） Y – Mazda（马自达）

L – Lincoln（林肯） Z – Ford（福特）

Z – Mazda（马自达）

G= 所有属于通用汽车的品牌：Buick 别克，Cadillac 凯迪拉克， Chevrolet 雪佛兰，Oldsmobile 奥兹莫比尔，Pontiac 庞蒂亚克， Saturn 土星。

③ 第三个字码是标明某个特定的制造厂的字母或数字（即汽车类型代码），由各国的授权机构负责分配。当制造厂的年产量少于 500 辆的时候，世界制造厂识别代码的第三个字码就是 9。比如北汽福田汽车股份有限公司代号为 LVA，天津丰田汽车有限公司代号为 LTV，长安福特汽车有限公司代号为 LVS 等。

部分厂商可能使用前 3 位组合代码表示特定的品牌：TRU/WAU 奥迪 Audi；4US/WBA/WBS 宝马 BMW；WP0 保时捷 Porsche；SAL 路虎 Land Rover；SAJ 捷豹 Jaguar；1YV/JM1 马自达 Mazda；WDB 梅赛德斯奔驰 Mercedes Benz；2HM/KMH 现代 Hyundai；VF3 标志 Peugeot； YK1/YS3 萨博 Saab；YV1 沃尔沃 Volvo。

④ 第 1、2 位字码的组合将能保证国家识别标志的唯一性。

⑤ 第 1、2、3 位字码的组合能保证制造厂识别标志的唯一性。

（2）认识 VDS

VDS 车辆特征部分，其代号顺序由制造厂商决定，由 6 位字码组成车辆说明部分，能识别车辆的一般性能。

4 ~ 8 位（VDS）：车辆特征

轿车：种类、系列、车身类型、发动机类型及约束系统类型；

MPV：种类、系列、车身类型、发动机类型及车辆额定总重；

载货车：型号或种类、系列、底盘、驾驶室类型、发动机类型、制动系统及车辆额定总重；

客车：型号或种类、系列、车身类型、发动机类型及制动系统；

第 9 位：校验位，按标准加权计算。

（3）认识 VIS

VIS 车辆指示部分，由 8 位字码组成，用以表达每一辆汽车的具体生产年份、装配厂及生产顺序号。其中：第 10 位表示车型年款（如下所示），第 11 位表示装配厂，第 12 ~ 17 位是顺序号。具体如下所示。

第 10 位：车型年款

年份	代码	年份	代码	年份	代码	年份	代码
1971	1	1981	B	1991	M	2001	1
1972	2	1982	C	1992	N	2002	2
1973	3	1983	D	1993	P	2003	3
1974	4	1984	E	1994	R	2004	4
1975	5	1985	F	1995	S	2005	5
1976	6	1986	G	1996	T	2006	6
1977	7	1987	H	1997	V	2007	7
1978	8	1988	J	1998	W	2008	8
1979	9	1989	K	1999	×	2009	9
1980	A	1990	L	2000	Y	2010	A

以后按此顺序循环年份。

第 11 位：装配厂，若无装配厂，制造厂可规定其他的内容。

12 ~ 17 位：生产序列号。

VIN 码的各个部分用分隔符分隔，分隔符也用以规定 VIN 的界限（开始和终止）的符号、字码或实际界限。它不能与阿拉伯数字或罗马字母混淆。VIN 标准规定使用的分隔符为“☆”。

2. 汽车代码使用的基本要求

我国规定在 1999 年 1 月 1 日以后所有新生产的汽车必须使用车辆识别代码，根据国家车辆管理标准确定，它包含了车辆的生产厂家、年代、车型、车身型式及代码、发动机代码及组装地点等信息，车辆识别代码就是汽车的身份证号。它的基本要求如下；

① 每一辆汽车、挂车、摩托车和轻便摩托车都必须有自己的车辆识别代码。

② 在 30 年内生产的任何车辆识别码都具有唯一性，不得相同。

③ 车辆识别代码应尽量位于车辆的前半部分，易于看到且能防止磨损或替换的部位。

④ 车辆识别代码应位于 9 人座或 9 人座以下的车辆和最大总质量小于或等于 3.5 吨的载货汽车的仪表板上，并且保证观察者在白天日光照射下不需移动任一部件从车外即可分辨出车辆的识别代号。

⑤ 每辆车的车辆识别代码应表示在车辆部件上（玻璃除外），并且要求除修理以外该部件是不可拆的；车辆识别代码也可以表示在永久性地固定在上述车辆部件上的一块标牌上，此标牌不损坏则不能拆掉。如果制造厂愿意，允许在一辆车上同时采取以上两种表示方法。

⑥ 要求车辆识别代码的字码在任何情况下都应字迹清楚、坚固耐用和不易替换。

⑦ 车辆识别代码若直接打印在汽车和挂车上（车架、车身等部件上），字码高度至少应为 7 毫米高，其他情况至少应为 4 毫米高。

小结

就像每个人都有自己唯一的身份证号一样，汽车识别代码就是汽车的身份证号，它和人们的身份证号一样独一无二，同时也像身份证一般表示着汽车的各项参数信息，是每辆车必须拥有的。销售员应该对这些汽车识别码了然于胸，以便对客户做到随问随答。

汽车高科技配置

如今随着科技的发展，汽车上增添了越来越多的高科技配置，使汽车拥有了各种各样的功能。想象一下，车子如果变得像玩具一样可以遥控；或者车子如果能自动驾驶，并且遇到紧急情况时还能自动刹车；如果停车的时候，可以一键就能搞定等等，是不是充满了科幻色彩和未来的气息呢?

其实现在这些已经不再是天方夜谭，有些功能已经在量产车上实现了。同时随着汽车科技的不断发展和革新，相信将来会有更多前卫、实用并且时尚的智能高科技配置应用到汽车之上。

情景案例

客户："你给我介绍一下这款车的特色吧。"

销售员："好啊，您看的这款车最大的特点就是它有许多高大上的配置，充满科幻和未来色彩。"

客户："那它都有哪些高科技配置呢？"

销售员："这款车高大上的配置包括自动驾驶、主动刹车安全系统、自动泊车和360度全景影像等，如果您现在不着急的话，我可以为您做详细介绍。"

客户："正好今天时间比较充足，那你就详细介绍一下这款汽车都有哪些高科技配置吧。麻烦了。"

销售员："好的，不麻烦。现在随着汽车技术的发展，各大厂商都是使出浑身解数争相推出前卫时尚的智能科技配置，以增添自家车型的市场影响力和竞争力。当下汽车上已经实现的高科技配置主要有……"

随着技术不断革新，汽车上已经应用了许多高科技配置，这些你都见过没？现在就来了解一下汽车高科技配置都有哪些吧。

1. 自动驾驶功能

自动驾驶功能可以说是目前汽车上最高大上的高科技配置了。自动驾驶系统通过安装在车上的雷达传感器、视频摄像头以及激光测距器来了解周围交通状况，然后通过一个详尽的地图对前方的道路进行导航，其代表车型为沃尔沃S90。不过需要注意的是，虽然自动驾驶功能在一定程度上解放了双手，但为了安全起见，最好双手不要离开方向盘。

目前各大厂家都在研发自动驾驶技术，最具有代表性的厂家还是沃尔沃、宝马、奔驰、奥迪以及特斯拉和谷歌这些豪华品牌。

2. 手势控制功能

在早前上市的新宝马7系上手势控制功能第一次出现。驾驶员在中控台前方的区域做出相对应的固定手势，它通过安装在中控台中的传感器和摄像头手机来传递信号，然后iDrive系统就会做出相应的回应。但这个功能目前只能识别包括导航、音量、接听/挂断来电等6个预编程手势，并不能完全控制整个信息娱乐系统。

3．主动刹车安全系统

是指车辆在非自适应巡航的情况下，通过安装在车头的传感器（如雷达、红外线、立体摄像头等）对前方的路况进行实时监控，当车辆遇到突发危险情况时，系统能自身主动产生制动效果使车辆减速从而提高行车安全性的一种技术。代表车型：沃尔沃 XC90。

主动刹车安全系统的作用是避免或减轻碰撞。目前不仅一些豪华品牌配备了主动刹车功能，部分自主车型如吉利博瑞也配备了主动刹车安全系统。

4．智能车钥匙

汽车钥匙经历了最早的机械钥匙到遥控钥匙与感应钥匙的阶段。智能钥匙首先在宝马 7 系上开始出现，它能像手机一样搭载屏幕。在上面你可以查看汽车当前油量、电瓶电量水温等信息，还可以远程遥控汽车，将汽车停入或驶出车库甚至是狭小的空间。另外钥匙还可以开关车灯、车窗以及车门、调节空调的温度、定位等功能。代表车型：宝马 7 系。

5．激光大灯

汽车的照明系统自早期的卤素大灯开始，经历了氙气大灯，再到 LED 大灯，最后到现在的宝马 i8 激光大灯。激光大灯对比以往的卤素、氙气甚至 LED 大灯有能耗更低、照射距离更长以及体积更小的优势。代表车型：宝马 i8。

6．夜视系统

夜视系统源自军事用途的汽车驾驶辅助系统，它可以帮助驾驶者在夜间或弱光线的驾驶过程中获得更高的预见能力，并且能够向驾驶者提供更加全面准确的信息或发出早期警告以应对潜在危险。这项技术由于技术的限制和成本的控制只能是豪华品牌的“玩物”，如最早应用夜视系统的奥迪、宝马、奔驰等豪华品牌汽车。不过行车过程中，这项配置确实在一定程度上能够提高驾驶的安全性。代表车型：奥迪 A8。

7．自动泊车技术

自动泊车是指汽车停车时，通过雷达探头测量周围的距离和角度，自动调整方向盘转向以完成停车入位动作。代表车型：奔驰 E 级。但是在实际操作过程中，目前的自动泊车技术并不能做到完全自动化，这个功能启动后还需要驾驶者切换前进和倒退挡才能完成这次停车入位。不过随着汽车技术的发展，自动泊车技术不再是豪华品牌车所独有，也渐渐出现在十几万的车型上。

8. ACC 自适应巡航系统

ACC 自适应巡航是一种智能化自动控制系统，由定速巡航控制技术衍生而来。指车辆行驶过程中，通过安装在车辆前部的车距传感器（雷达）持续扫描车辆前方道路，同时轮速传感器采集车速信号，使得车辆在与前车距离过小时系统通过与制动防抱死系统、发动机控制系统协调动作，使车轮适当制动，并使车辆与前方车辆始终保持安全距离；若系统检测到前方车辆并不在本车行驶道路上时将加快本车速度使之回到之前所设定的速度。这一技术实现了车辆在无司机干预下的自主减速或自主加速，代表车型：新君越。

9. 360 度全景影像功能

该功能是通过主机的处理，将四路高清摄像头 360 度无死角拍摄到的图像拼接、矫正还原，然后由车载 DVD 清晰自然地呈现给驾驶员，帮助驾驶员掌握车身周围所有路况，及时做出正确的判断。代表车型：凯迪拉克 CT6。其中 360 度全景倒车影像可以辅助车主更加直观、安全地倒车。由于成本和研发费用的优势，目前很多自主品牌厂家也纷纷引入该功能，作为自家宣传的一个卖点，甚至 10 万以内的自主品牌上也能看到这样的功能。

10. 车道偏离预警系统

车道偏离预警系统指通过报警的方式提示驾驶员减少因行驶车道偏离而发生交通事故的系统。预警方式比较多元化，一般在驾驶员无意识（驾驶员未打转向灯）偏离原车道 0.5 秒之前发出警报，或方向盘震动，较多的车型以直接回正方向盘的方式来矫正，代表车型：威朗。这项功能实用性很高，能更好地保护驾驶员在夜间行驶或者疲劳驾驶时的行车安全。

11. 抬头显示功能

此功能源自于战斗机的一种设计，叫 HUD。指在驾驶员前方的风挡处设置一块透明投射屏，将时速、导航等车辆信息投射在屏幕上面，使驾驶员在车辆行驶过程中不用低头就可以看到车辆的一些信息，从而缩短眼球对前方的视觉盲区时间，减少因低头走神而引起的交通事故，保障行车安全，代表车型是宝马 X5。

12. 盲区监测系统

盲区监测系统经过不断完善，现在已经逐渐成为汽车的基本配置之一。盲区监测系统指当车辆在行驶中、在本车侧后方出现车辆以及行人时，系统将自动点亮该方向的车外后视镜上的指示标志以作提醒。若驾驶者打开该方向信号灯，则车外后视镜上的指示标志闪烁同时伴有警告音，以再次提醒驾驶者注意车况。这是安全驾驶的重点配置之一，目前许多 10 万以下车型也已经开始搭载。

当然除了以上介绍的 12 项高科技配置，还有很多高大上的配置并没有一一列举出来，比如碰撞预警系统、可变悬架、感应尾门、全液晶仪表盘、流媒体后视镜等都是充满科幻色彩的高科技配置。

小结

如今，各大汽车厂商为了吸引客户，体现亮点，在汽车上应用的高科技配置也越来越多。但高科技配置并不是越多越好，其实，更要认真考虑那些配置的实用性。有的高科技配置实用性很好，有的则只是为了吸引客户。所以，你要了解这些配置的实用性在哪儿，有什么前景优势，这样才可以更好的突出你所售卖的品牌，同时提供给客户一个良好的购车建议。

第二章
想游泳，先知池水有多深：详细了解汽车销售市场

在你成长为一个优秀的汽车销售人员之前，首先要对汽车销售市场做一番详细的了解。虽然国内汽车市场环境极其复杂，但是总体情况比较乐观，早在2014年我国就已经成为全球最大的消费市场。面对这种环境复杂、空间巨大的情况，你必须要对汽车市场现状和趋势、消费者的购车习惯、汽车销售常用术语、所售品牌的特点和优势等有深入而清晰的认识。

中国汽车市场的现状以及发展趋势

我国汽车市场自 20 世纪 90 年代以来快速发展，不断繁荣。尤其是近年来，随着国民经济稳定持续的发展以及逐步实施完成的小康社会全面建设，使得人民生活逐步富裕，汽车消费逐渐大众化，群众购车刚性需求旺盛，并且汽车年销量保持着每年百万量级的增长。我国现在已成为世界上第二大汽车消费国。汽车市场的繁荣对汽车销售人员来讲是一件好事。

情景案例

（汽车销售实习生）小甲：“王老师，在正式进入汽车销售这个行业之前，除了专业知识我们还需要了解哪些方面知识呢？”

（培训讲师）王老师：“在正式工作之前，你首先要了解的是你工作所属行业的大背景、发展现状以及未来发展趋势和前景。这基本适用于很多工作，不只限于销售行业。”

小甲：“嗯，我知道了，那咱们国家汽车市场现状是怎么样的啊，将来的发展趋势又如何？”

王老师：“这个就要仔细分析了，首先是市场发展现状。在《2016 中国报告大厅》中称：汽车市场供需关系发生变化，高速增长转向中高速增长的市场产销，结构性产能过剩，消费主体市场向四五线城市下沉，整体产业区域承接转移，逐步透视出产业现阶段发展的明显特征。而且随着汽车社会发展矛盾日益突出，汽车企业将遭遇严峻的考验，尤其是自主品牌核心竞争力较为薄弱，体现在关键核心技术缺乏、产业链有短板、企业综合实力欠缺、上下游支撑不足、品牌溢价能力差等，国内汽车产业链仍然有比较大的提升空间。”

小甲：“看来现在的汽车市场总的来说还是很好的，只是自主品牌车商则面临着较为严峻的问题啊。就是不知道车市今后的发展趋势如何。”

王老师：“嗯，那么下面我就给你详细地讲一讲中国汽车市场的现状和发展趋势……”

要想成为一名优秀的汽车销售人员，就必须对中国汽车市场有一个非常清楚的认识。这主要分两个部分：汽车市场的现状和发展趋势。

1. 中国汽车市场现状

（1）汽车产销量稳居世界第一，已成为国民经济重要的支柱产业

改革开放以来，我国汽车产量从当初不足 15 万辆到 2009 年，产销突破千万辆大关，成功跃居世界第一；到 2016 年产销量突破 2 800 万辆，连续 8 年位居世界首位。工业增加值同比增长 15.5%，分别高于国内生产总值和规模以上工业增速的 8.8% 和 9.5%，对经济增长的贡献率高达 4.5%。巨大的就业和消费市场的拉动、连年的产销增长以及高比例的税收，是汽车产业稳固了在国民经济中的支柱产业地位。

（2）逐年增长的研发投入推动汽车工业技术水平稳步提高

汽车产业研发投入逐年增长，有力地推动了我国汽车技术水平的不断进步。节能与新能源汽车以及中国品牌汽车取得了长足进步；先进发动机、AT、AMT、CVT、DCT 等领域的自主研发能力逐步增强。

（3）汽车产业大但品牌竞争力以及自主创新能力发展前景令人担忧

中国品牌与外国品牌有很大差距，这是不争事实。中国自主品牌的未来发展之路依然任重道远，这需要国内汽车企业继续加油，不断提升自主创新能力和品牌竞争力。

2. 中国汽车市场发展趋势

汽车销售与各方面都有着密切关联，如国民经济发展、居民收入水平、基础设施建设、产业发展政策和产业发展阶段等因素。近年来，随着我国宏观经济持续快速增长，居民生活水平以及汽车购买力稳步提高，已经陆续变成拉动我国汽车市场快速增长的动力。因此，我国汽车市场在未来还将继续保持增长。并且随着消费人群逐渐大众化以及城镇化水平的提高和持续完善的交通设施，私人汽车消费正在成为主流，二、三线汽车市场将成为汽车销售的主要增长区域，巨大的消费潜力将是汽车市场发展可靠的保障，所以整体来讲我国汽车工业仍将保持持续增长的发展态势，由此我国将逐渐走入汽车社会。汽车市场未来发展中的几大主要变化具体如下。

（1）高品质小型车将成为市场新宠。种种迹象表明，高品质小型车不仅市场份额在攀升，而且品质也在不断升级，正驶入一个全新时代。由此可见，我国车市小型车一直不温不火的局面有望彻底改变。

（2）品牌竞争加剧大过价格斗争。未来几年价格战将减少，品牌战将成为竞争的核心。

（3）个性化车型份额不断增大。

（4）二、三级市场将崛起。当一级市场的需求饱和之后，二、三级市场才是车市的希望。

（5）汽车市场不再“一枝独秀”。现在的汽车市场颇具“百家争鸣、百花齐放”的景象，各种车型越来越多。汽车发展日益多元化，竞争日趋激烈，在给自主品牌留下生存、发展、壮大空间的同时也将为消费者带来更多的实惠。

小结

古人讲“有备无患”，在你做这一职业之前要先了解汽车市场的发展现状和趋势，这可以影响你对这一职业的见解以及将来的职业规划。未来几年中，随着国民经济的平稳增长，我国汽车市场也将保持持续增长的态势。但受此影响的是，国内汽车市场的竞争也将更加激烈。同时，随着我国汽车产业的发展和不断完善加强的行业管理，相信将来我国的汽车产业将来一定会有质的飞跃，使我国迈向汽车工业强国的行列。

中国人汽车消费的习惯

习惯，是每个人都会有的，有时好有时坏，不过都会或多或少影响我们的行为甚至思维方式。客户也是一样。作为一名汽车销售人员，你所遇到的客户将是天南地北、各种各样的，会有这个这样、那样的习惯，了解你客户的消费习惯，将助你更加顺利地完成交易。正所谓，知己知彼，百战不殆。

情景案例

齐毅（销售员）：“常听人说知己知彼百战不殆，你说这句话可不可以用在客户上？”

项彤（销售员）：“当然可以啦，只有了解了客户，我们才能对症下药，不是吗？就好比，客户买车时候的关注点，了解他开车的习惯，你才可以针对性的推销自己的产品。”

齐毅：“买车还有习惯？”

项彤：“当然有啦，习惯伴随在人们的种种行为当中，甚至会影响思维模式。”

齐毅：“那你给我详细说说咱们中国人的购车消费习惯呗。”

项彤：“好的，这个你可得好好听哦。”

齐毅：“嗯。”

不知道你有没有听说过客户有汽车消费习惯这一说，由于各种原因，人们的行为总会遵循着特定的习惯，如果你仔细观察，就能发现这些消费习惯，现在来具体分析一下中国人的汽车消费习惯。

1. 汽车性能与自己的面子冲突时，选面子！

大多数中国人在买车时都会有这样一种想法：如果有着足够的预算，我不如去买个豪华品牌的车，那多有面子。故往往不会特别在意配置和性能，相同价格高配的中端品牌车型性价比可要比豪华的中低配车型高出很多。这种消费习惯导致现在豪华品牌车的销量那么好，而中端品牌的高（顶）配车型，却根本卖不动！

从横向的对比价格来看，一款中低配的豪华品牌车型和一款中端品牌的高配车型，价格基本是一样的。这也就导致了大家更偏向于豪华品牌车了。殊不知，其不论性能和配置怎样，单是日后养一辆豪华品牌车的钱可不是一笔小数目。

2．对于车型选大选小的问题一般会选大的！

在国人汽车消费中，这样的现象实在是太多了，确实车大空间充裕是选车时最为看重的。而且车子又长又大看起来确实更霸气一些，使得今后开在路上开也会有一种莫名的优越感。并且当亲戚朋友坐在你车上，对车大加夸赞的时候，你的脸上就会觉得特别有面儿了。

这就解释了为什么那么多品牌在进入中国市场时，都要出“长轴版”车型的原因了。而且不管什么品牌“长轴”的车型必定比“标轴”的车型卖得好的事实也证明了这一点。

3．再面临选三厢车还是两厢车的问题时更倾向于选三厢的！

这里只谈论轿车，在这个问题上中国人和欧洲人完全相反，欧洲人非常热衷于两厢车，而在中国更多车主们的首选则是三厢车。他们认为三厢车看起来更稳重、更符合国人自古以来的审美观。

纵观轿车市场，占主导地位的始终是三厢车。这可能说明了国人更愿意选择跟面子问题有一定关系的车型，当然也会考虑安全问题，三厢车因为有“后面”在追尾时比两厢车多了一段缓冲区。

4．买车时更倾向于买新车而非二手车！

虽说这两年二手车市场异常火爆，就连网上的二手车平台也是层出不穷，但这依然无法撼动新车稳固的市场。尤其是对于初次购车的家庭，新车更是首选中的首选。

至于为什么大多数中国人对二手车不是很接受呢？其实这一点除了国人自己的原因，更多的还是因为二手车市场实在太过混乱，水比较深。各种事故车、调表等行为在二手车市场上鱼龙混杂，没有官方统一的二手车标准和监管力度，所以才使得许多中国老百姓对于二手车望而却步。

以上就是国人购车的四大消费习惯。不过，其中原因除了和我们中国传统观念有关之外，也是对市场某些环节不信任的一种表现。当然，国人购车消费习惯还会受到地域和年龄的影响。

1．南北方轿车消费者行为的不同

北方人性格豪爽，大气洒脱。粗犷干脆的性格使北方人购车时更喜欢大气、结实的车型。而南方人含蓄细腻，精明务实。他们在购车时，会比较讲究性价比和投资回报，对汽车的细节和配置要求也比较高，所以日本车在南方有较高的市场占有率。

2．高中低档汽车消费者结构不同

中高档汽车的主要消费群体大多是中年人，受传统文化影响比较大，他们有较强的购买力，更看重汽车的厚重、大气和品牌，以体现个人的身份和地位。当然，购车用途是公私兼顾，对空间、舒适度有较高要求。这也是为什么奥迪能以官车形象备受青睐。

而青年人则大多偏重于中低档车市场。他们敢于冲破旧的传统观念与世俗偏见，易于接受新鲜事物，追随时代潮流。在消费行为上他们追求时尚、动感、休闲的车型，表现车主个性、健康的生活态度。

3．不同年龄的消费心理行为不同

青年人虽然购买能力不足，但是消费观念超前，他们更关心汽车的价格以及养护成本等，因此他们购车的决定性因素是性价比和个性化。所以他们对刚投放市场的新车、概念车会有很大兴趣，经济型车、SUV、跑车、越野车是他们的最爱。

而中老年人选车喜欢凭经验，凭借对品牌车的深刻记忆，他们购买时有较强的理智性与稳定性，一些经典车型会是他们的首选。

当然，还有一些没有列举出的消费习惯，这里先以比较典型的国人汽车消费习惯加以描述，更多的则需要你在平常工作中进行总结。

小结

推己及人，在汽车越来越普及的今天，客户购车时会由于各种原因以及各方面的考虑而选择适合自己的那一款车。所以，作为服务性职业的汽车销售人员，要帮助客户充分认清其对汽车的消费需求，为客户提供合适的购车建议，这样在为客户服务的同时也使自己业绩达到最大化。所以，我们说研究汽车消费者的消费心理和行为是非常有必要的。

熟练运用汽车的常用术语

作为一名汽车销售人员，在和客户的交谈中，难免会加入一些汽车专用术语，这样可以充分体现你对工作的专业以及对汽车的了解，让客户对你更加信任。试想，对于一件事物或一次事件，人们是会更加相信专业的还是非专业的？答案肯定毋庸置疑，就像病人为什么更相信医生而不是其他人。所以，你要学会熟练运用那些常用的汽车术语。当然，熟练运用的前提是你首先要了解它们。

情景案例

客户：“什么是 ABS、ESP 和零千米啊？我之前听人说过，只是不知道是什么意思。”

销售员：“其实这些都是对汽车里边一些功能或者一些特点而来的专业术语，相信您可能只是没有听过这种称呼而已，只要稍加说明一下您肯定就知道它们分别是什么了。”

客户：“呵呵，那就你就先说一下吧。”

销售员：“好的。其实 ABS 就是常说的防抱死刹车系统，ESP 是说的电子稳定系统，而零千米则是指行驶里程几乎为零的新车。”

客户：“噢，原来如此，这些我都了解过，只是没注意这些专业称呼。像这种专业术语是不是很多？”

销售员：“对，很多客户都了解过这些专业术语所代表的汽车功能、系统以及特点，只是一般都会忽略或者很少注意它们在汽车当中的专业表达术语。其实汽车很多系统、功能等都有各自的专业表达术语的。您看对于这款车，你还有什么想要了解的，我会继续说明。”

……

要想熟练运用汽车常用术语，要先了解它们，具有代表性的有：

1．防抱死制动系统（ABS）

ABS 即防锁死刹车系统又叫防抱死制动系统。当紧急刹车时，它可以使车轮在刹车时不被锁死，避免车辆发生方向失控及车轮侧滑现象。使用方法：当遇到紧急情况时，一定要将制动踏板踩到底，这样才能激活 ABS 系统，这时制动踏板会有一些抖动，可能还会有一些声音，但这正表明 ABS 系统开始起作用了，所以千万不要松开。当然，即使安装此系统也要小心驾驶，这样才能保证行驶安全万无一失。

2．车载自动诊断系统（OBD）

OBD，车载自动诊断系统。它可以帮助维修人员能迅速准确地确定故障的性质和部位。

3．驱动防滑系统（ASR）

ASR 指驱动防滑系统，又叫驱动力控制系统（TCS）。它可以防止汽车起步、加速过程中驱动轮打滑（特别是在非对称路面或转弯时防止汽车驱动轮空转），并将滑移率控制在 10%～20%范围内。由于 ASR 和 ABS 的工作原理方面有许多共同之处，所以常将两者组合在一起使用，构成具有制动防抱死和驱动轮防滑转控制（ABS ／ ASR）系统。

4．涡轮增压（Turbo）

涡轮增压简称 Turbo，如果车辆采用的发动机是涡轮增压发动机，你会在轿车尾部看到 Turbo 或者 T。它利用发动机排出的废气惯性冲力来驱动空气压缩装置，发动机不加大排量就能较大幅度地提高功率及扭力，一般增大 20%～30%。但是具有滞后性，不适合要突然加速或超车的汽车。

5．多点电喷

多点电喷指汽车发动机的喷射器安装在每个气缸的进气管上，即汽油由多个地方（至少每个气缸都有一个喷射点）喷入气缸，这就是多点电喷。

6．混合动力汽车

混合动力汽车就是在纯电动汽车上加装一套内燃机，分为串联式和并联式两种结构形式。它可以减少汽车污染的同时提高纯电动汽车的行驶里程。

7．多用途汽车（MPV）

MPV 指多用途汽车。车内每个座椅都可调整，并有多种组合的方式，例如前排座椅可做 180 度旋转，可将中排座椅靠背翻下变为桌台等，集轿车、旅行车和厢式货车的功能于一身。近年来，MPV 趋向于小型化，并出现 S-MPV，S 是小（Small）的意思。S-MPV 车长一般在（4.2 ~ 4.3）m 之间，一般为（5 ~ 7）座，车身紧凑。

8．运动型多用途汽车（SUV）

SUV 指运动型多用途汽车。现在主要用于造型新颖、设计前卫的四轮驱动越野车。前悬架是轿车型的独立悬架，后悬架为非独立悬架，离地间隙较大，既具有轿车的舒适性又兼并越野车的越野性能。同时 SUV 带有 MPV 式的座椅多组合功能，既可载人又可载货，适用范围广。

9．休闲车（RV）

RV 即休闲车，是一种适用于娱乐、休闲、旅行的汽车。RV 没有严格的范畴，覆盖范围比较广泛。从广义上讲，除了轿车和跑车外的轻型乘用车，其他车型包括 MPV 以及 SUV 都可归属于 RV。

10．汽车导航系统（GPS）

GPS，即汽车导航系统，指以全球 24 颗人造定位卫星做基础，全天候地向全球各地提供三维位置和速度等信息的一种无线电导航和定位系统。

11．电子稳定装置（ESP）

ESP 即电子稳定装置，是一种牵引力控制系统，是由奔驰汽车公司首先应用在它的 A 级车上的。ESP 可以在控制驱动轮的同时控制从动轮，并以此来稳定汽车，校正行驶方向，可以有效避免汽车出现如转向过多、失控甩尾等情况。

12．车身稳定控制系统（VSC）

以 ABS 为基础发展而成的。主要用于防止车辆出现难以控制的侧滑现象。

13．电子制动力分配系统（EBD）

电子制动力分配系统能够根据由于汽车制动时产生轴荷转移的不同，而自动调节前、后轴的制动力分配比例，提高制动效能，并配合 ABS 提高制动稳定性。

14．自动制动差速器（ABD）

即自动制动差速器，配合 ABS、EBD 等使用，缩短制动距离，是制动力系统的一个新产品。

15．安全气囊（SRS）

SRS 就是安全气囊，主要用于汽车碰撞事故发生时防止驾驶者的头部和胸部撞击到方向盘或仪表板等硬物上，能有效避免或者减轻驾驶员受到的伤害。

16．车身主动控制系统（ABC）

ABC，又叫车身主动控制系统，可以更加迅速、精确的控制汽车的侧倾、俯仰、横摆、跳动及车身高度。

17．平均燃料消耗量（L/100km）

汽车行驶每百公里平均燃料消耗量。

18．预紧式安全带

预紧式安全带主要作用是当汽车发生碰撞事故时，将车内乘员紧紧地绑在座椅上，然后锁止织带防止乘员身体前倾发生二次碰撞，从而有效保护乘员的安全。

19．乘员头颅保护系统（WHIPS）

WHIPS 乘员头颈保护系统。其主要作用是当轿车受到后部的撞击时，保护驾驶员头部，防止头部因为向后甩而受到伤害，一般设置于前排座椅。

20．零千米

这是由国外传入我国的汽车销售名词，指行驶里程极少，几乎为零的新车。意为汽车自生产线上组装后直到用户手上行驶里程几乎为零。根据国际工业协会对新车的规定，只有下线之后，行驶记录不超过 50 英里的车才算新车。

21．迷你汽车

迷你汽车是指车身短、外壳小、百公里耗油 3.5L 以下、不产生污染的微型轿车，如奔驰幻想 A 型汽车、大发迷你型汽车、丰田 FU50 型汽车，我国的小福星、奥拓也属此类。

22．概念汽车

概念汽车是指车展上厂商们推出的体现超前的设计思想和水平的样车。

23．绿色汽车

绿色汽车是指污染小、噪声低的无公害汽车，如太阳能汽车和电动汽车以及使用氢气、甲醇、天然气或者石油液化气的汽车均属绿色汽车。绿色汽车还派生出了“生态汽车”“环保汽车”“零污染汽车”“清洁汽车”等新名词。

24．智能汽车

智能汽车指利用最新科技成果，使汽车具有自动驾驶、自动调速、自动识别等先进功能的模拟人脑汽车。它还包含有“无人驾驶汽车”“智能轮胎”“智能玻璃”等新名词。

当然汽车常用术语还有很多，在此只是将比较常用的稍加介绍。

小结

随着汽车科技的发展，汽车的功能越来越多，专业表达汽车各项参数或功能的汽车常用术语也越来越多。而这也是汽车销售人员比客户更专业的方面之一。所以了解它们，掌握它们，并最终熟练运用，不仅可以为你树立一个专业良好的销售形象，而且还会增加客户对你的信赖感。

熟知公司的销售流程

随着中国汽车行业的不断发展以及人们经济水平的提高，为了提升自己的核心竞争力，汽车经销商对汽车销售人员的要求也相应提高，更加严厉。而作为其中提升核心竞争力的必要条件，良好的销售流程可以帮你更加顺利方便地完成交易。销售流程要求销售人员按照各个品牌厂家制订的执行标准，为每一位来店的客户提供热情服务。

情景案例

一天，徐先生和徐太太第一次来到展厅看车，再简单的寒暄之后，小吴给他们大体讲解了一下车辆信息。在交谈中小吴发现徐太太比较关注运动时尚感十足的新君威，而徐先生却喜欢稳重与大气的君越，两人因此还发生了小小的争执，小吴知道，他们表面愈是争执则表示购车的确定性愈大。

根据后来交谈中得到的信息，小吴知道他们的生意需要大量流动资金，于是向他们介绍了 GMAC 的好处，比如安装 GPS 可以免交三年盗抢险等等，徐先生夫妇一听也非常感兴趣，不过最终他们决定回家再考虑一下，临走时小吴把 GMAC 申请表和贷款需要的资料表各准备了一份交给他们，并且半个小时后，小吴给徐太太发了短信："徐太太您好！我是小吴，感谢关注别克汽车，希望您早日成为别克车主，感受上海通用与润华集团带给您的全新感受！祝您天天开心，家庭美满！"

徐先生夫妇第二次来展厅是大概三四天以后，他们决定购买新一代君威，在表格全部填好，准备交纳手续费的时候，客户因为保险费有些犹豫，再加上徐先生一直倾向于购买君越，只好说再考虑考虑。如果不出所料，他们再来展厅的时候可能要换订君越。

第二天中午，他们第三次来到展厅，再次对君越进行了试乘试驾，看到徐先生感觉非常满意，小吴见机行事，对徐太太说："姐，这款车稳重大气，非常适合您的家庭，这可是您身份的象征啊，相信您的生意会像咱们的别克标志一样步步高升！来到展厅，您就是我的朋友，我得为您着想啊，对不对？"徐太太说："谢谢，托你吉言啊，咱们沟通这么好，我相信你！"最终徐先生夫妇购买了君越。

汽车销售一般包含以下几大流程，销售人员一定要牢记于心，做好每一步，这样才能令客户满意，同时更好地完成交易。

1．客户开发

首先，客户开发作为第一步，主要是指汽车销售人员通过网络或者他人推荐等各种途径挖掘潜在的客户。在客户开发这一步骤中，最重要的是通过了解潜在客户的购买需求和他们建立一种友好的关系。只有当销售人员确认关系建立后，才能对潜在客户进行邀约。

2．接待客户（一般指展厅接待）

接待客户分为接待陌生客户和已预约客户两种情况。

（1）对于陌生客户拜访，最重要的是第一印象。由于客户通常预先对购车经历抱有负面的想法，因此给客户展现出一个良好的第一印象，即专业人员殷勤有礼地接待将会消除客户的负面情绪，以便为购买过程奠定愉快和谐的基调。

（2）对于已经预约好的客户，则根据流程办理就行。当然，接待过程中也要呈现出专业、礼貌的精神面貌。

其实接待环节中，主动与礼貌的态度最为重要。当看到有客户来访时，销售人员应面带微笑主动上前问好；如果有其他客户随行，还应用目光与随行客户交流，同时，作简单的自我介绍，并礼节性地与客户分别握手，然后语气诚恳热情地询问客户需要提供什么帮助。并且销售人员应在接待开始便拿上相应的宣传资料，供客户查阅。

3．需求咨询

这一环节主要是为了收集关于客户需求的信息。只有尽可能多地收集来自客户的所有信息，才有利于充分挖掘和理解客户准确的购车需求。在这一环节，最重要的是适度、信任和倾听。销售人员要以耐心并友好和诚恳自信的态度面对客户，建立客户对销售人员及经销商的信任，以便客户能更加准确完整地表达其需求。

在回答客户的咨询时销售人员的服务要适度，既不要服务不足，更不要服务过度。同时要学会让客户随意发表意见，认真倾听，以加强对客户购车需求和愿望的了解，从而在后续阶段做到更有效地销售。

4．车辆介绍

车辆介绍环节最主要的是要有专业性和针对性。销售人员应该充分了解所销售产品的专业知识，同时了解竞争车型的情况，以方便自己在产品介绍的过程中进行比较，突出自己产品的卖点和优势，提高客户的认同度。同时，要针对客户需求对产品进行重点介绍，以获得客户的信任，只有这样客户才会认识产品的价值。直到客户最终挑选到合意的车，这一步骤才算完成。

5．试乘试驾

在这一环节中，销售人员要尽量少说话，重要的是让客户亲自体验，集中精神获得对车辆的第一感受。这是客户获得有关车的第一手材料的最好机会。同时销售人员应针对客户的需求和购买动机进行解释说明，以建立客户的信任感。

6．报价协商

这一环节开始之前销售人员应保证客户对于产品、价格、优惠、服务等各方面的信息已充分了解，避免在协商阶段引起客户的质疑。同时，销售人员如果已明确客户在价格和其他条件上的需求，那么就要站在客户的角度上来思考问题，提出销售议案，这样会赢得客户的信赖，有助于提高成交的机会。需要注意的是，在整个过程中销售人员必须占主导地位。

7．签约成交

这一阶段不能表现出任何催促的倾向，要给客户充分的时间考虑和做出决定，但要巧妙地加强客户对于所购产品的信心。在办理相关文件时，销售人员应努力营造轻松的签约气氛，为成功地完成交易铺平道路。

8．交车

这一环节是客户最兴奋的时刻。在这个过程中，最重要的是销售人员与经销商必须要信守承诺，保证交车的时间，尽量帮助客户顺利提车。这样既可以增强客户的信任感，也是建立双方的友好关系。需要注意的是，因为交车时间有限，销售人员在这一环节之前应抓紧时间回答客户询问的任何问题。同时，如果因为一些原因导致不能按照原来预定的时间交车，销售人员一定要诚恳地向客户道歉。交车之前也要对车辆进行清洗，保持车身干净清洁，并且要确保车辆毫发无损。直到客户顺利拿到满意的车辆这一环节才算完成。

9．售后跟踪

当交车环节完成之后，销售还没有结束。因为通常来讲，未来的客户大部分都是通过你现在客户的介绍、推荐而来。因此，作为汽车销售人员，在交车环节结束之后，你还要经常跟踪回访客户，及时了解客户对你汽车产品的评价及其使用状况并及时提醒客户为车辆做保养。当店里有活动时也要及时告知客户，要给客户无微不至的关怀。这样才算销售的完整过程，而且，这样也有利于你开发潜在的客户资源。

小结

你可能认为销售流程和你与客户之间真刀真枪的销售博弈没有什么直接关

系，其实不然。作为汽车销售人员，你身在销售这个行业，并且参与在销售流程当中。只有你做得好，才会使销售流程更加成功和完美，才能令客户更加满意，从而有利于提升你自身的业绩以及你们公司的核心竞争力；相反，如果你做得不好，整个销售过程就会不顺利，更不会得到客户的满意，也会对你的业绩及公司的竞争产生影响。所以，作为汽车销售人员，你不仅要能了解专业知识，更要熟知公司的销售流程。

熟知所售品牌的特点和优势

汽车，作为仅次于房屋的高消费产品，复杂而特别，同时也正是由于它结构复杂并且技术含量高，因而使得汽车产品的销售成为了一个专业性极强的工作。要想成为一个专业的高效率的销售人员，你必须掌握一定的专业知识。熟悉你所销售的品牌特点和品牌优势。换言之，吃透你所售卖的品牌产品。

情景案例

销售员：“女士，先生，你们好！我是这里的销售顾问 ××，看两位这么认真的神情，想必是对这款车非常有兴趣。你们有什么想要了解的吗？”

客户：“我们今天来的目的主要是看一下这款车，顺便了解一下这款车与 ×× 牌的 ×× 车之间有什么区别？”

销售员：“你们太有眼光了，把这两个不同品牌的车型放在一起比较，一定是想在这两款车中进行选择一款了？”

客户：“这两款车我们已经看了很久，主要是想比较看哪一个更适合我们。”

销售员：“那你们一定对这款车有些了解，那么在我开始给你们介绍前，我想先请教一下，你们最想了解这款车哪方面的情况？”

客户：“主要是变速器，总听很多人说，四速的不如五速的好。那为什么 ×× 款同级车用的是五速的手自一体化变速器，而这款车用的是四速的手自一体变速器？”

销售员：“你们这个问题问得很专业，看来一定是对这款车已经有了一定的了解，并不是每一位买车的客户都会提这个问题。不过，其实这是一种误解。”

客户：“怎么说？”

销售员：“一辆车最重要的是看发动机的表现以及发动机与变速器之间的匹配。如果该款车的发动机与变速器之间相当匹配，即输出功率与转矩的曲线在一个比较大的转速范围内非常平滑的话，那么四速的变速器与发动机匹配就已经可以充分发挥作用，使速度变化得非常平滑，达到完美的境界。否则就是舍本逐末了。不过不论您今后选择哪一款车，如果您所挑选的那款车的发动机达不到这样的表现水平的话，那么我觉得您就要重点考虑一下这款车的变速器与发动机是否真的能够匹配了。”

客户：“原来如此。”

销售员：“大家看还有哪些方面想要详细了解一下吗？”

面对你所售卖的汽车，首先，你要做到比设计师更了解这款车。

众所周知，国内目前已经上市的汽车品牌已经有上百个，而且各个品牌下的汽车又有不同规格和型号，汽车销售人员要面对的汽车产品数不胜数。这对于任何一个销售人员来说，在汽车认识上花费的时间与精力比做其他的产品销售要多付出很多。所以如果你对自己的汽车销售工作没有一个正确的认识，很难花费大量的时间去研究这方面的，最终导致一知半解。

从客户的决策过程可以看出，客户在决定购买前，一定会要求所接触的销售人员对他们提出的相关汽车专业方面的问题给予一个满意的答复，丰富的产品专业知识是汽车销售最核心的问题。

要想充分了解你所售卖的汽车产品的性能，以及和同类汽车产品相比较突出的优势和特点，需要你对所售卖汽车有着深入以及全面的认识，同时也要对竞争品牌有着深入的认识。

你不仅要先熟悉掌握与汽车相关的专业知识，而且要了解汽车的性能优势，可以从以下几个方面入手。

1. 发动机，作为汽车的心脏，这个太重要了。首先发动机有直列发动机，也即 L 型发动机，还有 V 型发动机，高端的有 W 型发动机，还有看发动机是否是涡轮增压的，比如 2.0T 代表它的排量是 2.0 升，而 T 代表涡轮增压。还有发动机的喷射方式是直喷还是传统的，FSI 就代表直喷。直喷又配合涡轮增压对汽车节油好。

同时还有你还需要了解一下发动机的气门，它是发动机的一种重要部件。有进气门和排气门之分。其中进气门的作用是将空气吸入发动机内，与燃料混合燃烧；而排气门的作用是将燃烧后的废气排出并散热。一般每个汽缸布置有 4 个气门（也有单缸 3 或 5 个气门的设计），4 汽缸一共就是 16 个气门，我们在汽车资料上经常看到的“16V”就表示发动机共 16 个气门。为了提高进排气效率，现在发动机多采用多气门技术。

2. 油耗，好车一般都是大排气量的，但并不是说排气量越大越好。而且油耗的计算也关系到好多方面。

3. 内置，汽车内置好，才能使驾驶员乘坐舒适性高，看着舒服，心里也舒服啊。

4. 安全性能，主要包括防撞系统、安全带控制、安全气囊个数、制动系统等汽车安全性不容忽视，ABS+EBD 现在已经是标配了，还有汽车稳定系统 ESP，汽车下坡控制系统，防侧滑系统等，各车厂都有自己的名称，其实功能是基木一样的。

5. 车载汽车电子控制装置，每个车的配置各不相同，故特点也在于此。

6. 汽车的变速方式是自动变速还是手动变速。以及使用的什么样的离合器。

7. 汽车的驱动方式，有前置前驱的、有前置后驱的、有全时四驱等多种驱动方式，这要看你所售卖的属于哪种。还有汽车的前后重量配比也对车很重要。

上述这些内容和汽车的品牌特点息息相关，销售员只有对这些信息掌握透彻了，才能在分析汽车品牌特点和优势的时候有理有据，令人信服。

小结

只有你充分了解你所售卖的汽车产品之后，你距离成为专业的汽车销售人员才更近一步。同时，作为优秀的汽车销售人员，你不仅要了解自己的汽车产品，还要深入了解了解竞争对手汽车产品各个方面的情况，包括品牌优势、产品优势、特殊销售政策、销售商的情况等。这样，你可以针对性地为客户两相比较，提升你的竞争力，进而完成交易。

熟悉各车型的报价组成

当介绍、展示说明以及试乘试驾等其他销售步骤都完成之后，就要进行最为重要的一步了——汽车报价。首先你要熟悉汽车的报价组成，然后你可以寻找适当机会向客户报价，并达成一致的价格协议。

情景案例

客户：“买一辆车我需要掏这么多钱啊！真是太贵了！”

销售员：“先生，您也知道汽车不同于一般的物品，所以您购买的时候所需要支付的费用也比较复杂。”

客户：“那么这款车的费用都是由哪些部分组成的啊？”

销售员：“先生，是这样的，一般来说，汽车报价包括销售价格、购置税、保险、车船税、上牌费、装饰费等。而您这款车……”

客户：“哦，原来是这样啊。”

1. 当客户决定买车之后，面对客户询问价格时，汽车 4S 店销售人员需要在报价前做好准备，提前预防客户因为价格而存在的异议与犹豫，巧妙应对客户，促使客户更加坚定地作出购车的决定。具体的准备分为以下几方面。

（1）汽车销售人员在报价之前要保证有一整套完整的材料以完成这笔交易，并且用 4 个写有客户姓名的信封将其中所有必要的文件装起来。同时准备好计算器、签字笔、价格信息表和利率表等所有必要的工具。

（2）对其他品牌店汽车的价格、优惠等竞争情况熟悉有所了解。

（3）了解潜在客户基本信息，确定客户的正确姓名、工作及家庭地址和电话号码，确定名义购买者和付款人。

（4）注意搜集其他与客户有关的一般信息，并判断这些信息对客户接受汽车价钱的影响。其中包括具有影响力的人、重要事件（出生、周年纪念）、入学情况、最近住所的变化、居住条件的变化等。

2. 当一切准备就绪后，向客户说明产品价格。

这是一个很关键的环节。在报出汽车产品价格这个时候一定要努力把控客户的心理，促使交易达成。同时说明价格后可注意以下一些事项。

（1）请客户确认所选择的车型，以及客户是否有保险、按揭、一条龙服务等代办手续的意向。

（2）根据客户需求拟订销售方案。

（3）向客户详尽易懂地说明报价内容、付款方法及各种费用，并耐心回答客户的问题。

（4）说明销售价格时，再次总结产品的主要配备及客户利益。

（5）对车辆购置程序和费用进行详细说明。

（6）让客户有充分的时间自主地审核销售方案。

3. 销售人员要询问客户是否有购买意向。

（1）确认客户所购车型，以及保险、装饰、按揭、上牌等代办意向；

（2）汽车销售人员要提醒客户意识到自己的其他需要（如装潢等），并详解其带来的好处；

（3）根据客户需求填写报价单，并给予讲解；

（4）适度压力推销，如当天提车可以享受优惠，同款车颜色短缺，买车的人都喜欢这款车等。

4. 具体说明汽车报价的内容，包括销售价格、购置税、保险、车船税、上牌费、装饰费等。

（1）汽车销售价格，车价即汽车原始定价，国产车为出厂价，进口车的价格由到岸价加海关税、增值税和其他费用等合成。

（2）车辆购置税，由车辆购置附加费演变而来。1.6 排量以下的车按车价（不含税）的 5% 征收，1.6 排量以上的车按车价的 10%征收。

（3）保险，主要包括交强险加上第三者责任险、车辆损失险、全车盗抢险、车上人员责任险、车身划痕险、玻璃险、自燃险、不计免赔险等。

（4）车船税，按排量征收，在车辆使用年限内每年交一次；每年购买交强险时有保险公司代缴。各地实行标准略有差异。

（5）上牌相关费用，包括上线检测的费用、拓号照相、汽车号牌（反光）、机动车行驶证工本、机动车临时登记证书工本费、机动车临时号牌、装牌费，总体费用加起来一共 300 元左右（各地稍有差异，整体费用也都在 500 元以内）。

6. 装饰费，包括真皮座椅、地板革、挡泥板等。

汽车价格的确定，进口汽车由国家物资管理部门和物价部门制定，在经营单位公开挂牌销售，并根据市场供求变化做适时调整，调整权由国家物资部门掌握，其他单位不得随意调整。国产汽车按国家有关定价规定，各主要车型由企业定价后报物价主管部门批准备案后生效。市场销售的汽车价格可随行就市，但均需公开挂牌销售。

小结

对于大多数购车的客户来说，价格是考虑的重要因素。所以销售员要熟练掌握车辆报价的组成内容，能给客户讲解清楚，以获得客户对价格的认可。

第三章

能为客户排忧解难：熟悉汽车贷款与保险的办理

作为一个专业的汽车销售人员，贷款购车和车险的相关知识是你必须要掌握的知识之一。销售的过程就是服务客户的过程，你的职责是为客户排忧解难。而如今，在更多的人选择贷款买车以及交通事故时有发生的前提下，熟练掌握相关知识，可以令你更好地帮助客户解决购车前后遇到的问题，同时也会令你的客户更加信任你，促进你销售的成功。

汽车贷款需要的条件及材料

购买汽车是一笔大宗交易，很少有客户能做到全额付款，大部分的人还是得依靠贷款实现购车梦。作为一名汽车销售人员，需要了解汽车贷款的过程以及所需的条件和材料，否则很难为客户提供全面周到的服务。

情景案例

客户："我已经看好了，现在说一下价格吧。"

销售员："嗯，好，在此之前请允许我问一下，您是选择付全款购车，还是贷款？"

客户："我想贷款购车，你先给我讲一下咱们店里关于贷款购车的一些条件，制度什么的吧。"

销售员："嗯嗯，好的……"

如今，在大多数人选择贷款买车的大环境下，你一定要熟悉贷款购车所需要满足的条件，大致如下：① 贷款客户要是年龄在 18 周岁以上，65 周岁（含 65 周岁）以下，具有完全民事行为能力的公民；② 贷款客户要具有合法身份证件，如当地常住户口或有效居住证等证件；③ 贷款客户要具有稳定的工作和经济收入或易于变现的资产，以确保足以按期偿还贷款本息；④ 贷款客户自有资金足以支付银行规定的购车首付款；⑤ 贷款客户必须提供银行认可的担保；⑥ 贷款客户愿意接受银行认为必要的其他条件。

当然，满足贷款的条件只是前提，客户还需要提供相关材料以便审批，只有这些材料都准备齐全，才可以办理贷款。这些材料包括以下 10 个。

（1）《个人贷款申请书》；

（2）个人有效身份证件。包括居民身份证、户口簿、军官证、护照、港澳台同胞往来通行证等。借款人已婚的要提供配偶的身份证明；

（3）户籍证明或长期居住证明；

（4）个人收入证明，必要时须提供家庭收入或财产证明；

（5）由汽车经销商出具的购车意向证明；

（6）购车首期付款证明；

（7）以所购车辆抵押以外的方式进行担保的，提供担保的有关材料，包括质押的权利凭证、抵押房地产权属证明和评估证明、第三方保证的意向书等；

（8）如借款所购车辆为商用车，还需提供所购车辆可合法用于运营的证明，如车辆挂靠运输车队的挂靠协议、租赁协议等；

（9）借款所购车辆为二手车，还需提供购车意向证明、建设银行认可的评估机构出具的车辆评估报告书、车辆出卖人的车辆产权证明、所交易车辆《机动车辆登记证》、车辆年检证明等。

（10）如为信用卡分期付款用户，除此之外仍需提供购车人个人征信记录，无不良信用记录才具备贷款资格。

小结

汽车贷款为人们购车提供了更加方便的途径。但是，这种消费贷款有一定的要求和条件，需要销售员给客户讲清楚，并帮助客户办理各种手续。如果销售员对这些不熟悉，就很难获得客户的信任和认可。

汽车贷款的分类

目前市面上可以选择的汽车贷款有很多种类，并且汽车贷款市场竞争异常激烈，有些为了吸引消费者甚至使用如“低首付”“零利率”“低月供”等异常诱人的字眼，因此销售员在推销前先要做足功课，告诉客户要清楚明白地消费，以防客户由汽车贷款而引来不必要的麻烦。

情景案例

实习生：“听说汽车贷款的种类有好几种呢，是吗？”

销售员：“对，因为，贷款买车的人不在少数，而根据车主的实际需求和情况又会有不同的贷款方式，所以贷款也分好多类。”

实习生：“那都有什么呢，你可以给我介绍下吗？”

销售员：“可以啊。贷款根据途径的不同分为……”

为了促进汽车产业的健康快速发展，提高人民的经济生活水平，2004 年 10 月 1 日，由中国人民银行和中国银行业监督管理委员会联合发布实施了《汽车贷款管理办法》。这是我国最早的车贷管理法规，为汽车贷款业务提供了法律依据和保护。

随着汽车贷款业务的蓬勃发展，现在汽车贷款主要分成以下几种：

1. 银行汽车消费贷款

需要客户提供身份证、户口本、房产证等资料，缴纳保证金及手续费。最低首付款为车价的 30%，贷款年限一般为 3 年，缴纳车价 10% 左右的保证金及相关手续费。银行的汽车贷款利率依照银行利率确定，一般为基准利率或上浮 10%。

与其他汽车消费贷款相比，银行贷款的利率是最低的，所以贷款成本也是最低的，而且可贷额度较高，一般为净车价的七成。不过银行贷款一般条件严苛，手续繁杂，还要求提供房产证明或将房产抵押，对不符合完全条件的贷款人来讲难度较大。

2．汽车金融公司贷款

以车辆为抵押物，必须足额购买全险，不需贷款购车者提供任何担保，贷款人需要满足的条件是有固定的职业和居所、稳定的收入及还款能力，个人信用良好。这种贷款方式首付比例低，贷款时间长。首付最低为车价的 20%，最长年限为 5 年，不用缴纳抵押费。

好处在于：贷款条件较银行消费贷款较宽，适合一些没有房产的消费者。包含的缺点是：汽车金融公司的利息率通常要比银行高一些，购车成本高于银行消费贷款。

目前开展汽车金融业务的企业有上汽通用汽车金融、大众金融、东风汽车金融、奔驰金融、福特金融、丰田金融等。

3．融资租赁

汽车融资租赁最早出现在美国，现在已经成为美国主流汽车贷款服务方式。它的运作模式是将车租给客户，租赁期间汽车的所有权归汽车金融公司，客户持有使用权，直到租赁期满，汽车的所有权才归客户所有。这种以“租”代“售”的优势在于：

（1）将车款、购置税、牌照费用、保险、车船税等其他税费全部打包，客户只需支付所有款项的 20% ~ 40% 作为保证金并每月交纳租金即可取得车辆的使用权，租赁期结束后客户可获得车辆所有权。相比较银行或者汽车金融公司的汽车消费贷款，这种方式降低了客户购车初期支付的负担，使客户可以将更多资金用于投资理财。

（2）租金可作为费用入账，融资租赁公司可为购车企业提供增值税发票抵扣销项税。

（3）通过融资租赁，租赁车辆不体现在企业的资产负债表中，使企业在得到所需车辆的同时保持信贷规模不变，这就意味着提高了企业的融资能力。

4．信用卡分期购车

申请流程简单，目前一般不收取利息，在账单确立后首月一次性收取手续费，但信用卡分期一般最长为 2 至 3 年，分期额度最高达 20 万元。

5. 无抵押无担保贷款

只有部分银行发放此种贷款，以银网中心的渣打银行“现贷派”为例，只要年龄在 22 ~ 60 岁之间，月薪不低于 3 000 元，当地工作满 3 个月以上即可申请。3 年期贷款利率一般为 9.9%，此外，每月还将收取一定金额的账户管理费，贷款成本较高，贷款金额在 8 000 元到 30 万元之间。

小结

面对各种汽车贷款的方式，你要先了解透彻每一种贷款方式的利弊，这样才能帮客户选出更合适、更实惠的贷款方式，给其一个更有建设性的意见。

汽车贷款的流程

对于贷款购车，已经做了一部分的描述，相信你也有了了解。其中，客户办理贷款业务的流程，更是你需要牢记的重点之一，以便为客户更好地服务，避免客户办理业务时出现差错或困难，从而影响车辆销售。

情景案例

客户：“小宋，车你也讲的差不多了，我打算买了。”

小宋（销售员）：“那您是选择什么支付方式呢，全款还是？”

客户：“我想贷款买，你先给我说一下咱们这的贷款购车的流程吧。”

小宋：“好的，首先你得先准备一些材料，然后提出申请……”

在客户将需要的材料准备好，并将需填写的资料填写完毕以后，接下来要严格按着汽车贷款的流程一步一步走，以便更加顺利快捷地完成贷款过程，帮客户尽快实现贷款。现在就介绍几种常用的汽车贷款办理流程。

1. 银行贷款的办理流程

（1）客户申请

客户向银行提出申请，填写书面申请表，同时提交相关资料。

（2）签订合同

银行对借款人提交的申请资料进行调查、审批，只有审批通过之后，双方才可以签订借款合同、担保合同，并同时视情况办理相关公证、抵押登记手续等。

（3）发放贷款

经银行审批同意之后发放贷款，当客户办妥所有手续后，银行将按合同约定以转账方式直接将贷款划入汽车经销商的账户。

（4）按期还贷

依据借款合同约定的还款计划、还款方式，贷款人按时偿还贷款本息。

（5）贷款结清

贷款结清有正常结清和提前结清两种方式。

① 正常结清是指在贷款到期日（一次性还本付息类）或贷款最后一期（分期偿还类）结清贷款；

② 提前结清则是指在贷款到期日前，借款人提前部分或全部结清贷款，需按借款合同约定，提前向银行提出申请，经银行审批后到指定会计柜台进行还款。

（6）贷款结清后

借款人应持本人有效身份证件和银行出具的贷款结清凭证领回由银行收押的法律凭证和有关证明文件，并持贷款结清凭证到原抵押登记部门办理抵押登记注销手续。

2．4S 店办理汽车按揭贷款的一般流程为：

（1）首先客户要先在汽车销售人员的陪同下挑选自己看好的车子，并跟销售商初步确定汽车价格。根据实际情况可以先签订购车合同。

（2）联系当地汽车贷款担保公司，提供客户的相关信息，交由担保公司进行初审。

（3）担保公司对客户所提供资料，由档案员传真至银行进行资信审核及公安征信，确认无误符合条件后即可办理按揭手续。其中需要填写的资料包括：① 贷款资格审查表；② 银行借款担保合同；③ 公证申请书；④ 抵押登记申请书。

（4）客户签订车险投保单，交由内勤人员请保险公司出具保单，并根据销售协议收取首付款及相关费用。

（5）银行贷款审批后，连同客户自己的首付款一起，到车商处办理提车上牌手续。其中上牌手续中需要的资料包括：客户身份证原件、购车发票及合格证原件。

（6）担保公司保留：购车发票、机动车登记原件、行驶证复印件、发动机底盘拓印号。根据机动车登记证书原件和借款抵押合同到车管所办理抵押登记。

（7）担保公司保留发票，机动车登记证书和行驶证复印件、客户资料及协议、公证书、原件归还客户。

（8）客户来领取公证书、存折（或银行卡）、保单的复印件及保险卡、保险发票等。

（9）客户定期归还银行贷款。

3. 信用分期付款买车的基本规定及办理流程

分期购车的手续相对简单，但是附加条件较多，只有指定品牌车型有免息免手续费的优惠。下面就以某银行“车易贷”作为例子进行说明，其规定如下：

（1）车购易业务分期总金额区间为 3 万～ 20 万元，持卡人可在本人分期额度内任意选择分期总分金额（但必须为 5 000 的整数倍），该额度由持卡人本人的信用卡额度、资信状况以及信用卡使用情况决定。

（2）购车首付比例最低为购车价格的 30%（当然，对于不同的车型，首付比例也会有差异，并且首付金额不能以 ×× 银行信用卡支付方式支付）。

（3）车购易服务提供一年期（12 期）、两年期（24 期）分期付款服务。一年期（12 期）分期付款的手续费率为 3.5%，两年期（24 期）分期付款的手续费率为 7%，手续费总金额 = 分期总金额 × 手续费率（手续费计入分期购车后的第一期账单）。

（4）参与车购易业务必须投保以下这三个险种：盗抢险（车价全额投保）；第三者责任险（不低于 20 万）；车损险（投保金额 ×80%= 分期金额），且保险投保期数不能低于分期期数。

（5）保险第一受益人为 ×× 银行股份有限公司信用卡中心，当保险赔付金额不高于 5 000 元时，保险公司可以直接赔付持卡人，不需要 ×× 银行授权。

（6）若分期总金额不能被还款期数整除，×× 银行的系统会自动对每期还款金额进行四舍五入和金额拆分，还款总金额将保持不变。

（7）车辆具体购买价格由持卡人至指定经销商店面按照正常购车流程直接洽谈确定。

4．金融公司融资的方式贷款办理流程

通过金融公司融资的方式买车贷款程序比较简单、快捷，通常利率比较高。大致需要以下几个流程。

（1）客户选定车型，提交贷款申请。

（2）汽车金融公司受理申请，安排家访，进行实地调查，并收集相关文件。

（3）经汽车金融公司核准后，客户交付首付款和购置税、交验车辆、经销商协助客户办理汽车上牌和抵押登记等手续。

（4）一般需要申请人提交的资料有：申请人身份证、申请人驾驶证或配偶驾驶证、房产证或居住证明、个人收入证明、个人或配偶存折。

小结

只有熟悉地了解和掌握了贷款购车的整体流程和细节，你才可以在客户有这方面需求时候给予客户实际的帮助。并且只有知道了具体流程，你的指导才会目的明确，有条不紊，这样，在客户心中的你才是具有极高专业度的、认真负责，可以信赖的汽车销售人员。

汽车贷款费用的计算

汽车作为大件产品，在人们的消费中占有很大比重。因此，销售员必须对汽车贷款费用的计算方式了解得一清二楚，这样才能帮助客户把这笔账算得分毫不差。

情景案例

阿乐：“我打算贷款买这辆车，你给我说一下相关的费用是多少吗？”

小石（销售员）：“其中 3 年期贷月均还款额不到整车价值的 2.5%，5 年期贷款月均还款额不到整车价值的 1.53%。”

阿乐：“那相关费用具体怎么计算。”

小石：“具体各项费用的计算方法是这样的：

首付款总额 = 车价首付款 + 保证金（退）+ 贷后管理费 + 风险担保金 + 手续费 + 调查费 + 资料公证费 + 保险费用 + 购置税 + 牌证费 + 车船税

车价首付款 = 现款购车价格 ×30%（目前通行的比率）

保证金 = 现款购车价格 ×10%（目前通行的比率，还清贷款后可退还）

贷后管理费 = 现款购车价格 ×1.5%（目前通行的比率为 1% ~ 3% 之间，根据车主信誉度调整）

风险担保金 = 贷款额 ×（1% ~ 1.5%）

手续费 = 现款购车价格 ×（1% ~ 3%）

调查费 =1 000 元（本地）或 1 500 元（外地）

资料公证费 = 500 元

购置税 = 现行车型计税价格（扣除增值税后价格）×10%（注：现行车型计税价格按照就高不就低原则）

贷款额 = 现款购车价格 – 车价首付款

月均还本金额 = 贷款额 ÷ 还款期数

月均还款本息 = 贷款额 × 年期系数

月均还款年期系数参考：

1 年期：857.5/10000

2 年期：440.91/10000

3 年期：301.91/10000

4 年期：232.93/10000

5 年期：191.38/10000

阿乐：“好抽象啊！能不能给我举个例子呢？”

小石：“当然可以。下面就以华晨中华 1.8L 手动舒适型骏捷为例给你讲解一下贷款购车相关费用的计算。首先华晨中华 1.8L 手动舒适型骏捷的参考价是

9.58 万元，而市场实际开票售价 8.7 万元，国家税务局最低计税价格 8 万元，按 3 年期首付 30% 计算，则分别为

车价首付款：87 000 元 ×30%=26 100 元（注意：银行规定贷千不贷百，所以首付款为 27 000 元。）

保证金：87 000 元 ×10% =8 700 元

贷后管理费：87 000 元 ×1.5% =1 305 元

风险担保金：60 000 ×1%=600

手续费：87 000 × 1% =870

调查费：1 000

资料公证费：500

购置税：87 000 元 ÷1.17=74 358.974 元（注意，这是因为计税价格低于国家税务局最低计税价格 8 万元，所以实际计税价格采用 8 万元标准）80 000 × 10%=8 000 元

保险费：4 500 元（主要包含交强险、车损险、盗抢险、三责险、不计免赔险等）

牌证费：200 元

车船使用税：480 元

首付款总额：27 000 元 +8 700 元 +1 305 元 +600 元 +1 000 元 +500 元 +4 500 元 +8 000 元 +200 元 +480 元 =53 155 元

贷款额：87 000 元 −27 000 元 =60 000 元

月均还本金额：60 000 元 ÷36=1 667 元

月均还款本息：60 000 元 ×（301.91/10 000）=1 811 元

关于汽车贷款费用，因为贷款方式的不同，手续费的计算方式也会有所不同，下面就以下几种常用方式的手续费为例介绍一下汽车贷款手续费。

1. 银行汽车贷款手续费

银行汽车贷款，贷款利息就是最大的贷款成本。不同银行或者不同期限的贷款利息都不相同。3 年期贷款基准利率为 6.15%，而实际贷款利率往往会高于基

准利率，以基准上浮 30% ~ 40% 的居多。如果是担保公司担保的方式贷款，一般需要支付一定金额的押金，通常需要几千元。如果借款人按期还完贷款，担保公司可按约定退还一定的押金。如果是用房产抵押方式贷款的，会有房产评估费、抵押登记费等费用。

2. 分期付款购车手续费

如果使用信用卡分期付款方式购车，没有贷款利息，不过分期付款购车这种方式除少数指定免手续费的车型之外通常都有分期手续费。不同的银行信用卡分期手续费也不同，信用卡分期手续费支付方式有两种，分别为一次性支付和分期支付两种支付方式。通常 12 期的总费用在 10% 以上。

3. 汽车贷款其他手续费

通过汽车经销商办理的汽车贷款业务，无论是汽车贷款还是信用卡分期，都有可能需要支付经销商一定的代办手续费。

至于贷款费用的计算方式，个人汽车消费贷款现在基本统一是以“3 年 7 成”制度。也就是说首付 3 成，贷款为车价 7 成，分 3 年还，统一“本车抵押”，10 000 元一年利息 260 元。

下面以某公司汽车贷款按揭费用为例，为你提供一个参考以及比较，以避免你的客户在办理按揭贷款业务时相关费用的计算出现问题。

个人汽车按揭贷款费用明细：

1. 担保费：车价 ×1.1×2.5%（车价 7 万以下：车价 ×1.1×3%）

2. 调查费：400 ~ 600 元

3. 档案管理费：600 元（说明：车贷按揭一般为“7 成 3 年”，在这 3 年中一切问题由保险公司全权负责及管理）

4. 工本费：200 元

小结

贷款购车方式是现在很多人购车方式的首选，汽车贷款业务也越来越普及。作为一个专业的汽车销售人员，你一定要熟练掌握汽车贷款的流程和计算方式。这样，有助你更好地为客户解决问题。

车险具体包括的内容

随着我国经济的高速发展，汽车数量也在迅速增长，更多的人拥有了汽车。但是随着汽车给人们带来现代交通高效、快捷的全新感受之时，交通事故也频频发生。同时，机动车交通事故又具备着危害大、损失重及纠纷多的特点，给人们的生命财产造成伤害，也给国家带来严重经济损失。因此买车同时购买车险已经成为了必不可少的环节。

而车险，即车辆保险，全称机动车辆保险，也可以称作汽车保险。它是指对机动车辆由于自然灾害或意外事故所造成的人身伤亡或财产损失负赔偿责任的一种商业保险。同时汽车保险也是是财产保险的一种。其中车险的主要构成包括车船税、交强险以及机动车商业险。

情景案例

销售员：“您看，这个交强险是属于我国的强制保险。”

客户：“交强险必须投保吗？如果不投保会不会影响上牌啊？”

销售员：“这个险种是必须投保的！国内目前新车上牌、审验等方面都要求出示交强险保单或凭证，所以，无论您买什么型号、品牌的汽车都要办理交强险，而其他险种则是属于自愿投保的。”

客户：“听说6座以下客车交强险目前的费率为950元／辆，保额为12.2万元。”

销售员：“正是这样。交强险的保障对象是被保险机动车致害的交通事故受害人，但不包括被保险机动车本车人员、被保险人；其保险内容包括受害人的人身伤亡和财产损失。”

客户：“明白了。”

销售员：“另外，基本险也称主险，包括车辆损失险（以下简称车损险）和商业第三者责任险（以下简称三责险），是投保附加险的前提。”

车险的构成主要是交强险和商业险，下面是关于它们的具体介绍。

1. 交强险

交强险即机动车交通事故责任强制保险。在最新修订的《机动车交通事故责任强制保险条例》（以下均简称《强制保险条例》）中，国务院规定，在中华人民共和国境内（不含港、澳、台地区），被保险人在使用被保险机动车过程中发生交通事故，致使受害人遭受人身伤亡或者财产损失，依法应当由被保险人承担的损害赔偿责任，保险人按照交强险合同约定内容对每次事故根据实际情况在下列赔偿限额内负责赔偿。

（1）死亡伤残赔偿限额为 110 000 元。

（2）医疗费用赔偿限额为 10 000 元。

（3）财产损失赔偿限额为 2 000 元。

（4）被保险人无责任时：

① 无责任死亡伤残赔偿限额为 11 000 元。

② 无责任医疗费用赔偿限额为 1 000 元。

③ 无责任财产损失赔偿限额为 100 元。

交强险属于强制性购买的险种。只要购买汽车就必须购买交强险，否则无法上牌照。

2. 商业险

我国汽车商业保险主要由基本险和附加险构成。车辆商业险不强制购买，但是交强险只能在限额内赔偿，如果是稍微大一些的事故就不够赔了。所以要买商业第三者责任险来补充，要不然起不到保险的作用。

（1）基本险

基本险可以分为车辆损失险和第三者责任险两类。

车辆损失险是指被保险车辆在遭受保险范围内的自然灾害或意外事故，造成保险车辆本身损失后，保险人依照保险合同的规定给予赔偿的一种保险。车辆损失险是车辆保险中用途最广泛的险种，无论是小剐小蹭，还是损坏严重，都可以由保险公司来支付修理费用。

不过车辆损失险费用的最高赔偿金额在保险金额限制之内。根据在事故中所负责任的大小，车辆损失险的赔偿额度由保险公司赔偿所有应赔偿总金额的

80% ～ 95%（其余部分为保险条款规定的免于赔偿部分）。被保险人在事故中负全部责任的赔偿 80%，负主要责任的赔偿 85%，事故双方负同等责任的赔偿 90%，被保险人负次要责任的赔偿 95%。

第三者责任险是指保险车辆在被保险人或其允许的合格驾驶员使用过程中，发生意外事故，致使第三人遭受人身伤害或财产直接损毁，依法应当由被保险人支付的赔偿金额，将由保险人依照《道路交通事故处理办法》和保险合同的规定给予赔偿。

（2）附加险

附加险是不能独立投保的，它必须建立在投保相应的基本险的基础上才能选择投保。其中一切附加险条款与基本险条款相抵触之处，以附加款为准。附加险的主要险种有：

① 全车盗抢险

机动车被盗窃、抢夺、抢劫，立案证实，满三个月未查明下落时，保险人按保险车辆的实际价格或依照保险合同规定的限额赔偿。

② 车上责任险

车辆上所载货物遭受直接损毁和车上人员的人身伤亡必要合理的施救、保护费用。

③ 无过失责任险

无过失责任险是指投保了本项保险的车辆在使用中，因与非机动车辆、行人发生交通事故，造成对方人员伤亡和财产直接损毁，保险车辆一方无过失，且被保险人拒绝赔偿未果，对被保险已经支付给对方而无法追回的费用，保险公司负责给予赔偿。

④ 车载货物掉落责任险

是指机动车所载货物在机动车使用过程中从车上掉下来致使第三者遭受人身伤亡或财产的直接损毁，依法由被保险人承担的经济赔偿责任，由保险人在保险单中所载明的保险赔偿额内计算赔偿。

⑤ 玻璃单独破碎险

保险车辆发生玻璃单独破碎，保险人按实际损失计算赔偿。

⑥ 车辆停驶损失险

因发生基本险条款所列的保险事故，造成车辆损毁，致使车辆停驶，保险人按部分损失、全车损毁的规定，按保险单的约定赔偿限额并承担责任。

⑦ 自燃损失险

保险车辆因电器、线路、供油系统发生故障或者由于运载货物自身原因发生起火燃烧，造成的保险车辆损失，以及被保险人在发生本保险事故时，为减少保险车辆损失所支出的必要合理的施救费用，保险人在保险单该项目所载明的保险金额内，按保险车辆的实际损失计算赔偿；发生全部损失的，按出险时保险车辆实际价值在保险单该项目所载明的保险金额内计算赔偿。

⑧ 不计免赔险

不计免赔险的全称为“不计免赔率特约条款”。其保险责任通常是指“经特别约定，发生意外事故后，按照对应投保的主险条款规定的免赔率计算的、应当由被保险人自行承担的免赔金额部分，保险公司会在责任限额内负责赔偿”。通常来讲，投保这个险种可以使本应由自己负责的 5% ~ 20% 的赔偿责任再转嫁给保险公司。

⑨ 新增加设备损失险

投保车辆发生了基本险条款所列的保险事故，造成车上新增加设备的直接损毁，保险人在保险单该项目所载明的保险金额内，按实际损失计算赔偿。

小结

现在客户在购买汽车时都会购买汽车保险，而这其中许多第一次购买车险的客户对于车险的了解明显不足，这时就需要你专业地讲解这方面的相关知识流程等，这样，不仅帮助客户解决了实际问题，更体现了你作为一名汽车销售人员的专业化水平。

车险办理的渠道

随着我国汽车工业的发展，汽车保险行业也是蓬勃发展。如今，保险行业销售渠道有很多，你要充分了解熟知这些投保渠道，体现你作为专业汽车销售人员的专业素养。并且，你要学会辨别出正确的渠道，维护客户的利益，防止你的客户被骗保。

情景案例

销售员：“吴先生，您看，车辆保险方面还有什么疑问吗？”

客户：“没了，听了你之前的介绍，保险这方面的知识还真是多啊。”

销售员：“嗯，当然，毕竟汽车投保讲究能保尽保嘛。那么您决定好要投哪些保险了吗？”

客户：“嗯，对了，我想请问一下只能在4S店里投保吗，还有没有别的渠道？”

销售员：“嗯，这个当然有，现在保险公司很多，同时保险行业销售渠道也有很多呢，所以投保的渠道自然而然也有很多种了。不过您要是在4S店投保会有许多好处哦。好处一：……；好处二：……；等等。”

客户：“哦，是吗？确实在4S比较方便。”

目前，随着保险行业的发展，保险销售渠道也越来越多，人们在购车之后投保车险的途径也有很多，主要可以通过以下几种渠道进行投保。

1．通过保险中介投保

将相关资料交予中介公司，由其代为购买。而通过中介投保的优点在于可以货比三家。因为中介公司一般代理多个保险公司产品，因此投保人可以多方比较然后再从中选择。不过这种投保方式有着不可忽视的问题，那就是通过中介代理买保险必须谨慎，因为代理资质门槛低，容易出现中介骗保的情况。所以，必须注意的是，如果选用中介代理投保车险，一定要选择资质过硬的中介公司。保单寄来后，一定要先验证保单的真伪然后再付款，验证方式具体可以通过保险公司公布的电话或营业厅查验。

2．在营业厅投保

车主携带相关资料去保险公司营业网点，当场填写保单，缴费投保。这种投保方式好处在于这种方式进行的投保权威可靠，车主可放心购买。手续齐全，立等可取。不过不太好的就是没有上门服务，只能去固定营业厅办理。除了规定折扣外，无其他优惠。在车主选择这种渠道投保的时候需要注意：购车票据、本人身份证明以及相关资料复印件等要准备齐全，否则将会浪费时间来回取，这样也耽误办事效率。

3. 直接通过4S店投保

购车后在经销商处直接投保。优点在于投保可以一步到位，出险后还可以享受直赔服务，将出险车直接送店维修即可。并且除此之外，在同一家店内购车和投保车险，销售员会相应给予一定车价或保费折扣。但不足之处在于：保费浮动较大，投保人享受到的费率折扣有限，费用相对较高。投保前需要注意的是：投保前有必要事先致电保险公司了解一下哪些险种没必要购买。另外，保单也需查验真伪。

4. 通过电话投保

拨打保险公司公布的车险销售电话即可，会有专业人员上门服务。电话投保的优势在于操作简单，投保快捷。车主可以在任何地点凭借一个电话就能进行快速投保，一般在3个工作日便可拿到保单。另外，由于保险公司现在主推该业务，同时电话投保由于节省了中介环节，费率折扣较大，投保相对较为便宜。但美中不足的是：需要提防“山寨”版投保电话，同时也要防止遭遇假保单。电话投保一定要注意：投保前应先了解该保险公司是否有电话车险业务，仔细核实正确的投保电话号码后再拨打。

5. 网上投保

通过进入车险官方网站，自由diy选择险种。好处在于这种投保方式方便快捷，一般需要几分钟就可完成投保，属于电话投保方式的进一步发展，同样没有中间环节费用，投保方式更优惠。缺点：需要懂一些电脑网络知识，同时对险种需求有明确要求才可直接下单，如不是很明确，还是需要电话联系。注意：仔细识别，目前可能会有一些虚假的钓鱼网站，请务必在官方网站进行投保。

小结

在我国，随着汽车的不断增加，保险行业销售渠道的增多，如何更好地帮客户甄别选择正确的渠道投保至关重要。所以，在此之前你需要彻底了解各种投保渠道，并且学会权衡各个渠道不同的利弊，包括甄别各种渠道的真实性和可靠性。这样，有助于你赢得客户的信任，更体现了你的专业和负责。

车险办理的具体流程

无论通过哪种渠道投保，事先都要提前准备好各种相关证件和材料，并提前了解一下该方式投保的大致流程，这样，能大大提高办理效率，缩短办理时间，可以避免出现一些不必要的麻烦和时间的浪费。

情景案例

实习生小万：“老师，通过前边的了解，我已经大概了解了车险的意义及一些相关知识。那么，车险投保还有什么需要了解的吗？”

培训王老师：“当然，关于车险，光知道车险的相关知识还不够，你还要熟悉车险的办理流程，不同的渠道投保会有不同的流程。”

小万：“噢，那老师能否详细说一说啊。”

王老师：“可以，首先说比较常用的流程，它……”

车险办理时的具体流程和实际方法根据投保方式的不同也有不同种类，接下来是国内最常用的三种投保方式及流程。

1. 汽车投保办理流程

第一步：拨打车险公司电话。

随着车险行业的发展，现在的很多流程都由保险公司代办了，这使得车险办理流程更加便捷和省心了。

第二步：向车险公司咨询并确认险种，取得报价，确认投保。

第三步：第二天会有保险公司专业人员上门收取相关资料和保险金额。

第四步：第三天保险公司的专业人员会把保单送上门，等待投保人签字、刷卡交钱，办理完毕！

2. 网络投保办理流程

随着网络的兴起和多元化，车险办理也可以运用网络进行直接投保。这种投保方式是一种更加省心省力的办理方法。因为网络投保方便，而且更重要的是网络投保比其他方式投保费用更优惠，因此得到了越来越多人青睐，尤其是更喜欢接受网络的年轻一代。其办理流程入下：

第一步：通过车险在线计算器帮助客户提交信息。

第二步：保险公司有专人通过电话沟通，量身定制投保方案和价格，确认投保。

第三步：保险公司派遣专人送来保单，并支付保险费用。

不过，值得注意的是，如果运用网络进行投保的话要到保险公司的官方网站上投保，一般，需要 10 分钟左右就可以办理完成，比较方便。

3. 4S 店车险办理流程

在客户决定买车以后，销售人员就可以引导客户进入车辆保险谈判阶段（在此过程中可由保险专员协助谈判并由保险专员让保险公司预算出相应保费）。谈判一旦成功，就可以向保险专员提供客户资料，办理车辆保险；销售人员需要将如下各项资料提供给保险专员：① 单位投保所需材料：组织机构代码证复印件、合格证复印件、发票复印件；② 个人投保所需材料：身份证复印件、合格证复印件、发票复印件。

投保具体流程如下，当保单出好以后：

（1）保险公司会将保单交于保险专员，并由保险专员核对信息是否有误。

（2）保险专员会将保单及发票复印留档，以便录入及销售人员查询及使用。

（3）销售人员从保险专员处领走保单原件交予客户，并在保险单证领用登记表上签字确认。

（4）面对有代办挂牌客户，销售人员领走保单后及时把交强险副本给挂牌员；或者挂牌员直接从保险专员处领走副本并签字。

（5）客户挂牌后，销售人员将客户行驶证正副本复印件交于保险专员处做变更并出保卡交贴。（这样保险汽车的盗抢险才会生效）

（6）销售人员为客户领取保卡保贴，并在保险单证领用登记表上签字。

小结

保险办理流程跟客户选择的投保渠道有关，但基本大同小异。只不过，随着保险行业的发展，不论选择哪种渠道，以后办理车险的流程想必会越来越便捷。

建议客户选择合适的车险

在客户确定购车之后，因为买车的大多数都是新车主，他们对于车险还不够了解。这时候作为专业销售人员就需要你用专业的知识为客户讲解关于车险方面的知识，从而帮客户选择合适的车险。

情景案例

客户："你帮我再分析一下看我适合投什么样的保险吧。"

销售员："可以，那我把各项保险的利弊和特点主要说一下吧。"

客户："嗯。"

销售员："鉴于你是第一次买车，同时保险都是紧着能保尽保的原则，所以要上的保险一定多，弹药用到实处，比如这几种险……"

保险公司理赔中的"九不赔原则"，这些最好提前了解，上车险之后要尽量避免陷入这九种情况。

不赔之一：酒后驾车不赔

通常合同中还包括吸毒、药物麻醉后驾车导致的财产和人身损失。

不赔之二：无证驾驶不赔

没有驾照或者驾照过期或者比如驾照是 C 本，但却驾驶大货车。由于驾照年审制度的调整，不少人可能是 6 年审验一次驾照，而时间的延长经常导致不少人根本就不记得什么时候需要审验驾照。

不赔之三：延期报案或者不报案不赔

通常而言发生事故报案要求在48小时内，虽然也有判例认为这是霸王条款，但是建议投保人最好尽可能在48小时打通报案电话。如果不报案，那么服务再好的保险公司估计也不会提供主动问询理赔服务的。

不赔之四：改装车辆不赔

保险合同里一般都会有一条写明车辆转送或者增加车辆危险程度需要通知保险公司。转送他人一般不会令人产生误解，但增加车辆危险程度的途径之一就是改装车辆。这里提到的改装容易产生误解；按理说改装排气管不应该导致危险程度增加，但改装发动机是否会导致车辆危险程度增加还不确定，不过现有的法院判例表明，改装了发动机的车辆发生车祸后，保险公司会合法拒赔。所以，改装车辆的车主在办理车险之前要思考一下是否还有必要买商业保险。

不赔之五：车辆没有在使用状态或者不在合法使用状态不赔

这是比较“雷”人的一条，究竟不在使用状态的车辆是指什么样的车辆呢?比如有这样一个判例：某车主停车忘了拉紧驻车制动杆，锁车回家后，第二天早上发现车辆溜车撞了树，保险杠破碎。在他向保险公司如实报案之后，保险公司拒赔，理由就是事发时车主的车辆没有在使用状态。与此相似的情况是：投保人的车辆在停车场、在修理厂维修、在拖车过程中发生毁损，这些时候也不在使用状态，发生车辆损失后保险公司也不会赔偿，投保人得找停车场、维修厂、拖车方负责赔偿。此外，还有一种车辆不在合法使用状态的案例，那就是投保人没按时年检车辆。如果年检过期了，这个时候发生交通事故，保险公司会以投保人的车辆不在合法使用状态为由拒绝赔偿。

不赔之六：故意毁坏车辆不赔

这点尤为注意，有不少骗保的客户都是用故意损坏车辆达到骗保的目的，因此如果被保险公司证实是故意损坏，保险公司肯定会拒绝赔偿。但有时候可能不是车主主观上故意损坏，而保险公司也会把这种情况界定为故意损坏车辆。比如投保人用家用轿车运送家具的过程中，结果紧急制动导致车内的家具把玻璃撞碎了。在这种情况下，如果投保人向保险公司如实说明了情况，那按照合同约定，保险公司也会界定这属于故意毁坏车辆，所以保险公司是不会赔偿的。此外，如果投保人不是警察，但为了见义勇为，才故意用车辆追撞其他车辆，这种行为出发点也许是好的，但这种故意损坏车辆的行为一般而言也是没有办法得到保险公司赔偿的。但投保人的行为应该能够得到政府有关部门的补偿和奖励，因此在道义上支持在保障个人生命安全的情况下的见义勇为。

不赔之七：新车被盗不赔

这里说的新车，是指投保人的车还没有车牌，这个时候，虽然投保人投保的交强险和第三方责任险能保障你的驾车“安全”，但如果在上牌前被盗，那就很倒霉了，因为这种情况下保险公司是不会赔偿车辆被盗损失的。

不赔之八：家人或者本人因车受伤受损不赔

虽然你购车时投保了第三方责任险，但这个险种是投保人为“别人”买的，这个“别人”不包括投保人和投保人的家人，所以，如果投保人驾车，千万小心家人的安全，否则万一出了事故，需要投保人自己想办法解决医药费。而这种情况的解决办法就是投保车上人员险。

不赔之九：投保人无责但对方又不赔偿的情况不赔

如果发生事故后对方负全责，但是对方没有赔偿能力，这个时候保险公司也不会赔偿投保人的损失，除非投保人能想办法拿到对方无法赔偿的证明。

小结

一个好的汽车销售人员，不仅要给客户提供良好的购车建议，同时也要给客户正确阐述清楚车辆保险中每种险种的意思，并为客户说明投保这些险种的好处，以及在险种方面给予专业的意见，并且提醒客户投保车险所要综合考虑的因素。

第四章
做最优秀的自己：汽车销售必须具备的个人品质

每一个合格的汽车销售人员，都要具备热爱工作、自信、耐心、不怕拒绝、积极主动、口才出众等几点基本品质。当然，在具备这些品质的同时你先要自身做好思想准备和能力积累，提升自己，这样你才可以在汽车销售这一领域走得更高、更远。

从内心喜欢汽车销售工作

作为汽车销售这一应用型职业的一员，首先，你要先爱上自己的这份工作。对待自己的工作要像谈恋爱一样，只有先爱上它，你才会主动地为它而努力，才会主动地去了解，学习它。只有从内心喜欢自己的工作之后，你才会对其饱含热情，这是成为销售高手的基础，就相当于修一条路，只有地基打牢固，修出来的路才能承受住任何车辆行人的考验。

俗话说："兴趣是最好的老师"。只有你能从内心深处端正自己的态度，让自己对汽车销售产生兴趣，从而发自内心的喜欢上这份工作，你才会做得更好。

汽车销售和销售是共通的，从事这一行业一开始就意味着吃苦，还有"别人休息你上班，别人上班你休息"的工作时间，如果这时你的内心深处并不喜欢这个行业，这份工作，那你还是早早离开为好，以免把自己搞得狼狈不堪，然后灰溜溜逃跑。

尝试着从内心开始喜欢这份工作吧，这样你才能在这一行坚持下去，之前说的问题也不会像压倒骆驼的最后一根稻草似的令你崩溃。当然，也只有从内心喜欢上汽车销售这份工作，你才会体验到其中的了趣，以及每完成一笔订单时候的成就感。

所以，当你选择了从事这份工作之后，就请从内心开始逐渐喜欢上这份工作，对它产生兴趣。这样，你才能具备做好这份工作的素质，才有可能闯出自己的一片天地。可以说，对职业的认同和喜欢程度决定了职业最终成就的高度。

情景案例

乔·吉拉德认为，成功的起点是你首先要热爱自己的职业，无论做什么职业，世界上一定有人讨厌你的职业和你，但那是别人的问题。

他曾遇到一个神情沮丧的人，询问他的工作，对方回答他是推销员。

乔·吉拉德告诉对方：销售员怎么能是你这种状态？如果你是医生，那你的病人会杀了你，因为你的状态很可怕。

他也曾被人问起过职业，听到答案后对方不屑一顾：你是卖汽车的？但乔·吉拉德并不理会：我就是一个销售员，我热爱我做的工作。

乔·吉拉德认为在推销这一行，如果你把自己看得低人一等，那么你在别人眼里也就真的低人一等。

乔·吉拉德认为，工作是通向健康和财富之路，它可以使你一步步向上走。全世界汽车销售纪录是每周卖 7 辆车，而乔·吉拉德每天就可以卖出 6 辆。

有一次他用了不到 20 分钟就卖给一个人一辆车。对方却告诉他，其实我就在这里工作，来买车只是为了学习你销售的秘密。乔·吉拉德最后把订金退还给了对方并说他没有秘密，如果一定要说秘密的话，那就是“如果我这样的状态能够深入到你的生活，你会受益无穷。”

乔·吉拉德认为，你最好在一个职业上待下去。因为所有的工作都会有问题，明天不会比今天好多少，但是，如果频频跳槽，情况将会变得更糟。他特别强调，一次只做一件事。以树为例，从种下去，精心呵护，到它慢慢长大，到时它就会给你回报。你在那里待得越久，树就会越大，回报也就越多。

就像乔·吉拉德说的那样，对于工作，你一定要先热爱你的工作，这是你工作的起点，使你成为一个优秀汽车销售人员的起点。

小结

对于汽车销售这一职业，首先自己要爱上这份工作，然后努力工作，只有这样，将来你才会收到工作带给你的回报。要知道，任何工作都会有一定的问题，未来是个未知数，不要企图通过换工作来达到自己想要的生活状态，因为明天不一定比今天好。既然选择了汽车销售这个行业，这份工作你就应该去用心呵护，从内心去喜欢它，直到将来它带给你财富的回报。

自信：我一定能成为金牌销售员

作为一名汽车推销员，首先你要有必胜的信心和无畏的精神，既然你选择了这一份工作，肯定或多或少觉得自己在这方面是可以胜任的，所以你要学会相信自己。相信你可以做到最好，相信你可以成为金牌销售。

推销员在国外的英文名字是 Closer，根据权威人士解释，Closer 的第一个字母“C”代表的是信心（Confidence），如果去掉“C”，就变成了一个失败者（Loser）了。这说明作为一个推销员自信是必不可少的，没有信心，你只能失败。

当然，如果作为推销员的你真的对自己都没有信心，客户又怎么放心去相信你呢?

情景案例一

李涛曾是某汽车制造厂的团委书记，但是在 40 岁那年由于工厂经营不善倒闭，他失业了。他在不得已的情况下做了推销员。刚开始时，有朋友劝他说：“你从事政工工作已经这么多年，你有销售汽车方面的经验吗？我看你还是干点别的吧。”李涛承认业务知识不行，也缺乏经验，不过，他还是非常想试一试。他说：“我已经收集了很多资料，这些资料显示我国的汽车行业正在扩展，同时，我也很认可推销这个行业，我相信它会有很好的未来，我还彻底研究过我可能遇到的同行之间的竞争，我相信我在销售方面可以做的比公司里的任何一个人都好。当然，我肯定会犯一些错误，但我不会沮丧。”

结果，不到两年的时间，李涛真的做到了，他的推销业绩在公司名列前茅，并被提升为公司的业务经理。

汽车销售人员首先要对自己的能力、自己的企业、自己的团队、自己的产品、自己的服务等等的一切有足够的自信，这是你获得最终成功的前提。

情景案例二

世界上最伟大的汽车推销员乔·吉拉德就是一个非常自信的人，他在演讲时经常强调：要燃起熊熊的信念之火，你认为自己行你就一定行，每天都要不断地对自己重复这样一个念头。生命中有两句话非常重要，一个是“I want”（我想），另一个是“I can”（我能）。

他当初去应聘汽车推销员时，老板问他：“你推销过汽车吗？”他说：“没有，但是我推曾经销过日用品、推销过电器，我能够推销它们，说明我能够推销我自己，当然也能够推销汽车。”后来的事实证明乔是成功的汽车推销员，他创造了世界汽车销售的记录。

既然你选择了汽车销售，那么请相信你自己。对于自信心的培养方法也有很多，其中自我暗示就非常有效。具体来说，销售员可以从以下几点来进行自我暗示。

1. 通过语言表达你的内心感受

心理学中有一种叫做“内省法”的减压方法，即先令人冷静地观察自己的内心深处，然后将观察的结果如实讲出来。这样促使其紧张的心情得到释放，从而令对方感到轻松。其实这种“内省法”也适合销售员，通过不断讲出自己对成功的渴望和对战胜困难的信心，来释放工作中令你沮丧的压力，从而获得前进的动力。

2. 不妨把每一次失败都当作是最后一次

每个人不会始终一帆风顺，总有不顺的时候。当推销失败时，不妨尝试着对自己说：“不会再有比这更倒霉的事了，这是最糟糕的了。”然后你就要明白，既然最糟糕的事都已经发生了，还有什么可怕的呢？莫过于此了。当你已经到了最低谷，撑过去就是否极泰来！每当你感到最不顺利的时候不妨就给自己这样的心理暗示，这样不仅可以给自己信心，还可以给自己一定的安全感。

3. 不要一直强调负面结果

千万不要这样提醒自己“昨天我被客户拒绝了”“卖出一件产品怎么这么难”。

因为越是这样，你心里就会越紧张，越沮丧。此时，你应该努力避免一直以失败的教训来提醒自己，尽量多给自己一些积极性的暗示，比如：“客户虽然拒绝了我，但态度并不坚决，还有机会”“卖出产品是迟早的事，也许明天就会成交”等等。这种积极的暗示和指导，比起总向自己强调负面结果要好得多。

4. 通过“汽车预热”的方式调整心情

广大司机们一定知道，每辆汽车在上路前都要进行发动机预热，以此保证汽车拥有良好的行驶状态，作为一名汽车销售也是一样。在你去拜访客户之前，可以先和其他汽车销售人员聊聊愉快的家常小事、谈谈工作情况，然后再出发。这样有助于你以愉快的心情和饱满的状态进入工作。

5. 以最好的状态迎接挑战。

作为一个汽车销售人员，你的状态很重要。在生活和工作中每个人都有自己的“情绪周期”，当你陷入莫名的情绪低迷阶段时，要做些简单的工作，如日常的客户回访以及客户资料整理等等，尽量不要给自己增添过重的负担。等你走出低迷，情绪高涨，感觉状态最好的时候再去处理那些曾令你感到棘手的问题。因为好心情可以激发你饱满的工作热情，增强信心，促使你产生迎难而上的挑战欲。在这种状态下迎接挑战，可以淡化你的为难情绪。事实上，良好的状态是一种成功的暗示，此刻去攻克销售工作中的难点往往会获得良好的效果。

6. 不要给自己贴上失败的标签。

不要总对自己说“我很难应对客户的刁难”“我的沟通能力实在不行”“客户都讨厌我”等等负面暗示。要知道，最先打败你的往往是你自己。因此不要总给自己贴上“这不行、那不行”的失败标签，而是多给自己一些激励与信心，相信自己并不比别人做得差，相信自己一定能成为销售冠军！

小结

每一个汽车销售人员都需要自我激励的鞭策以及自信的支撑！而汽车销售人员的自信心，能使你专业知识和能力发挥到最佳状态，会使你拥有良好的工作心态和工作状态，也是你赢得客户信任和好感的前提，更是取得业绩的保证。

耐心：性急做不了汽车销售

古语有云，“心急吃不了热豆腐。”大多时候，做事情并不是心急就能够做好的，而且，往往可能因为急性子而坏事儿，汽车销售也一样。作为一个汽车销售人员，首先你要懂得控制自己的情绪、性格。因为销售不是一个一蹴而就的事情，它需要一个过程。当推销按照步骤一步步进行时，你的神经就有可能越来越紧张。这是自然现象，但此刻你就要加倍小心，因为在与客户交锋的过程中，操之过急很可能会令你无法与客户深入交谈，甚至会令你的客户产生厌烦心理，从而使全部努力付诸东流。

在销售的过程中，通常都是推销员热心而客户冷漠，推销员急于达成所愿，而客户则处于冰点。简单想，你就能明白，由于推销员的主要目的是要客户服从自己提出来的意愿，所以难免会急于求成。但客户不同，客户并没有要改变什么的想法，所以没有任何欲望，于是才显得“稳如泰山”。

从这一点我们不难得出，一旦你的欲望过于明显，会令客户对你产生怀疑，让他觉得你是抱着谋求他相关利益的目的才进行的推销。所以，在汽车销售过程中，你不能操之过急，要懂得收敛你的欲望不被看出。

许多经验丰富的推销员都会始终保持着有条不紊、驾轻就熟的状态，这会令客户有一种放心的感觉。不过显然大多数新手做不到这么老练。曾有一个新推销员甚至在即将签单的那一刻与客户开玩笑说：“咱们现在已经跑到终点，赶快带我冲刺，别再挨鞭子了！”使得客户听了感觉很不舒服，立刻就拒绝了这个推销员的签单要求。

所以，要想做好汽车销售，首先，你要锻炼自己的耐心，不能急性子。

情景案例

汽车销售员小佳曾经遇到过一个棘手的客户，对方是河南人。

这位客户自称想买4万～5万元左右的皮卡车在工地上用，他气呼呼的描述自己今天本来是冲着长城皮卡车来的，而且打算是买2部的，但是长城汽车销售员的态度冷淡，以为他只是随便看看并没有购买的意思，所以没人搭理他，一伙人光顾着闲聊了。客户气坏了，马上改变主意再也不考虑购买长城皮卡车了，而且还要托人查找长城皮卡车老总的电话投诉销售员的不良服务态度让他们都下岗！

小佳开始和他聊天，倾听他喋喋不休的唠叨，安抚他激动的情绪，了解他的需求，听取他的意见。

客户激动的情绪慢慢平静下来，开始客气地问小佳长城皮卡车的一些性能、配置特点。根据他个人的需求（定位在 4 万 ~ 5 万元的，或是更实惠点的老旧库存车，因为用在工地上几个月完工后就用不上了，所以没必要买太贵的）小佳向他推荐了傲俊短箱版的 1020C，给他优惠价是 57 800 元。

客户又问还有没有比这个价位更实惠的，然而小佳的店里已经没有比这个价位更低的柴油版车型了，就跟他解释说价位过于便宜的车在使用过程中容易产生一些故障，会给他的工作造成误时、误工等等不好的影响，得不偿失！客户听完觉得也有道理，就问价格还能否再优惠。

为了能进一步的引导和稳住客户，小佳说他可以帮忙再向领导申请少许的优惠，然而客户急着要走，让小佳以后通过电话联系告诉他最后的优惠价。最后这位客户又去了中兴对比，因为中兴的领导跟他关系不错，价格能给的更优惠，于是客户的选择只能限定在中兴和长城两个品牌之间！

当客户从中兴展厅离开后小佳对他进行跟踪回访，告诉他最后的优惠价是 56 800 元，客户依然觉得价格不太满意，直接要求说 5 万元整卖给他，由于价位太低，小佳当时就回绝了他。过了 2 天小佳打电话回访客户，用真诚的态度和口气给他分析了长城皮卡车的优势和最后的让利空间，客户还是觉得价格不太合适，说要重点考虑中兴的了，因为中兴有 4 万多的特价车卖给他。

当时小佳一听觉得客户考虑长城皮卡的可能性不大了，在价格上中兴占了太大优势，不过小佳觉得他还没有购买中兴的车就还有争取的机会。于是把详细情况反馈给了李经理，李经理让小佳继续跟踪回访不要放过一线机会，只要他还没买车就还是有机会的，况且客户对长城皮卡的意向也特别的明显了！又过了几天，小佳再一次给客户打回访电话得知他还没有购买中兴的，但是对长城皮卡车还是没有太明显的意向，由于客户还没有试过车小佳就找了个借口让他来展厅试乘试驾，试过车之后还有什么需求可以面谈等等，但是客户说算了。

就在小佳以为客户不会来的时候，第二天上午客户带着一个懂车的朋友一起来展厅看车，这时小佳在李经理亲自协助下向客户推荐了大柴神 1022K 和傲俊 1020C 做对比，客户也亲自试驾了一回。也许是因为多了对比，然后再加上朋友的建议，客户已经开始把目标和思路转移到了 1022K 上了，并且对于价格的控制也有所松动。

客户在做了一番对比后仍然没有马上下定决心，随后客户又到了中兴对比去了，大约 30 分钟之后客户回到黄海展厅要求谈判价格。最终双方以 64 600 的价格成交了大柴神 1022K。谈成后客户由于资金问题提出了金融按揭服务，于是小佳推荐了 GMS 按揭方案给他。

因为客户是河南户籍，金融服务的办理程序和资料收集比较麻烦，因此每收集一个材料客户都嫌太麻烦。由于客户不积极配合，因此上交材料的审核被拖延了很久才得以进行，而客户一方面催促小佳快些申办通过，一面又不断地埋怨小佳的办事效率低，有时激动了甚至说出一些特别难听的粗口，谩骂和威胁小佳店里的金融服务专员，认为小佳他们在故意刁难他，而小佳他们其实一直都在努力，认真、负责任的协助他完成审核。尽管遭到了客户的不认可和人身攻击，小佳及同事还是顶住了压力，在承受客户不解的同时耐心地与客户做沟通，协助他一起完成按揭流程。最后，小佳和同事们经过重重困难终于帮助客户顺利通过了按揭，圆满地完成了这么多订单。而客户最后也对小佳以及他同事们的热心、耐心和专业表示了认可，并且最终为自己之前的行为表达了歉意。

通过这件成功的案例，应该能令你体会到坚持，耐心和真诚对一个销售员的重要性。不管遇到多么刁钻的客户，只要抱着一颗为客户服务的诚心，认真工作，坚持不懈，即便中途困难险阻，几经周折，但最终你将收获客户的认可和赞赏！

小结

对于一个汽车销售人员来说，耐心是成功销售的基石。不积跬步，无以至千里。任何工作都要一步一个脚印地走，销售更是如此。工作中难免碰到各种各样的问题，比如市场销售回转慢、铺货率低、销售难上量、客户不听从指挥等等问题，而每当这种时候销售人员就应该避免产生浮躁心理，如果怨天怨地，不仅不能达到目的，反而会令工作越来越糟。这时候，你需要耐下性子认真分析问题的原因，找出症结，并重新调整方法和工作方式，一次、两次甚至三次并最终取得成功。

山重水复疑无路，柳暗花明又一村。只要你肯坚持，总会有出现转机的时候。

不怕拒绝：快速调整心态，面对下一个客户

作为一个汽车销售人员，你不能害怕被客户拒绝，拒绝是销售工作中常遇到的现象，可以说，销售就是每天和拒绝作战，所以你要试着把拒绝当作是成功的开始。

现在有许多销售员都存在害怕被拒绝的心理，他们或者不敢去拜访客户，或者在见客户时表现得很紧张。而这种害怕被客户拒绝的心理正是销售员缺乏行动力和办事拖延的最大根源，是每一个汽车销售人员的绊脚石，甚至还是影响销售业绩的罪魁祸首之一。

所以，作为一个汽车销售人员，一定要正确认识客户的拒绝，在日常工作中锻炼自己的心理承受能力，克服对客户拒绝的害怕。

在汽车销售中，遭到客户拒绝的现象很普遍。美国的研究表明，销售人员每达成一次交易，至少会有五六次被客户拒绝的情况，就连日本“销售之神”原一平先生也仍会遭到拒绝。要知道，原一平先生已经从事销售工作 50 年，并有 15 年连续保持了全日本销售业绩冠军，即使这样的“销售之神”仍会遭到拒绝，更何况是你?

作为一名汽车销售人员，没有人敢说完全不会被拒绝。其实，通常当客户说“不”的时候，并不意味着你的推销已经满盘皆输，仅仅是表示你暂时还没有完全解除掉客户对推销这个行业本能的抗拒心理，或者对方可能还在犹豫是否购买你的产品，因为他此时还不能确定购买是不是一个错误的决定。

所以被拒绝并不可怕，关键是看你如何面对它。你的心态决定了这次交易是否能够成功。如果你以积极的心态来面对拒绝，从容不迫、气度非凡，把拒绝看成是距离成功又近了一步，那么，被拒绝就不再是一件令人痛苦和可怕的事。你可以在拒绝中寻找扭转败局的契机，促使成功的到来。

情景案例

有一位心态很积极的汽车销售员，当他被客户拒绝时，他并没有垂头丧气，在他起身，准备告别时，反而向着客户深深地鞠了一躬，并说："谢谢您，您让我向成功又迈进了一步。"

客户觉得很意外，心想：我刚才那么干脆地拒绝了他，他为什么还要谢我呢？好奇心驱使之下，他问汽车销售员："为什么你被我拒绝了还要说谢谢？"

那位汽车销售员一本正经地说："我的主管告诉我，当我遭到 40 个人的拒绝时，下一个客户就会成交了。您是第 39 个拒绝我的人，只差一个，我就成功了。所以，我当然要谢谢您。您给了我一次机会，帮我加快了迈向成功的步伐。"

那位客户听完很欣赏销售员的积极乐观，因此决定购买他所推销的那款汽车，还给他介绍了其他几位客户。

在汽车销售工作中，被拒绝不可避免，所以一定要有一个好的心态来面对它。当然，任何问题和困难都有解决的方法，面对客户拒绝，以下 8 种应对话术能帮你见招拆招！

1. 客户说：我没时间

你可以说："我理解。我也经常会感觉时间不够用。不过只要 3 分钟，你就会相信，这辆车绝对值得拥有……"

2. 客户说：我现在没空

你可以说："先生，美国富豪洛克菲勒曾经说过，每个月花一天时间在钱上好好盘算，要比整整 30 天都工作来得重要！麻烦你定个日子，选个你方便的时间！我们只要花 25 分钟就可以！我周一和周二都会在贵公司附近，所以可以在星期一上午或者星期二下午来拜访你一下！"

3．客户说：我没兴趣

你可以说："是，我完全理解，对于一辆不了解的车，你当然不可能立刻产生兴趣，有疑虑和问题都是十分合理自然的，不妨让我为你解说一下吧……"

4．客户说：抱歉，超出我的预算了

你可以说："先生，我知道只有你才最了解自己的财务状况。我们这有不同价位的车，总有适合您的一款。"

5．客户说：我先看看，下次再过来

你可以说："先生，也许你目前不会有什么太大的意愿，不过，我还是很乐意让你了解，我们正在做促销活动，有几款畅销车优惠幅度很大，现在购买非常划算。"

6．客户说：我要先好好想想

你可以说："先生，其实相关的重点我们不是已经讨论过吗？容我直率地问一问，您对这辆车哪里不满意？"

7．客户说：我再考虑考虑，下星期给你电话

你可以说："欢迎你来电话，先生，你看这样会不会更简单些？我星期三下午给您打电话，还是星期四上午给您打电话比较好？"

8．客户说：我要先跟我太太商量一下

你可以说："好，先生，我理解。可不可以约夫人一起来谈谈？约在这个周末，或者您喜欢的那一天，您和夫人一起试驾的效果会更好。"

小结

对于一个汽车销售人员来说，被拒绝是平常都会有的现象。只要你相信自己的能力，调整好自己的心态，积极面对下一个客户，怀着为满足客户需要、给客户带来利益的心态来接待客户，而并非是乞求客户的帮助。这样，紧张忧虑以及不自信自然就消失了，客户的拒绝对你来说也就不再那么难以承受了。

当你凭借良好的心理素质和积极的心态一次又一次地战胜拒绝，获得成功之时，你就会发现原来拒绝也可以是成功的开始。当你开始享受击败拒绝的快感时，你就成为了一个成功的汽车销售人员。

积极主动：把汽车销售工作当成事业来做

作为一名优秀的汽车销售人员，你首先要拥有积极主动的心态，在没有其他人安排的情况下主动出击，并且做到恰到好处，这种行为就是积极主动。在目前这个竞争异常激烈的时代，主动可以为你赢得更多的客户，而被动则可能连成交的机会都没有。因此，你要做一个积极主动的汽车销售人员，在客户提醒你之前主动安排好客户所需要的一切，这样对客户主动不仅给自己增加了成交的机会，也增加了实现自己价值的机会。产品、服务只能给你提供道具，而成交更需要自己的努力，就像你手里有一个剧本，至于最终能演出怎样的节目，获得多少收视率，决定权在你自己。

情景案例

在一家汽车经销店，门外停着很多车。当看到有客户进店以后，其中的一个业务人员马上来到客户面前，主动为其讲解车型，态度热情诚恳。这个业务人员对于客户的每一个问题，都耐心地解答，尤其在车的配置以及与其他同等级车的对比上，为客户提供了一些可供参考的意见。

当客户对店内一款高档车表示感兴趣时，业务人员主动向客户问清了购车之后的用途，然后立刻从汽车油耗与低配置方面着手分析，建议他买比这款便宜七万元左右的中档车就足够了。这个建议顿时获得了客户好感：这个业务人员不仅仅是为了赚钱，还能为客户考虑，这才是一个优秀的销售人员。

在讲解过程中，这位业务人员的固定电话以及手机的来电铃声此起彼伏。每次她接的时候都会向客户表示歉意，但是客户丝毫不介意，反而一个劲儿地让这个业务人员打完电话再说。虽然最后这个客户因为没有中意的车型而没能从这儿买车，但是却把身边想买车的朋友介绍了过来，朋友也觉得这位业务人员的服务态度非常好，自己买了车后又把自己的朋友介绍了过来。

毫无疑问，客户心理一定认可了这个业务人员，她积极热情的服务态度感动了客户。此外她还能够站在客户的角度，为客户制订省钱计划，提出更适合客户的建议，这是很多业务人员根本做不到的。她积极热情和为客户着想的服务态度换来的不仅仅是客户的好感，还有客户朋友的订单以及更多的回头客户。

小结

作为一个优秀的汽车销售人员，在与客户接触过程中，一定要主动出击，通过主动提问的方式掌握谈判的主动权。在与客户交谈中尽可能真实地、更多地了解和发现客户的需求，然后结合客户的需求有针对性地介绍你负责的汽车。要把销售工作当成是一份伟大的事业来做，热情，主动，这会感染到你的客户，赢得客户的信任，从而使你更容易推销出自己负责的汽车。

口才出众：说动客户，生意自然成

对于汽车销售人员来说，口才具有举足轻重的作用。销售人员的口才并不是像大多数人所认识的那样，需要八面玲珑、夸夸其谈、献媚上司、摆平部属、忽悠客户，或者“把死的说成活的，稻草说成黄金”。其实这些认识是不正确的，它违背了对销售人员的基本要求。

作为一个汽车销售人员，你不需要连珠炮似滔滔不绝，你需要的是有效且灵活的口才。而明白这些，首先你要先了解口才在销售过程中有着那些作用。

口才对于汽车销售人员的基本作用如下。

1．与客户建立良好关系

从接近客户，到销售洽谈的开始，一直到合作关系的建立，销售的整个过程中，良好的口才可以帮助销售人员创造良好的沟通氛围，建立良好的客户关系。

2．准确鲜明的传递产品信息

在你的销售过程中，只有通过鲜明准确的汽车介绍和展示，才能让客户更加全面地了解并接受你的产品和服务的价值。

3．巧妙处理客户异议并消除客户的顾虑

当客户提出异议时，良好的口才可以帮助你消除客户顾虑，进而促进与客户合作关系的达成。

4. 激发客户合作意愿，促成合作

通过良好的口才可以让你的客户产生合作兴趣和意愿，从而让成交成为可能。

情景案例

汽车销售员小林：“您好！欢迎光临××4S店！您想看哪一款车？”

客户：“这款车怎么样？”

小林：“您真有眼光，只要来我们展厅的朋友开始都会被这款车吸引，这也是我们这里卖得最好的一款车。”

客户：“那就麻烦你介绍一下吧！”

小林：“应该的，这款车有十大卖点五大优势，如果要一一介绍的话，可能会占用您很多的时间。能否请教一下，对于您即将拥有的一部车，您首先关注爱车的哪一点？”

……

最终通过详细的讲解，小林和客户成功签单，客户全款购车。

对作为销售员的你来说，如何利用口才这一“工具”说明产品，吸引客户，促成成交才是重中之重，并不一定要滔滔不绝，口若悬河。

而对于销售人员口才发挥的基本原则，可以概括为以下几点。

1. T.P.O 原则

T.P.O 原则，其中 T 代表时间；P 代表场合；O 代表对象。语言是一门艺术，说话更要讲究方式方法。只有在合适的时间，合适的场合，面对合适的对象，说出恰如其分的话语，你的语言才可以真正产生作用，达到你所期望的效果。

2. 倾听原则

人际沟通是双向的，所以交谈中你也要学会倾听客户的话语，只有这样你才能了解对方的想法、需求和期望，从而方便你针对性地进行下一步的沟通和行动。

3. 共鸣原则

在与客户沟通过程当中，要试图寻找双方能产生共鸣的东西。观点相同或接近更容易令你和客户成为知己，当然也为双方的深入沟通和交流打好感情基础。

4. 不进行无谓争辩原则

在销售过程中，语言沟通难免出现不同观点。这个时候要慎重处理双方分歧，莫做无谓争辩，避免“赢了口才，输了订单”。

5. 快乐原则

在销售过程中，如果可以在谈话中增添些幽默、智慧，将会营造出一个愉悦的谈话氛围，进而达到良好的沟通效果。

6. 诚信原则

口才再好也要建立在诚信的基础上，否则销售就会变成一个忽悠客户的过程。遵守诚信原则，你要时刻记住自己对客户的承诺，只有这样才会赢得对方的信赖。

作为一个汽车销售人员，除了要掌握一些口才发挥的基本原则之外，还需要把客户当成朋友，把销售汽车当作帮客户解决问题的过程，只有这样才更容易说动客户，客户才会愿意把钱投在你这里。

下面介绍一些关于销售人员口才训练的基本方法：

（1）每天至少 20 分钟阅读励志书籍或口才书籍，学习技巧，培养积极的心态。

（2）每天阅读和汽车有关书籍，增加自己的知识储备和专业词汇量。在阅读的同时，对所学内容进行口述总结，锻炼你的记忆力、反应力和语言的连贯。

（3）经常看名人的演讲，注意他的声音、语调，他的神态、动作，边听边看边模仿，时间长了，你的口语能力一定能得到提高。

（4）经常寻找机会进行演练。口才需要你实际的演练。空闲时你可以经常对着镜子演讲。

（5）经常进行吐字发音等基本练习。

小结

对于汽车销售员来讲，口才就好比是手中的工具，只要你可以合理运用，说动客户，那它就是一把利器，助你在销售的道路上扫除荆棘，快速成交。所以，你一定要加强口才训练，学会并掌握口才运用的技巧和原则。这样你才能更加快速地成为一个成功的汽车销售人员。

第五章
态度至关重要：给客户一个良好的第一印象

在心理学中有一个很重要的词叫“首因效应”，它在《心理学新词典》的界定是这样的：“在人际交往过程中，最初的印象起着重要的作用，亦即‘先入为主’。虽然人们的第一印象并非总是正确的，但却是最鲜明的、最牢固的，并决定着以后双方交往的效果。”在汽车销售中，第一印象在很大程度左右着客户对你的整体印象以及心态。所以，面对客户，首先一定要尽量留给对方一个良好的第一印象。

态度一致，不要挑选客户

作为一个合格的汽车推销员，首先你要先端正自己态度，面对不同客户都保持同样心态，避免以貌取人，用外观及形象来判断客户。每一个客户都应该受到你的尊重，只有这样，你才会赢得客户的信任。

俗话说，打开门做生意，来的都是客，对待客户你应该一视同仁。在《基督山伯爵》中有一个片段就很有意思，说的是伯爵刚从基督山岛走出来的时候，当时关了 14 年地狱的伯爵初次到城里理发，因为之前伯爵已经奔波了好几天，身上衣服都是破破烂烂的，就像一个落魄的乞丐，然而理发的人还是殷勤地接待了伯爵，事后伯爵给了他一颗价值连城的珠子作为回报。此处，当然不是说做生意要存侥幸心理，而是对于客户，你不能戴有色眼镜，以第一感官作出判断来区别对待，理应平等对待，内含包容之心，对于所有客户平等、尊重。再者，现在有些人比较低调，就好比伯爵，如果区别对待，到最后发现错了，难道还要像电视上那样自己掌嘴，并来句“小人有眼不识泰山”吗?

情景案例一

在日本，有一位丰田汽车推销员，他负责推销的豪华车在日本卖得最好，在全日本他的业绩也是最好的。他之所以业绩斐然，其中最主要的原因就是因为他是一个非常懂得尊重客户的人，对每一位客户都一视同仁。他从业的几年来，每见到一位客户，经常说的一句话就是："买不买车没关系，大家交个朋友嘛！"事实上，他不仅是这么说的，也是这么做的，因此导致走进汽车展厅里的每一位客户最终都成了他的朋友。

他的同事曾经问过他："这些买豪华汽车的人通常比较苛刻，你都是怎么处理的？"

他回答说："我卖的不是车是尊重。一个销售人员要尊重每一个客户，为每一位客户提供最好的服务。"

作为一个合格的汽车销售员，一颗包容的心不可缺少，应该懂得去尊重每一位客户，如此才会赢得客户的信赖。这样，既不会令你错失一次推销的机会，也可以为你留下潜在的客户资源，从而立于不败之地。

情景案例二

有一次，一位中年妇女走进乔·吉拉德的雪佛莱汽车展销室，说她想在这里看看车，打发一会儿时间。在和乔·吉拉德闲谈中，她告诉乔·吉拉德她想买一辆和表姐一样的白色的"福特"车，但对面"福特"车行的推销员让她过一小时后再过去，所以她就先来这儿看看。她还告诉乔·吉拉德今天是她55岁的生日。"生日快乐，夫人！"乔·吉拉德一边说，一边请她进来随便看看，接着出去交待了一下，然后回来对她说："夫人，您喜欢白色车，既然您现在有时间，我给您介绍一下我们的双门式轿车，也是白色的。"他们正谈着，女秘书走了进来，递给乔·吉拉德一束鲜花。乔吉拉德把花送给那位女士，"祝您生日快乐！"女士感动地眼眶都湿了。"已经很久没有人给我送花了"，她说，"刚才那位福特推销员看我开了部旧车，就以为我买不起新车，我刚要看车他却说要去收一笔款，于是我就上这儿来等他。其实我只是想要一辆白色车而已，只不过表姐的车是福特，所以我也想买福特。现在想想，不买福特也可以。"最后她在吉·拉德这儿买走了一辆"雪佛莱"，并写了一张全额支票。

在上面这个案例中乔·吉拉德从没劝客户放弃"福特"而买"雪佛莱"，但客户却主动买了“雪佛莱”，而造成这一结果最主要的原因是她在这里感受到了重视，觉得自己确实受到了上帝般的待遇，所以才放弃了原来的打算，转而选择了乔·吉拉德的产品。

其实，每一位客户都喜欢受到尊重，讨厌被冷遇和轻视，如果推销员把客户晾在一边，或是没有表现出该有的尊重，那么客户当然不会给你生意。所以，在销售过程中，你不能轻视任何一个客户，一定要像尊敬上帝那样去尊重每一位客户，让客户感受到前所未有的重视，满足客户的自尊感，这样才能够赢得客户。

当然，尊重客户不等于要去低三下四地巴结客户。在社会上，还有这么一类人，也许他的社会地位特殊，也许他的财富很多，再也许是性格导致，他总会习惯于做出很“高贵”的样子，一旦遇上这种客人，我们在给予足够尊重的同时，要做到不卑不亢，不能殷勤过度，要像对待其他客人一样，在产品和服务细节上做好即可。因为往往这类客人有他们独特的心理规律，你越对他们卑躬屈膝，他们就越容易不拿你当回事。

对于敞开门做生意的你而言，与他除了买卖关系以外并无任何隶属关系，所以不必过分殷勤，一切态度平常，到位就好。主要在销售的细节上做好，比如递上一杯好茶或者咖啡等，或者适当地赞美他，努力让自己说的话更加专业，没有漏洞，只有这样，才能够让这类客户觉得自己来到了与身份相称的店面，从而更加专注于产品和细节，而不是态度和“贵贱”，这样接下来的推销就可能成功。

小结

作为一个汽车销售人员，尊重客户是其完成销售的前提和基础，只有在尊重对方的前提下，才能赢得客户的认同。此外，也不能将客户分成三六九等，一视同仁才是一个优秀销售员必须具备的职业素养。当然，尊重不等于卑躬屈膝，无论对待什么客户，态度都要平等，不卑不亢，做好细节和服务就好。

用微笑拉近与客户的距离

微笑对于汽车销售人员来说非常重要。如果说眼睛是心灵的窗户，那微笑则是能打开心门的钥匙。就像一缕春风般，一个简单的微笑可以令客户感觉到你的暖意和善意，消除彼此间潜在的隔阂和不信任。如此，你才更容易赢取客户的好感，从而拉近彼此之间距离。

销售大师原一平曾经总结说：“微笑能感化你的客户，客户喜不喜欢你，会不会成为你的准客户，大部分情况下刚开始见面的几秒钟就决定了，所以，微笑对于提升你的人气，增加客户对你的好感具有重要作用。”

就连吉尼斯世界汽车销售纪录的保持者乔·吉拉德都这么说：“当你笑时，全世界都在笑。一脸苦相没人愿意理你。”

微笑已经不仅仅局限于礼貌，更多的是表现了一个人的随和，容易令你的客户感到亲近。这会使你的推销成功率大大提高。对于微笑，我们来听听乔·吉拉德的认知。

情景案例

乔·吉拉德就很重视微笑的作用，他说：“有人拿着100美金的东西，却连10美金都卖不掉，为什么？你看看他的表情。要推销出去自己，面部表情很重要；它可以拒人千里，也可以使陌生人立即成为朋友。笑可以增加人的面值。”

对于自己富有感染力并为他带来财富的笑容，乔·吉拉德解释道：“皱眉需要9块肌肉，而微笑，不仅用嘴、用眼睛，还要用手臂和整个身体。当你笑时，整个世界都在笑。一脸苦相没有人愿意理睬你。从今天起，直到你生命最后一刻，用心笑吧。”

关于微笑，乔·吉拉德这样写道：

我所学到关于销售自己初步的事项之一就是，你的脸不只是用来吃东西、清洗、刮胡子或者化妆。它其实是用来表现上帝赐给人类最伟大的赠礼——微笑。

在我办公室里，贴着一个小小的标语，整天都能看得到它。上面写着：“我看到有个人脸上没有微笑，所以我就给了他一个。”我不知道这句话是谁先说的，被我拿来用我也并不感觉抱歉，我深切希望能当面赞美说这句话的人，因为它让看到的每个人都微笑了起来。

或许这也是为什么许多写歌的人要常常歌颂微笑。他们说，当你微笑时，全世界都跟着你微笑……把烦恼全都收入行囊，笑吧，笑吧，笑吧......那里有能让你快乐的微笑……让微笑充当你的雨伞……你应该微笑，用笑来填补，微笑……

不管是意大利人的眼睛在微笑，或是德国人的眼睛、西班牙人的眼睛、英国人的眼睛、俄罗斯人的眼睛、希腊人的眼睛，或任何人的眼睛在微笑时，都会有同样的效果。没有任何一颗心不被偷走的。

至于如何让你的微笑更加自然，更有魅力，更能打动客户，乔大师的七大法则也值得学习一下。

（1）即使不想笑时也试着微笑。

（2）只把积极的想法和别人分享。

（3）用整个脸来微笑。

（4）彻底反转你的愁容。

（5）训练你的幽默感。

（6）大声笑出来。

（7）不要说“Cheess”，要说“我喜欢你”。

小结

微笑可以说是最美的艺术之一。微笑可以拉近人与人之间彼此的距离，更会传递积极阳光的信息，感染周围的人，没有人会拒绝微笑。所以，要让微笑成为你的招牌，助你在汽车销售的道路上获得成功。

用握手传递信任

美国著名盲聋女作家海伦·凯勒曾写道：手能拒人千里之外；也可以充满阳光，让你感到温暖……

握手不仅作为一种礼仪的表达形式，同时也是一种无声的语言。它作为你与客户之间最初的身体接触，也可能是最后的身体接触，能表达出你的热情、随和，散发出自己的自信和真诚，让其他人为你的魅力所折服。

握手作为和客户交流中很重要的手段，虽然它看似简单，但却需要注意其中的技巧和礼仪。当然，握手时还要注意与对方眼神的交流，密切注视对方。否则会让客户感觉到你心不在焉，勉强应付，再或者客户会以为你在端架子，不够尊重他。所以，握手时的一些细节礼仪必须注意到。

情景案例一

这天，店里来了一位女客户，经理让小方前去接待。“你好，请问你想看哪一款车？”小方边说边伸出了右手。女客户一愣，说：“我想看选一款白色的雪佛莱。”同时也伸出了自己的右手同小方握在一起，然后皱了皱眉，又立马缩回了手。原来小方当时手掌有些汗，而他也没注意。

然后小方带着客户走到一辆白色雪佛莱旁边开始具体而详细地介绍起来。只不过客户好像没有听进去，依旧皱着眉，然后突然打断了小方的介绍，说：“我去下洗手间。”然后径自走开了，留下了微微发愣的小方。片刻之后女客户走出洗手间却没有来找小方，而是径直离开了。当然这笔订单小方也没有拿到。

在这个失败的销售案例中，小方明显犯了几个细节错误，导致了这次的失败。首先，对于客户，他应该等对方先伸出手之后再伸手；其次，小方在握手前应该先保证手的干净，因为他手掌有汗，握手时候就已经令客户对他产生不满，所以，最终导致推销没有进一步进行。

情景案例二

小郑是一位汽车销售员。有一天，他去回访一位客户，正巧客户家里来了几位客人，客户就把自己的一个有买车意向的朋友曹女士介绍给了小郑。小郑为了表示友好，冲着曹女士微笑致意，可是当时曹女士为了表示自己的友好已经伸出了右手，小郑可能没有注意到，竟一时没有反应过来，愣了一下。场面一时有些尴尬，大概过了20秒左右，小郑才把手伸出去。简单握手之后，小郑刚要说话，结果曹女士突然转身去和其他朋友聊天了。场面一时又有些尴尬，后来小郑问了客户购车之后的一些使用情况就找借口离开了。

虽然握手是个简单的动作，但是如果掌握不好会造成不必要的失误和尴尬。所以作为汽车销售人员的你一定要注意这些细节。下面就来介绍下与客户握手的礼仪和技巧。

1．握手的方式

在握手时，一个约定俗成的礼貌就是一定要用右手。如果需要双手和对方握手，应该等双方右手握住以后，再把左手搭在对方右手上，以表示更加亲切，更加尊重对方。这也是常用的握手礼节。

2．握手时的态度

与客户握手时，汽车销售人员必须保持热情和自信。否则客户会认为你对其不够尊重或不感兴趣。

3．握手时的装扮

与客户握手时千万不要戴手套，这是必须注意的一个重要问题。

4．握手的先后顺序

对于汽车销售人员来说，无论客户年长与否、职务高低或者性别如何，都要等客户先伸出手。

5．握手时间与力度

原则上，握手的时间不要超过 30 秒。如果面对的是异性客户，握手的时间要相对缩短；如果面对的是同性客户，为了表示热情，可以紧握对方双手较长时间，但是时间不要太长，同时握手的力度也要适中。作为男性汽车销售人员，如果对方是女性客户，需要注意三点：第一，只握女客户手的前半部分；第二，握手时间不要太长；第三，握手的力度一定要轻。

6．在任何情况下都不能拒绝对方主动握手的要求

这样的举动是无礼的行为。当然，若对方主动要求握手时，手上有水或不干净时，应谢绝握手，同时必须解释并道歉。

小结

如今，握手已经成为商务活动中不可或缺的一种礼仪，尤其对于汽车销售来说，更要习惯用热情有力的握手来拉近与客户的距离，来消除你和客户彼此间的沟通障碍和隔膜，从而加深客户对你的理解和信任。

握手这个动作看似简单不过，但是其中需要注意的技巧和礼仪却很重要。只有当你注意到这些，并且把这个看似简单的动作做好，它才会为你接下来的交流和推销活动加分。

称呼要用合适的敬语

作为一个合格的汽车销售人员，交流一开始，灵活运用合适的敬语尤为重要，毕竟合适的敬语更容易令对方产生好感。当对方充分感觉到你的态度，感受到你的尊敬时，必然身心愉悦，这会增加你的成功率。

语言，往往是最直接的表达形式之一。所以，要把语言当成一门艺术，而敬语就是其中的一个亮点，一个加分项。恰如其分地使用敬语会吸引对方和你交流的兴趣，同时也会为你赚得一个不错的声誉。

一旦通过语言使得客户心情愉悦，成功则又近了一大步。试想，如果丢掉了敬语，对方感觉不到你的尊敬和客气，还会喜欢和你交谈吗？怕是早就去咨询另一个人了吧。古人讲究话不投机半句多，如果敬语用的合适得体，对方自然愿意和你交流，又怎么会有不投机一说呢？

情景案例 1

Y：“喂，您好，这里是 ×××× 汽车销售服务公司，请问有什么能为您服务吗？”

K：“您好，我打算给我太太买一辆车，想抽时间过去看一下。”

Y：“先生，您真是选对时间了，我们公司刚刚推出新款车型，绝对值得您前来选购。”

K：“那你们什么时候有时间，我跟我太太过去看一下。”

Y：“哦，我们从上午九点到下午五点半都属于营业时间，您和您太太哪天有空余时间，在这个时间段随时过来都可以。”

K：“那就明天下午三点半吧。”

Y: “好的，先生您贵姓？”

K: “免贵姓吴。”

Y: “吴先生，您好，我确认一下，您和您太太将于明天下午三点半过来看车，对吗？”

K: “是的。”

Y: “好的，即时我们将会安排专业人员为您服务。”

K: “嗯，谢谢。再见！”

K: “再见。”

最终，吴先生如愿给他的太太买到了合适的车，并且对电话里的销售员赞赏有加。

作为一个合格的销售员，正确的敬语使用是你所必须拥有的能力和基本素质。上面案例中，销售员的称呼敬语使用都很正确，值得学习。

不论在任何语言环境中，每个人的名字对他自身而言都是最动听、最重要的字眼。戴尔·卡耐基说：“一种最简单但又最重要的获取别人好感的方法，就是牢记他或她的名字。”对于汽车销售人员更是如此。客户都喜欢被别人叫出自己的名字，所以不管他们是什么样的身份，与你关系怎样，你都要牢牢记住他们的容貌与名字，这样你才会获得客户的好感，从而使你的推销畅通无阻。如果你一开始就叫错了客户的名字，那接下来势必无法谈下去。

情景案例 2

一位业务员急匆匆地走进一家公司，找到经理室敲门后进屋。“您好，刘易先生，我叫郝涵，是公司的推销员。之前电话预约过。”

“郝先生，你记错人了吧。我叫王朝，不叫刘易！”

“噢，真对不起，可能是我记错了。公司派我来向您介绍一下我们公司最近推出的这款新型汽车。”

“资料放桌子上吧，我过段时间再看吧。”

“这样啊。不过，我们也有其他型号的汽车。这些是资料。”郝涵将资料放在桌上，“这些请您看一下，里面介绍很详细的，有时间的话可以去店里了解一下。”

“嗯嗯，知道了。”王朝说完，双手一摊，示意走人。

这个案例中，可以看出因为业务员记错了客户的名字，客户明显已经不太喜欢这个业务员了，而且已经开始应付业务员，甚至最后有些赶人的意思。当然这不是客户的错。每个人都不希望自己的名字被记错，这在平常社交当中很重要。所以，想成为一个合格的汽车销售人员，首先，你要学会并恰当地运用敬语以及和客户交谈中的礼仪。

下面介绍一些称谓上的礼仪，以及常用到的一些敬语。

1．熟记客户姓名

汽车销售人员至少要在开口说话之前弄清楚客户姓名的正确读法和写法。读错或者写错客户的姓名，将使整个沟通氛围变得很尴尬。如果在见面之前对客户的姓名存有怀疑，那最好认真查一下字典，确定准确无误的读音之后再与客户联系。如果对客户名片上印着的客户姓名不能确定，那可以有礼貌地直接向客户询问，不能想当然地瞎猜。

2．弄清客户的职务、身份

如果不能确定客户的职务或身份，汽车销售人员可以通过他人介绍或者主动询问等方法弄清这一点。当销售人员把客户介绍给他人，或者与客户进行沟通时，需要在弄清客户职务、职称的基础上注意以下问题：

称呼客户职务就高不就低。有时客户可能身兼多职，此时最明智的做法就是选择职务更高的称呼。

称呼副职客户时大多数时候可以把“副”字去掉，除非客户特别强调。

作为汽车销售人员，需要熟练掌握各种敬语。这些敬语主要有以下几种：

1．问候型敬语

即人们相互问候时使用的敬语，通常有“您好”“早上好”“久违了”等等。使用问候型敬语可以表示对对方的尊重，并且显示亲切和给予友情，同时也充分体现了你的涵养、风度和礼貌。

2．请求型敬语

即请求别人帮忙时所使用的一类敬语，通常有“请”“劳驾”“请多关照”“承蒙关照”“拜托”等多种不同的表达方式。此类敬语能充分表达出你的真诚和对对方的尊重，可以使你更容易获得需要的帮助。

3．道谢型敬语

即指当自己在得到他人帮助、支持、关照、尊敬、夸奖之后表达谢意时所使用的敬语，这类敬语通常最简洁、及时而有效，表达方式就是一声“谢谢”。除此之外，属于这种类型的敬语还有“承蒙夸奖，不胜荣幸”“承蒙提携”等等。这类敬语旨在表示出你道谢的诚意和感激之情。

4．致歉型敬语

在当今生活中，随着人际交往层面的不断扩大，人际关系网络日趋复杂，而随之而来的误解和失误也不可避免，甚至可能引发一些矛盾和摩擦。而当你的行为对他人造成伤害或消极影响时，人们常用的致歉型敬语大都为“对不起”“请多包涵”“打扰您了”“给您添麻烦了”“非常抱歉”等等。一般此类敬语在体现出你态度诚恳的同时也能尽量化解双方的矛盾。

当然在人际交往活动中，敬语的使用是非常普遍的，不仅仅是上述几种情况下需要，同时在一些特定场合情景下也经常用到敬语：比如等待客人说“恭候”，请人勿送说“留步”，陪伴朋友说“奉陪”，中途先走说“失陪”，向人道贺用“恭喜”，赞赏见解用“高见”，欢迎消费者用“光顾”，谈及老人年岁用“高寿”，称小姐年龄用“芳龄”，说他人来信为“惠书”等，敬语与人们的生活、工作、交流息息相关。尤其作为一个汽车销售人员，敬语对你来说，更是必不可少的。

小结

对于一个汽车销售人员来讲，语言的魅力是不容小觑的，敬语的作用更是不可忽视的。其作用都直接体现在对客户的推销过程中。只有掌握敬语的正确打开方式，你才能更容易把握语言交流的精髓，更有利于吸引客户的兴趣，从而让之直接体现在接下来的推销过程中，使得推销在相对融洽的语言范围中进行。

相信当你能够熟练而且正确使用敬语与人交流的时候，你的客户也不好意思直接开口拒绝你。

多提问，多倾听，不要滔滔不绝

在销售过程中，你要学会在适当的时机就一些适当的内容提问，虽然销售讲究能说会道，但不是毫无章程，侃大山似地滔滔不绝，那样只会让对方厌烦。有效提问能引导客户自主积极参与交流，也有摸清楚客户底牌的意思，即客户的购买意向和对车辆的购买需求以及购买能力等等。当然提问也要讲究技巧。

有这样一个故事：

两位传教士都有烟瘾，他们分别询问主教是否可以在祈祷的时候抽烟。

甲问道："主教，我可以在祈祷时抽烟吗？"

主教怒道："什么？在祈祷时候抽烟，你这是在侮辱上帝！"

乙问道："我可以在抽烟时候祈祷吗？"

主教欣然言道："当然可以，我的孩子，上帝会保佑你的。"

两个教士，同样的事结果得到了不同的答案。这就是表达方式不同所造成的差异，有技巧的提问使得主教态度截然不同。由此可见，当与客户进行交谈时有技巧地询问，不仅不会令客户感到不适及厌烦，还会达到自己的目的。

当然，既然上天给了你两个耳朵，那就说明你不仅要说，还要多倾听客户的问题想法。马里奥·欧霍文曾说过："一个善于倾听的人，一定会成为一名很好的销售员。"

情景案例

有一次乔·吉拉德去拜访一位客户，与他商谈购车事宜。在交谈过程中，一切进展顺利，就在即将要成交的一刻，对方突然决定不买了，这让乔·吉拉德百思不得其解。到了晚上，乔·吉拉德仍为这件事感到困扰，他实在忍不住就给对方打了电话："您好！今天我向您推荐那辆车，眼看您就要签字了，为什么却突然走了呢？"

“喂，乔·吉拉德，你知道现在几点钟了？”

“真抱歉，我知道是晚上 11 点钟了，但我检讨了一整天，实在想不出自己到底错在哪里，因此冒昧地打电话来请教您。”

“真的？”

“肺腑之言。”

“很好！你是在用心听我说话吗？”

“非常用心。”

“可是，今天下午你并没有用心听我说话。就在签字前，我提到我的儿子即将进入密歇根大学就读，我还跟你说到他的运动成绩和将来的抱负，我以他为荣，可你根本没有听我说这些话！”

电话里，对方仍然余怒未消。不过乔·吉拉德对这件事却毫无印象，因为当时他确实没有注意听。话筒里的声音继续响着：“你根本不在乎我说什么，而我也不愿意从一个不尊重我的人手里买东西！”

这就是乔·吉拉德此次失败的原因：那人在买车的同时，更希望得到他人对儿子的称赞，而乔·吉拉德偏偏没有注意到这点。他只是想当然地以为“已经成交了”，也就没有认真倾听客户的讲话，没有站在对方角度思考与行动，致使客户产生不被尊重的想法。因此乔·吉拉德这次失败了。

这次推销使得乔·吉拉德明白了倾听的重要性，倾听不仅表达了你对客户的尊重，更可以了解客户的需求。他牢记住了这次的教训，在以后的工作中发自内心地去倾听他每一位客户的谈话，最终取得了意想不到的收获和成绩。

总之，当你真正掌握提问和倾听的技巧时，你的汽车销售能力就会提升一大截，距离汽车销售高手也就不远了。

小结

向客户推销汽车的主要过程就是你与客户之间交流的过程，不仅要牢记主旨，更主要的是不能一味地夸赞自己的产品，自说自话，滔滔不绝，而要主动询问客户一些相关的问题，同时也要懂得倾听客户的言谈及要求，真正了解客户的需求和想法，这样，既可以“对症下药”地对客户进行推销，又会让客户感觉到自己受到了尊重，从而选择你和你的产品。

给予客户适当的赞美

对于客户给予适当的赞美和恭维是必不可少的，这样可以给客户留下一个良好的印象，会令客户心情愉悦，自尊心得到满足，进而赢得客户的好感，为接下来的汽车交易打下基础。

法国作家安德烈·莫洛亚曾说：“美好的语言胜过礼物。”事实上，任何一个人都希望受人称赞、被人尊重，包括你的客户，即便他很难缠，也会渴望别人真诚的赞美。适当的赞美，对于把握客户的内心很重要，对于其中微妙，不妨通过汽车销售冠军乔·吉拉德的做法来学习一下。

情景案例

乔·吉拉德善于把握诚实与奉承的关系。如果客户和他的太太、儿子一起来看车，乔·吉拉德会对客户说：“你这个小孩真可爱。”即便小孩实际上可能长得很丑，但是如果要想赚到钱，就绝对要这么说，不能实话实说太坦白了。

尽管客户也知道乔·吉拉德所说的不尽是真话，但他们还是喜欢听。少许几句赞美，可以使气氛变得更愉快，没有敌意，推销也就更容易成交。

乔·吉拉德看到过推销员因为告诉客户实话，不肯撒个小谎，平白失去了生意。客户问推销员他的旧车可以折合多少钱，有的推销员粗鲁地说：“这种破车，折合不了多少。”乔·吉拉德绝不会这样说，有些时候，乔·吉拉德甚至还会撒一点小谎告诉客户这样一辆车能开上12万公里，他的驾驶技术的确高人一等。这些话能使客户感到开心，赢得他们的好感。

日本销售大神原一平说：“赞美是畅销全球的通行证。”没有人不喜欢被赞美，所以，一定要学会赞美赞美。当然，赞美客户也要讲究技巧：

（1）首先赞美要发自内心，要诚恳；

（2）赞美的内容要具体，切不可抽象笼统；

（3）要讲究实事求是，不能言过其实；

（4）赞美对方最好间接赞美，这样更有效；

（5）赞美要适可而止，把握好度，不可无限吹捧；

（6）赞美应顺其自然，不要强求。

小结

人们或多或少都喜欢听一些赞美的话，适当的赞美不仅可以使客户产生好感，同时还可以拉近彼此之间的距离，使得交谈变得融洽。这样，在融洽的交谈氛围下，更容易将客户的兴趣引导到要推销的汽车上，从而使得客户更主动地去了解产品，推销也就变得更为容易一些。

着装大方得体，让客户看着舒服

人靠衣裳马靠鞍，穿衣打牌得体与否，与工作配合如何都直接呈现在客户面前，直接影响了客户对你的第一印象：如果衣服搭配凌乱，邋遢，不整洁，都会给客户造成拖拉，随意，不负责的第一印象，进而会令客户心里很不舒服。这样一来，推销还没开始就已经结束了，试问，你会在买车这种大件的产品时随随便便吗?

所以，身为一个合格的汽车销售人员，首先要做到的就是整理妆容，穿衣得体大方，干净整洁，给客户第一印象就是干练、负责、焕然一新。这样，客户看着你，心里也舒服，接下来推销时候当然会比较容易，因为你已经得到了对方的认可与信任。

情景案例

叶明是某豪华商务车国际大型企业的销售员。一天，他预约了一家外企董事长洽谈合作。为了给对方留下夺目强干、时髦新潮的好印象，他上身穿了一件 T

恤衫、下身穿了一条牛仔裤、脚上穿了一双旅游鞋。而最终，正是由于这一身妆扮，经过多方努力争取来的洽谈最终没有成功。他也没有签成订单。

叶明要约见的客户是企业董事长，在这类级别的客户面前，穿 T 恤和牛仔裤，这是很无理的，这会令对方感到不尊敬。在此案例中，对方因叶明穿戴随意，以为本人没有受到尊敬而拒绝购买，的确惋惜。

作为一个汽车销售人员，你注重自己的穿着和仪表妆容，时刻让自己精神饱满。这样，不但是对客户的尊重，也可以增强你的自信心。此外，销售员的服装没有统一的要求，因人而异，但是销售员还是应该以稳重大方、干净利落为基准。而女性销售员还要注意，注重仪表不代表穿得好看就可以，要尽量穿职业装，同时不要把妆化得太浓，要做到恰到好处。

小结

得体的着装穿衣，在初次接待客户时，可以直接影响客户的第一印象，甚至进而影响推销的进行。所以，在工作中，你一定要重视自己的着装，穿衣得体大方，干净整洁，让客户看着舒服。如果想要提升你的汽车销售业绩，就必须记住这一点。

高手篇

第六章
做好客户接待：打好汽车售卖的基础

如何接待客户，对于汽车销售人员来说，是销售导购过程中非常重要的一个环节。在这一环节当中，客户不仅可以通过你的声音、语调来判断你是否友好、专业、自信，而且还会从你的一举一动来考察你是否是他们理想当中的汽车导购人员，这个时刻是你给予客户第一印象的重要时刻。所以说，接待客户是之后能否成功完成交易的第一步，也是重要基础之一。

接待关键点：自然而热情

为客户提供热情的服务是汽车销售人员的一项基本职责。作为汽车销售人员，当客户来到销售现场时，你要主动热情地上前迎接寒暄，说好客户进门的第一句话，因为当意向客户第一次来到陌生的汽车展厅时，其内心会因为缺乏安全感而处于戒备和防范状态，此时你热情的接待和开头，会如同一颗润喉糖，瞬间给客户带来清凉和舒适的感觉，让双方关系立即变得友好、融洽，消除客户刚进展厅的不适。

情景案例

看到三个客户一同走进展厅，销售人员萧晓立马迎上去接待。

萧晓："三位好，欢迎光临 ×× 汽车 ×× 店！"但是三个客户径直走向展车，没有理会。其中一个客户："这款就是我跟你们说的那台新款 ××。"三个客户边看边说，萧晓一直微笑着跟在三人身后，没有说话。客户看了许久之后，其中一位忍不住拉开车门，想坐上去试一试。

萧晓："来，先生，我来打开！"说着快步走过去协助客户拉住车门，顺手用另一只手挡在防水条处。（把握客户打开车门的契机建立互动，与客户自然接近）

萧晓："先生，座椅和方向盘都可以调节，对，这样会更舒服一些……"

萧晓："我是这里的销售顾问萧晓，这是我的名片，您叫我晓晓就行，请问先生您贵姓？"

客户："我姓张。"

萧晓："张先生，很高兴为您服务！这两位是？"萧晓说着，分别向另外两个客户递上了自己的名片："萧晓，请多多关照！您贵姓？"

客户："我姓章。"

萧晓："章小姐，欢迎。"

客户："我姓汪。"

萧晓："汪先生，欢迎！"

萧晓："看几位对这款车挺感兴趣，不妨由我简单向几位介绍一下吧？"

当客户来到销售现场时候，你要牢记这些接待要点。

1．热情迎接客户进门

如果车行有保安，一般由保安完成迎接客户入门的工作。如果没有保安，销售代表最好是专门负责迎接。同时你还要注意以下几点：

（1）不论你情绪和心情怎么样，只要来到销售现场，你都必须面带笑容、语气温和。否则，会影响自己及公司的形象。

（2）当看到客户走向车行时，你应该主动打开车行的大门，并面带微笑致欢迎词："您好，欢迎光临！"如果客户在门外观望，可主动打招呼说："您好，请进！"

（3）遇上雨雪天气，你一定要帮助客户放置衣帽、收拾雨具等。

（4）如果客户是你熟悉的，你更应以尊称称之，并给以亲切的问候或恰当的赞美。如："毕先生、毕太太，下午好！两位今天容光焕发，想必一定是有什么开心的事儿吧？"一般只需要一个人接待一批客户即可；如果客户人数较多，也可以两人同时负责接待，通常是一主一副。但是绝对不可超过三人同时负责接待。

（5）在迎接客户入门后，即使他并不是真正要买车的客户，你也应该保持热情的态度。

2．安排入座

当客户进入车行之后，及时安排客户入座，以便进行洽谈。如果客户想先看车，你可以带他先看样车并做适当的讲解，然后再安排客户入座洽谈。同时注意以下几点：

（1）邀请客户入座并说："您好，请这边坐！"

（2）基于礼貌，你要在客户落座之后才可以坐下。

（3）客户入座后，应先给客户上茶，然后自己再入座；入座时，不可造成太大动静；入座后，也不可跷起二郎腿或两手靠着椅背，那样是对客户的不礼貌。

3．上茶（水）

客户入座之后，要记得及时给客户上茶（水）。

（1）茶（水）只能倒七八分满，不能太满或太少。

（2）车行所用的水杯如果是纸杯或塑料杯，一定要用杯托，否则杯子太软，客户喝水极不方便。

（3）即使是在夏天，给客户上的茶（水）也一定要用热水或温水，不能用凉水，当然，客户特别要求用凉水的除外。

（4）在客人喝完杯中水之后，要记得及时给客户加水。

4．递名片

名片是汽车销售人员常备的一种交际工具。通过名片，不仅可以很好地自我介绍，同时还与客户建立了联系，既方便，又体面。但递名片要讲究一定的礼仪，不能太随便。否则，会给人留下草率、马虎的印象。

（1）选择最佳时机递交名片。

一般来说，在询问客户姓名前自我介绍的时候递名片效果最佳，名片就是进行自我介绍的最好方法，可以让客户了解你的姓名，知道该如何称呼你。同时，只有你自我介绍完以后才可以索要客户名片。

（2）递名片时动作要规范，包括：

① 递名片时，名片的正面朝上，名字向着客户，双手拿着名片递给客户，让客户容易接受，并可以迅速阅读名片上的信息。

② 递名片时，千万不可以将名片直接放在桌子上推向对方！同时拿名片的

手势和速度也应注意。递送名片时，要保持中速，不可过快；要用双手，并且要拿名片的角位，自然地从胸前递向对方，让客户在接受名片时感受到你对他的尊重。

③ 在递送名片时，应配合着自我介绍，例如“我姓万，请多多指教……”或者“我叫万思怡，叫我思怡就可以了……”。

（3）接受客户名片更是要注意礼节，具体如下：

① 用双手接名片，以表示礼貌。

② 接过名片后应点头致谢，不要立即收起来，也不应随意玩弄和摆放，而应认真读一遍，要注意对方的名字、职务和职称，并轻读不出声，以示敬重。

③ 在接受客户名片后，可将名片放在桌面上，以便在交谈时忘了客户姓名或职务时可以偷看一下。同时注意，名片要放正，并放在自己视野能及的范围之内，最好不要被文件压着，以免不小心掉在地上。

④ 两个小技巧

为了避免客户忘记带走你的名片，在客户即将离开时，你可以将名片订在送给客户的宣传册等资料上。第一次见面后，应在名片背后记好下次会面的时间、地点、内容等，最好能简单记下对方的特征。这样积累起来的名片就成为自己的社会档案，为再次见面或联络提供线索或话题。

小结

记住，在客户进入展厅后，接待的关键要表现出你的热情，当然，同时也要注意适度。走好接待这一步，会令你的客户减弱对你的戒备和不适等负面情绪，这样，才有助于接下来的推销，同时，你也会留给客户一个良好的第一印象。

如何接待随便看一看的客户

每一个走进汽车展厅的客户，都是具有一定购买意向的潜在客户，当他刚进汽车展厅的那一刹那，销售人员应该主动上前接待，无论客户最终会不会买车。

不过，在众多客户中，会有一些人因为某些原因面对销售人员说出“我先随便看看”一类的话。在这种情况下，你要注意自己的答话，这可能是因为在陌生环境中客户心理上会处于紧张戒备状态，缺乏安全感所造成的。

情景案例

小龚是新来的汽车销售员，今天是他第一天上班。这天下午，店里来了位客人，看起来四处观望。小龚立马迎了上去。

小龚：“您好，欢迎光临，您有什么需要我提供服务的吗？”

客户：“暂时没有，你别跟着我，我先随便看看。”

小龚：“好的，那您随便看看吧。”

然后小龚在旁边等着，他原以为客户一会儿肯定会咨询他，结果，客户听完他说的话，只是简单看了看，然后也没说话，扭头就走出了展厅。小龚下班后就向经理反映了这个情况，想让经理帮忙分析自己哪里失误了。

小龚：“经理，为什么会这样啊，难道他不想买车？”

经理：“每一个进入展厅的客户都是有潜在购车意向的客户，他既然来看车，说明有那个意向。之所以后来走得那么快，你的回答有问题。”

小龚：“我的回答？”

经理：“对啊，遇见这种客户，好多人也都会像你那么回答，但是你那么答话有点催客户看完就走的意思，所以客户才走得那么快。下次记得注意！”

小龚：“嗯，知道了。”

在平常工作中，销售人员难免会遇见这种客户，一句“我随便看看”总是令销售人员不知道怎么接好下一句话，比如常见的应对有“哦，我只是以为您需要帮助”“对不起，那您自己先逛逛吧”“好的，那您随便看看吧”等，其实这几句话就已经说错了。

首先，没有人会喜欢承认自己需要帮助，所以第一句话不可说，容易让客户反感，从而对销售人员产生抵触情绪；而后两句，则属于消极性语言，颇有些暗示客户随便看看，看完就走的意思。

要想知道怎么正确地应对“随便看看”这种回答，我们首先来分析什么客户会这么说。其实会这么说的客户无非一种情况：客户是第一次来买车，缺乏购车经验，且心中很可能还不太清楚自己究竟想要的是哪一款或哪一型的车，所以他会先熟悉 4S 店的环境，自己观察，选出自己看中想要了解的，而不是直接就和销售人员交谈，他怕落入某些导购“陷阱”。

不过，不管客户态度多么冷淡，销售员都要为客户提供热情的服务，这是每个汽车销售人员的职责之一，但是要注意把握适度，不能客户一进展厅的门，就寸步不离地跟着客户，这样热情过度反而会让客户无所适从，甚至产生反感而“快速逃之夭夭”。当客户提出要自己先随便看看时，有可能是为了掩饰自己对车并不熟悉的事实，客户希望通过熟悉展厅环境来缓解自己的紧张心情。

因此，销售人员对客户的热情服务是必须的，但要掌握一个度，在客户进门时与其打个招呼，以示对他的尊重，然后可以让他们自由自在地观看，自己则回到正常的工作岗位上，随时留意观察客户，当发现他们需要帮助的信号出现时及时出现就可以了。

下面列出了几个例子，帮助你应对客户的随便看看。

（1）销售人员：“好的，那您自己先看看，熟悉一下我们的展厅，买不买没有关系，有什么问题请随时叫我，能为您效劳是我的荣幸。”

（2）销售人员：“好的，您放心吧，我不会打扰您的。您现在可以多看看，多比较，有什么疑问或需要就随时叫我。”

（3）销售人员：“没问题，您先自己看看，有需要就招呼我一声，不管您买不买，我们都会很好地为您服务。”

（4）销售人员：“好的，那我不打扰您了。我在前面服务台整理些资料，您有需要就喊我一声吧。”

小结

当客户说出“我先随便看看”的时候，首先要尊重客户的选择，用积极性的语言安抚客户的紧张情绪。同时，留意观察客户：如果客户较快地拉开车门或试图打开车后盖，说明客户对车辆比较熟悉，有较大的购买可能性；如果客户贴近车窗观看车内或专注看车型配置表，则说明客户不太熟悉车辆，需要给予详细的讲解和足够的沟通。

如何接待爱理不理的客户

在客户第一次来到展厅，与销售人员初期的接洽中，经常会摆出一副“爱理不理，拒人于千里之外，提不起谈话兴趣”的模样，这会让销售人员很纳闷，不知该如何应对。其实，这只是由于此类客户对你的产品认知不够，他们害怕言多必失令自己遭受损失，而并不是否认你的产品。他之所以摆出一副不可侵犯的样子，只是想保护自我，掩饰心里的不安而已。

情景案例

这天，4S 店门口来了一位客户，新来的小李立马迎上去接待客户。打招呼道:“您好，欢迎光临 ×× 品牌汽车 4S 店，我是销售顾问小李，这是我的名片。”只听客户“嗯”了一声，不过客户好像不怎么爱说话，独自走进展厅看车。小李赶紧跟了上去。

小李：“您想看什么车，我为您推荐一下，好吗？”

客户：“额，我先自己看，一会儿再找你好吧。”

小李：“您不说出您的想法，我怎么帮您？”

客户：“噢。”客户明显一副爱理不理的样子，小李难免有些尴尬，但是出于对工作的负责，他还是继续跟着客户。

小李：“我看您今天好像心情不好，是吧。”

客户没有回答，自顾自地看车。小李有些不知所措了，只能默默跟着客户后面，以免客户想要询问时找不到自己。最终客户哪款车也没有买就离开了。

在这个案例中，小李犯了几个错误，首先第一句“您想看什么车，我为您推荐一下，好吗？”这样的提问比较空洞，客户难以回答，只会加重客户的防备心理；而第二句“您不说出您的想法，我怎么帮您？”则让客户产生好像自己做错了事情，有被责备的感觉；最后那句“我看您今天好像心情不好，是吧”就更不应该说了，因为在双方还不够熟悉的情况下，客户一定会拒绝回答这样的提问进而保持继续对抗的状态。

通过上面这个销售失败的案例说明了，对待那些表现出“爱理不理，一副拒人于千里之外”样子的客户时一定要懂得讲究说话的艺术和方式方法，否则很可能会使氛围弄得更加尴尬、紧张。下面就举例说明当面对这种客户时应该如何应对。

1. 适当赞美客户，满足客户的虚荣心

销售人员可以说：“我觉得您在单位肯定是当领导的！”此时暂停一下，面带微笑等待客户的反应。客户可能会回答：“为什么这么说？”或“我哪里像领导？”然后你就可以这么说：“您一身灰黑色的商务西装，色彩虽然低调，但一看就知道价值不菲，服装的质感衬托出您保守亲和的个性，浑身散发出令人难以抗拒的君临天下的气质。我想只有身居要职的领导才会在长久的历练中锻造这样非凡的魅力……”这样，令客户的虚荣心得到满足，他的心态也一定会变得开放。

2. 可以把你要推销品牌的汽车与时事热点结合起来，提起客户的兴趣

销售人员：“××× 大型活动明天就要在广州举行了，您会去看吗？”

客户：“不去。”或“去”。这时候无论客户如何回答，你都可以作出如下回答：

销售人员：“如果您去看的话，您肯定会看到我们的大众汽车，因为大众已经成为 ×× 活动的首席赞助商，为摄影组提供包括迈腾、领驭等主力车型在内的工作用车。而且在活动举办期间，大众汽车还将提供多辆大众、奥迪和斯柯达品牌的汽车给现场人员、来宾和工作人员使用。大众品牌旗下的汽车我们车行都有展示，让我来为您介绍一下吧？”相信这样结合时事的交谈一定会引起客户说话的兴趣。

当然，应对这种客户还有许多方法和好的话术，主要应对方法大多都遵循着几个基本原则，包括：首先可以从客户感兴趣的话题入手，不要直接谈产品；也可从试探客户的舒服区域及敏感区域入手提问；从最近的新闻、时事和逸闻趣事等入手引发讨论；从客户的外表、言行举止及年龄等话题入手寒暄；不要问隐私的问题，以免令客户反感或难堪。

小结

一般情况下，客户在和你还没有互相信任的前提下，对于产品的特性与价值他们是不愿意去获知的，所以更不要想他会对你表露出热情的态度。此时，销售人员需要先做感情的投资，尽量在谈话时不要谈产品，可以谈一些让客户感觉自己备受关注的轻松话题，用巧妙的语言来突破客户的心理防线，去除客户的防备心理。这样才不会出现尴尬，以便接下来交易的进行。

如何接待徘徊不定的客户

在汽车销售过程中，有些客户好像总是那么犹豫，徘徊不定，经常说我要考虑下，让销售人员不知道他究竟在考虑什么，也就使得销售人员接下来的工作很难进行下去。其实，这是一种正常心理，当销售人员面对这种客户时候要想方设法找到导致客户有这种心理的原因，消除交流障碍。这样才更有利于接下来的交易。

情景案例

小王是宝骏4S店的一位销售员，今天他一直在为昨天的问题感到苦恼，不知道当面对犹豫不决的客户时该怎么办。因为就在昨天，小王一天接待了三批客户，出现的情况都这样。

第一个客户过来，和小王交谈了许久，始终拿不定主意，然后让小王先报价，小王报了下，结果说“我要考虑下”，最终客户还是走了。

后来又来了一批，之前的交谈过程很顺利，可是在马上就要签合同成交的那一刻，客户犹豫了，就是迟迟不下订单，人又一直在那边坐着，真是急死人了。结果客户最后说了一句“我不想这么快决定，还想再看看”，然后也走了。

最后还有一批客户看完车之后，在谈价格的时候总喜欢去确认前面已经介绍过的车子功能，来来回回，最终这批客户也没有下单。就这样小王昨天一天的这三批客户全部没有搞定。

为什么很多客户在买车时都会有徘徊不定的情况出现呢，这到底是怎么回事呢？其实，仔细分析就发现，一般客户出现犹豫的情况无非有下面几种原因：

A．客户害怕自己会吃亏；

B．客户对产品还不是十分了解；

C．客户不太信任销售人员；

D．客户自己可能无法做出决定。

那么遇上这种客户你要怎么应对呢？

第一，首先针对第一种“客户怕吃亏”的情况，要搞定这类客户需要销售人员给客户足够的信心，具体做法可以从下面四个方面着手：告诉客户车子对于他的好处，这款车和客户所提及的竞争品牌对比优势在哪儿，相应的证据来证明你话语的正确性，通过事实案例让客户相信自己没有吃亏。

第二，如果是因为客户对产品不太了解而出现犹豫的情况，你真的很难让客户购买你们车子，因为任何人买东西都需要对产品进行足够的了解，以思考产品是否是自己真正需要的。所以对于由于这样的原因造成的犹豫，销售人员要做好客户还没有到购买阶段，继续强化客户的需求以及强调我们车子确实能够带给客户足够的便利这三个部分的准备。

第三，如果是因为客户对销售汽车的销售员不信任，看到销售人员很邋遢，在第一时间就不愿意和这个销售人员交流。这就好比你去商店买东西，如果碰到一个满嘴口气、衣冠不整、说话语无伦次的人，你肯定不会和他做生意的，特别是大宗的生意，因为他的形象给人一种没有责任心，没有认真的态度而且不严谨的感觉，这可能会给你带来很大的损失。所以，遇到这种情况的时候，销售人员可以从下面几个方面来强化自己的形象，增加客户对你的信任度：

（1）你要强化自己的专业度。在形象和肢体语言上做相应的提高，可以去买一些相应的书籍或者去网上找一些资料通过上面的指导来使形象提升上去。另外，肢体语言要规范以及说话的方式方法也要留意。如果有条件可以找一个礼仪专家给你相应的建议来提高自己的素养。

（2）做事要尽量沉稳。经常有一些销售做事就是不够沉稳，让客户放心不下，不知道这个销售员说的事情到底靠不靠谱，会不会被骗。一旦你做事不够沉稳，很容易让客户产生这样的联想，令你的可信度降低。这是个很好的检验，你可以询问下你自己的领导你做事是不是考虑周全，是否沉稳。如果不是，那么一定要学着沉稳做事。

（3）要做一个善于倾听的人。善于倾听的人是很容易被别人信任的，因为在别人眼里好像善于倾听的人天生就喜欢为别人考虑，为别人解决问题。所以善于倾听是销售员与客户建立信任的最佳方式。

第四，客户还可能因为一个方面的原因犹豫，就是客户确实做不了主，一定要和家里人商量才可以拿定主意。可能这类人很想做主，但是出于小心，他们还是会选择犹豫的。面对这种情况，销售员要不就是打消他的顾虑，要不就是直接让他的家人参与进来，比如你可以通过引导客户打电话给家人确认，也可以约好一个具体时间再来店里或者邀请客户家人下次来体验这样的方式和他的家人交流。

小结

当面对犹豫不决、徘徊不定的客户时，销售人员要理解客户，因为客户在下决心作出重大决定前，必须认真地考虑其中的风险问题。在销售过程中，客户害怕上当受骗和不信任销售人员的心理若不能消除，将会给销售工作带来很大的阻力。所以，当客户出现这种情况时，销售员一定要善于巧妙地化解客户的顾虑，使客户对销售人员和产品产生信心，从而使客户放心购买汽车。

如何接待就奔一款车而来的客户

随着社会的发展，人们了解汽车的渠道越来越多，而作为高端产品，客户在买车之前很有可能会通过网络、书籍、朋友等各种渠道对自己期望的汽车做了解。所以，汽车销售也经常会遇到有客户进店之后直奔某一款车。当面对这种客户，汽车销售人员首先要注意的是给其留下一个良好的第一印象，同时要引起客户谈话的兴趣，如可以给予适当的赞美，令客户心理上得到满足，使其乐意与你交流。

情景案例

小常是某4S店里新来的销售员，今天上午他遇到难题了。大约十点左右，店里来了一位客户，小常去接待，然后对客户说：“您好，请问您想选购什么样的车？”结果客户没有回话，径直走到一款车旁边自行观看。

“您好，喜欢的话可以坐进车内试试？”小常继续问道，结果客户依旧没有答话，并且没有上车试乘的意思。小常又继续说道：“您好，这款车很不错，我为您介绍一下吧？”客户表现出了不信任，然后又自顾自地看车。最终客户在待了几分钟之后离开了。

小常对这事儿一直在纳闷，只好去咨询经理。在听完他的描述之后，经理指出了他这次接待客户的失误之处。经理告诉他说：“‘您好，请问您想选购什么样的车？’这样的提问太大、太空洞，让客户难以回答；而第二句‘您好，喜欢的话可以坐进车内试试！’这类缺乏创意的语言相当于废话，因为买车对于客户来说是一笔较大的支出，通过观看及试乘试驾来详细了解汽车的各项性能是必然之举；最后一句‘您好，这款车很不错，我为您介绍一下吧？’这样的提问说明销售员缺乏专业知识，看见客户看哪辆车就说哪辆车不错，结果会导致客户对销售员的不信任，你可以尝试从其他方面引起客户的谈话兴趣，然后再进行推销”。

当遇到这种奔着某一款车而来的客户之后，销售人员要注意，接待此类客户的关键是要想办法引起客户谈话的兴趣，例如可以通过赞美来打开话题，方便交流。下面介绍几个接待此类客户的妙语范例。

范例1　销售人员：“先生／女士，您真是非常有眼光，这款小型豪华轿车是我们品牌中最受客户欢迎的一款，自推出以来无论欧洲人或亚洲人都喜爱它简洁、优雅的车体造型和线条，其流线型的设计在豪华家庭轿车身上留下了运动车的影子。另外，它的车厢内做工更达到前所未有的高水平，令人一坐进车内，便感到制作和用料的天衣无缝。这不是我胡说的，您可以坐进去体验体验！”

范例2　销售人员：“您好，您肯定懂车而且眼光独到，这车是微轿中空间最大、同价位中配置最全的，它操纵灵活、动力也好，是大众都买得起用得起的好车！您可以打开车门感觉一下车内的空间，看看它的配置。”

范例 3　销售人员：“您好！我看您肯定是位识货的行家，您进来 6 分钟，看这辆车就看了 5 分钟，这可是我们展厅配置最全的多功能商务车，它接送客人比轿车效率高，运送货物的灵活性也大，您是业务上需要这样的商务车吧？”

小结

客户进入汽车展厅后直接看车，说明客户已经在其他地方或者渠道了解过车了，熟悉购车的程序，只是对所到的车行比较陌生，在看车时希望销售人员主动接近。对于这类直接看车的客户，销售人员与其接触的第一句话将非常关键，同时体现了销售人员的业务水平。比如，此时销售人员可以适当赞美客户，令他感觉自己是独特的，满足他的虚荣心；或者简单介绍车的特色，让客户感觉到自己眼光的“不一般”；还可以鼓励客户亲自试乘，去接触、体验汽车。

如何接待老客户介绍来的客户

乔·吉拉德有个著名的“250 法则”，即“1=250”，指每一位客户身后，大体有 250 名亲朋好友。因为每个人都有一张关系网，包括他身边有亲戚、朋友和同学等，所以销售人员在平常工作中一定会遇到由老客户介绍来的新客户。当遇到这类客户，销售员更要认真对待，不仅把一辆车卖给他，还要争取把它变成你的老客户，然后通过他再介绍新客户。

情景案例

客户：“我是你们这老客户介绍过来的，你给我介绍介绍 ×× 汽车吧。”

销售员：“非常感谢您的支持和信赖，为您介绍是我应该做的，不过在这之前我想问一下介绍您过来的先生或女士是哪一位，我们要做好登记，事后会赠送一份保养服务给他（或她），作为他为我们介绍新客户的一份回报。”

客户："嗯，好的，他叫……"

销售员："嗯，您看中的这款车正好是目前最畅销的车型，它的特点和突出之处就在于……通过我给您介绍的这些，您觉得还满意吗？"

客户："嗯。"

销售员："其实买车主要看中的就是刚才介绍的那五个方面：外观、动力操控、舒适、安全和超值性，而车子的性能则可以在试乘试驾过程中体现出来，你说对吧。"

客户："嗯，对。"

销售员："正好我们最近在搞活动，对所有参加试乘试驾的客户都有一个'三重大礼'，这在你朋友买车时候可是还没有哦，只需要一个简单的手续就好，我帮您登记一下吧？"

客户："好的，对了，像我这样经你们老客户介绍过来的买车时候价格上是不是会有优惠啊。"

销售员："您先别急，本来您看中的这款车在价格上是没有优惠的。但因为您是经老客户介绍过来的，为了向您表示我们的诚意和感谢，我会向经理申请额外赠送您一份价值 2 000 元的超值汽车精品大礼包。"

客户："嗯。"

当面对老客户介绍来的新客户时候，销售人员要让客户感受到尊重、有面子，同时，报价时可以设置适当的赠品，在价格上尽量少让步。完成交易后要对介绍的老客户表示感谢，赠送一些小礼品。

小结

对于老客户介绍来买车的新客户，销售人员要做到热情周到，给予特别的尊重、适当的优惠和更优质的服务，让客户感觉很受尊重、很有面子，这样，他们才会成为你最忠实的客户。同时也要维系与老客户的关系，要知道，销售人员把一辆车卖给一个客户不算成功，让客户满意并不断介绍新的客户来买车才是最大的成功。

如何接待已经考察过一次的客户

销售员常常会遇到这样的客户——以前已经到店里看过一次车但没有决定购买，现在又来看车。不得不承认，这种客户往往需要更加认真对待，因为他们购车的可能性很大，同时，接待得好不仅可以与其更为熟络，甚至可能会令其介绍新的客户来购车。对于这种已经来考察过一次的客户，一定要想方设法，争取尽快完成交易。

情景案例

（汽车4S店销售员）小刘：“郑先生，您好，欢迎再次光临！我们几位同事这几天都谈到您，说已经好几天没有见到您了。”

郑先生：“真的吗，小刘？我这几天正好出差去了。”

小刘：“您今天准备再了解哪一款车呢？”

郑先生：“还是旗舰型，怎么样？现在都有哪些优惠了？”

小刘：“这几天我一直想打电话给您。上次您来的时候看中的那款车自上市以来一直热销。昨天刚到了10辆车，这不今天一大早就提走了4辆，下午还有3辆要现货。我还担心要是您来迟了没车交付，就真对不住您这位朋友了呢。”

郑先生：“不会吧，这么好卖啊？”

小刘：“开始我还没真想到这几天买车的人会那么多，我真有点招架不住了呢。怎么样，您最后定了哪个价位的？”

郑先生：“目前还没定！有些问题我还没有弄清楚。”

小刘：“是哪些问题让您下不了决心呢？”

郑先生：“主要是……”

小刘：“原来是这样，我还以为是什么大问题呢！您放心吧，这些都不是问题，你看……，怎么样，我说的没错吧！还犹豫什么？”

对于这种已经来考察过一次的客户，你需要认真对待，重要的是要把握住以下几个要点来接待这类客户。

（1）当看到客户再次回到展厅时，除了迅速到展厅入口处接待，你一定要准确无误地叫出对方的名字与职务，与客户握手，表示出你的热情，拉近双方的距离，因为这样，客户才能感受到销售人员对他的尊重以及认真负责，毕竟，谁都希望自己的名字会被对方记住。

（2）在交谈中试探客户的需求和购车欲望的强度。明确客户关注的车型是否与上次洽谈时一致，如果一致，则要找出是什么原因在阻止客户下决心购买；如果不一致，说明客户调整了投资目标，需进一步强化客户对新选定车型的认同。

（3）适当建立压力，就像案例中小刘所说的“热销”等，通过建立压力，让客户感受到如果不尽快作决定，那么他们看中的车很有可能最后会出现无车可提的后果。另外，通过“朋友”这个词汇强调与客户间的关系，利于后续的销售。

（4）当客户如案例中一样有“不会吧……”等类似回答，则需要给客户进一步施压，但这个话怎么说要根据展厅实际情况来决定。如果展厅内的客人很少，甚至有空荡荡的感觉，那么说热销的话就会让客户感觉是在说假话；相反，如果展厅内客人很多，销售人员跑来跑去，这样表达的效果则会大大增强。

（5）要主动诱导客户说出他们没有下决心的难处、担心和问题。同时在客户表述他们的问题时，一定要用小本子记下来，等客户把问题和盘托出后，你就可以有针对性地进行下一步销售了。

（6）先给客户吃颗“定心丸”，向客户表明这些都不应该是影响其购车的因素，然后将客户提出的问题逐个解决，同时不断地询问客户对解决地结果是否满意，疑虑是否消除。如果消除，接下来就可以要求成交了。

小结

当面对已经考察过一次的客户时，更要表现出对他们的尊重和热情，把客户当朋友一样交流对待。把购车过程当作帮他们解决问题的过程，只有这样，他们才会更加愿意相信你，认可你，进而愿意把钱投在你这里，使交易成功的可能性增大。

第七章

这样沟通最有效：搞清楚客户的需求和购车意向

沟通在我们生活当中无处不在，从某种意义上讲，沟通可以说是你与客户交流的主要方式，是你吸引客户、打动客户以及维持客户的重要途径，当然它也是你和客户互相了解的重要渠道，是传递你与客户之间真诚、尊重和信任的重要桥梁。

沟通不无的放矢

作为一个汽车销售人员，沟通在你的工作、生活当中无处不在，它不仅是你用来了解客户需求的渠道，更是你与客户之间传递信任、尊重和真诚的重要桥梁。当然，沟通要保证有效性，不能无的放矢。沟通分两个方面：听和说。倾听可以使你从客户的话语中得知对方是否真正地理解了你说话的意思；懂得如何说，可以使客户的尊严得到维护，同时拉近与客户之间的距离。

情景案例

王先生来到某汽车 4S 店，想给公司一位主管销售的副总配一辆车。他看了一款车后觉得很不错，价格方面也没问题。

销售员小李："既然你都满意了，那我们就可以办手续了。"

王先生："等一下，我还得回去再征求一下副总的意见。"

小李："是不是我哪个地方没有说好，还是我的服务不好？"

王先生："跟你没关系，你介绍得很好，主要是因为这辆车是给我的一个销售副总配的，我不知道他是不是喜欢这辆车。"

通过进一步的沟通，小李发现那位销售副总驾照是新考下来的，驾车技术还不是太好，但是从事销售工作业务很忙。

小李："我觉得给你推荐这款车很合适，这款车是自动挡的，很适合新手开，不会在开的过程中熄火。对于一个业务很忙的人来说，因为开车而耽误工作实在是不划算。”

王先生：“哦，那就买这辆车吧。”

发掘客户需求的过程就是一次耐人寻味的寻宝过程，销售人员首先要做好各种准备工作，面对客户时通过“望、闻、问、切”为客户需求把脉，灵活运用各种方式引导和推动，最终把客户自己清楚或不清楚的潜在需求发掘出来。如果无法了解客户需要，那么既浪费你的时间，更浪费客户的时间，销售活动还达不到一个令人满意的效果。

那么，在你与客户沟通中，需要注意什么，又有什么技巧呢?

1．要学会倾听与应答

优秀的销售人员首先一定是一个出色的倾听者。当客户提出问题时，他一定会认真倾听，倾听客户的需要，倾听客户的深层需求；同时，倾听还会让客户感受到你对客户的尊重，因为不管你认同不认同，客户都有表达自己观点的权力。要遵循 “先迎合、再引导”的原则。

其次，要成为一个优秀的销售人员，应该经常主动与客户进行交流沟通，在做到认真倾听客户需求的同时作出积极的反馈与应答。反馈与应答表现在注意听讲的身体语言，发出一些表示注意听讲的声音或顺应地提出问题等诸多细节上。不过，要避免人为产生的一些偏差，比如低估或夸大、抢先或滞后、过滤或添加、分析或重复等。

2．要与客户积极交流

对于销售人员来说，掌握并善于使用积极交流的技巧具有莫大的助益。首先，它可以帮销售人员成功地促使他人改变态度和行为的原则，并且也不会伤害双方的关系或对方的自尊。同时，措辞是否恰当是非常关键的，因为采用恰当的措辞是积极交流的前提。

其次，在积极交流的过程中，要善于使用“换挡”的技巧，即销售人员和客户的角色互换，引导对方将想说的说出来，同时销售人员要仔细倾听客户的表述；当客户准备倾听时，销售人员又要尽快转而阐述自己的思想、观点和情感。“换挡”技巧可以使客户愿意听你讲；而你则要从中了解与掌握其不满意和反驳的理由，不要忘了给客户提供一个畅所欲言的场所等。最后，销售人员不仅要在销售前主动与客户接触，在销售后也要主动与客户保持联络。

3．注意非语言沟通的运用

非语言沟通是指人们借助于表情、语调、语音、目光、体姿等肢体语言所进行的信息交流，它们更能准确地表达传递信息的真正内涵。在某些情况下，非语言沟通还可以直接替代语言行为，甚至反映出语言行为难以表达的思想情感。

（1）副语言

副语言是指说话的语音、语调、语气等，它们可以从侧面表现出一个人的情绪状况和态度，影响到人们对信息的理解以及交流双方的相互评价。因此，副语言与语言之间的关系非常密切。

（2）表情

表情是一种辅助交流手段，不仅能够传递个人的情绪状态，而且还能够反映出一个人的喜、怒、哀、乐等内心活动。

（3）目光

俗话说眼睛是心灵的窗户，目光是非语言沟通的一个重要通道。在人际交流沟通中，销售人员可以使用目光向沟通对象传递肯定、否定的态度，质疑或认同等情感信息。

（5）体姿

所谓体姿，就是指人们在交流沟通过程中所表现出来的如前倾、后仰、托腮、沉思等状态或姿势。研究表明，体姿能反映一个人的紧张或放松程度。因此，销售人员若能准确识别并判断不同体姿透露出来的不同信息，对于促成销售有极大的帮助。

小结

沟通，在汽车销售过程中至关重要，沟通的目的是通过观察和询问等方式了解客户真正的需求，这样才可以真正站在客户的角度思考问题，让客户感觉到你的真诚。同时，积极的沟通不仅是有效销售的前提，也是销售人员将公司品牌与形象、产品与服务以及公司的理念与价值观等向客户传递、传播和扩散的过程。所以你要学会如何积极有效地沟通，这会为你带来意想不到的惊喜！

购车的欲望是否强烈

作为汽车销售人员，在与客户的沟通交流过程中，要学会观察客户，判断出客户的购车欲望是否强烈，从而有针对性地采取不同的应对方式。这对你提高销售效率很有帮助。

情景案例

销售员小王：“通过刚才的介绍，相信您对刚才看的那款车已经有所了解了。其实，购车选择适合自己的车最好，看这款车是否能够符合我们的要求，能否解决我们目前存在的问题。所以，我想请教一下，在您过去用车的经历中，上高速的机会多不多？”

黎先生：“多，经常要出差，全省各地跑。”

小王：“那就是说，出差的时候遇到刮风下雨的机会比较多了？”

黎先生：“那自然。”

小王问：“遇到风雨天您是不是要减慢车速而且还要小心翼翼？”

黎先生：“那肯定。”

小王：“有没有在雨天高速行驶时遇到过紧急情况？”

黎先生：“有啊！半年前送一个客户去某地，在高速公路上就碰到过这样的情况，那一次我们差点被吓死了。”

小王：“这么说，汽车的安全保障系统是你不得不重点考虑的问题了，特别是该车是否配备了 ESP。”

黎先生：“没错。”

小王：“那我再请教一下，您开车出差时会不会因为时间紧，经常在晚上赶路。”

黎先生：“差不多每次出差都会如此。”

小王：“这样的话，行车过程中对灯光的要求就会比较高，不仅照度要高，而且视野要好，如果在弯道行驶和上下坡的时候能够自动调节，那么行车就安全得多了。”

黎先生：“你分析得没错。”

小王：“这样看来，行车安全的保障是您必须第一位考虑的问题。”

黎先生：“当然，不过如果安全保障系统又完备，又有天窗的话，会更好一些。”

小王：“从这个角度看，A品牌最符合您的要求了，我建议现在您就把这辆车开回去吧！”

实践中表明，你可以通过向客户询问以下问题来探询客户的真实想法，询问得越多越全面，对客户的了解就越深入，对他的购车欲望程度就会把握得越准确，判断就越准确，从而也就越有助于提升你的工作效率。

（1）询问客户之前是否看过车。对于已经来看过车的客户，继续询问看了哪款车，然后再询问其对该车辆的评价意见，从而知道他的选择偏好。

（2）询问客户打算什么时候购车。通过这个问题准确把握客户购车欲望强烈与否，对于还没有考虑好具体购车时间的客户，你可以先把客户的资料或联系电话留下来，以便后续跟踪，而把宝贵的时间留给其他购车意向更强烈的客户。

（3）询问客户对产品的了解程度。通过探知客户对产品的了解程度，可以知道客户对产品的关注程度，进而通过客户关注程度高低判断出其购车欲望是否强烈：关注越高，购车欲望越强；反之，则购车欲望较低。

（4）询问客户购车主要用途。通过这个问题可以针对性地推荐产品，而且从另一个侧面了解到了他的用车需求，进而增强说服客户购车的说服力。

（5）询问客户看过哪些其他车型。通过这个问题可以了解到客户的选择范围，如果客户对竞品不太了解，说明他并不是特别关注，如果同时对你的产品也不太了解，那么客户购车的可能性较低。

（6）询问客户原来使用的车辆。通过这个，一是可以根据客户原来所驾驶的车型了解到他在选车的时候可能参考对比的车型，如果客户原来开的是几十万元的车子，来购买十几万元的车子的时候，那么他选车的时候可能会与原来开的车做对比，很容易挑剔产品的不足，你就要提前预防；二是通过询问这个问题，我们可基本了解客户的真正需求。

（7）询问车辆的主要使用环境。通过询问这个问题可以有针对性地向客户推荐轿车或者 SUV 车型。

（8）询问客户对服务的具体要求。比如上牌是上公家的还是私家的户名，是否需要提供上牌服务，车辆保险要买多少个险种等。如果客户还没有考虑清楚这些方面的要求，那说明其购车意向可能并不是太强烈。但如果客户很想买车，只不过真的是对这些方面不太了解，那么你可以做主导性引导，推销更多的服务项目给客户。

（9）询问客户最重要的需求。客户购车一定有很多需求，但不是每一项都那么重要，你可以通过询问这个问题找到客户最关注的方面，以便在短时间内，有选择性地向客户做针对性推荐，减少做无用功所耗费的时间。

（10）询问客户对车辆颜色的偏好。通常来说，越是确定要购车的客户，对车辆就越会有更为清晰的颜色偏好。所以通过询问这个问题，你可以很好地确定客户购车欲望的强烈程度。

（11）询问客户对交车时间的要求。通过客户对这个问题的答案也能辨别出客户购车欲望的强烈与否。一般来讲，购车欲望越强的客户，对于交车时间有明确的要求，甚至会比较紧。如果客户对交车时间要求比较紧，你就要强调车子卖得很紧俏，然后顺水推舟地要求客户早下订单；反之，购车欲望较低的客户，对于交车时间不会有明确的要求，成交的难度会比较大，在时间有限的情况下，可以留到后期再跟踪成交。

小结

对于汽车销售人员来说，在面对客户的时候，通过询问一些问题可以帮助汽车销售员准确地把握客户心理，判断出客户的购车欲望是否强烈。对于那些还没有拿定主意买车即购车欲望较低的客户，你可以先留下记录以便日后跟踪，然后把更多的时间用来接待购车欲望强烈的客户。这样，不仅有助于提高你成功交易的效率，也能让你的时间合理运用。

让客户说出购车预算

对于汽车销售人员来说，知道客户的购车预算也很重要。而对于客户来说，往往认为如果暴露了购车预算，就等于主动放弃讨价还价的余地，担心让销售人员掌握价格上的主动权，从而侵害自己的利益，所以在没有互相信任的情况下，客户一般不愿意告知购车的预算。因此销售人员需要耐心解释询问的原因，并给出自己的专业建议，从而获得客户的信任，让客户抛开顾虑说出购车预算。

情景案例

小吴是 ××× 品牌某汽车 4S 店销售员。现在，他正因为今天苦恼的事儿向经理讨教。

经理："小吴，说说吧，因为什么苦恼？"

小吴："经理，我在苦恼如何让客户说出自己的购车预算。今天我遇上的三波客人都不肯说出自己的购车预算，我也就无法知道他们要买什么价位的车，也就不知道给他们推荐什么车。"

经理："哦，那你当时分别是怎么问的啊？"

小吴："谈论到价格时候他们先是不肯说，然后我就接着问'您为什么不肯告诉我您的预算呢？'结果客人很不开心，就没问出来，我一时心急就又问了句'您告诉我没关系的，不就是一个数字吗'，然后客户还是不肯说，而且看样子很不好交谈，但是本着负责的态度，我又说'您告诉我吧，否则我很难为您推荐合适的车。'结果还是问不出来，三批客户都是这样，到底是为什么呢，他们既然来买车，为什么不肯说出自己想买什么价位的车呢？"

经理；"这样啊，呵呵，确实有些客户觉得提前说了自己的预算，会被销售员掌握主动，失去讨价还价的资格，所以他们一般不愿意说，而且你问的方式也有些不妥。"

小吴："哦，那下回我不那么问了。"

经理："嗯，因为你那么问的话，首先第一句感觉像是在埋怨客户，表达自己的不耐烦；第二句吧，太具有挑衅性，是很容易引起客户不满的；最后一句就加大了客户的反感。试想，在你们双方都互相不信任的情况下，你又这么问，客户当然更不愿意说出自己的预算了。”

小吴：“嗯，我知道了，那我应该怎么问能让客户心甘情愿说出自己的购车预算来呢？”

经理：“一般对待这种客户，需要注意说话语气，先建立互相信任，你可以这么问……”

在介绍产品之前，你先要了解客户想要买什么价位的车。这个过程中重要的是消除你和客户之间隔阂，建立互相信任，只有这样，客户才会告诉你他想要买什么价位的车。以下是一些成功的话术，你可以参考一下。

（1）销售人员：“我希望您不要有顾虑，为你们提供服务是我在这的主要意义。买车就像在餐馆点菜，不同的人需求也有很大不同。况且目前市场上的汽车车型很多，面对词典一样的说明书和搞不懂的数据，您可能挑花了眼。而我就像餐厅里的点菜员，可以根据您的要求和消费额度给你最专业的建议，不但为您节省时间，还让您明明白白地消费，开开心心地选车。您大概想选什么价位的车呢？”

（2）销售人员：“不好意思，我想知道您考虑什么价位的车，是为了节省您的宝贵时间。如果您告诉我您考虑什么价位的车，那么我就可以有针对性地为您介绍，这样岂不是避免了因介绍其他无关车辆而浪费您的宝贵时间，您说呢？”

（3）通过讲故事引起客户的兴趣与共鸣。如：

销售人员：“我有个朋友前一阵买了一辆新车，但是最近他却一点不开心。”

客户：“怎么回事儿啊？”

销售人员：“因为他最初的计划只是想买一辆五六万元的上下班代步二手车。但他后来听同事说五六万元可以买辆新车了，觉得挺有道理，于是决定买新车，不买二手车了。结果他同事又说不如加两三万元买更好的车。朋友想想也对，于是又决定买八九万元价位的车。”

客户：“他真没主见，后来呢？”

销售人员：“后来他买车时候，导购告诉他八九万元的车只能算入门车，再加一两万元就可以买到更好的车。后来导购又告诉他，如果是自动恒温空调，驾驶时会更舒适；如果有天窗，兜风时会更惬意；如果 CD 是六碟，就不需要经常换碟……结果最终选定车子之后，车价飙升到十二万元，结果他把所有银行存款拿了出来才开回了那辆车。现在朋友银行里不仅没有了余钱，还需要每月 1000 多元的养车费，所以心里总是空落落的。”

（故事讲到这保持沉默，注意观察客户的反应）

销售人员：“唉，都是没有控制好购车预算惹的祸啊！所以后来许多客户来选车时，我都会先与他们分享这个案例，提醒他们做好购车预算的重要性。不知道您希望要哪个价格段的车，让我帮您参考一下？”

小结

当你的客户不愿意透露他想买什么价位的车之时，你要理解客户的顾虑，对提出这个问题表示歉意；然后尽量诚恳地向客户解释说明询问预算的理由：只有知道了客户想购买什么价位的车，你才可以有针对性地为客户筛选出符合条件的车，节省双方的时间，提高推销的效率。

购车的主要动因是什么

客户不同，购车的动因也不尽相同。有的可能是因为家庭或者公务需要，或者可能用于出行代步，当然，也会有部分人把买车当作身份和地位的象征。

客户买车原因的不同代表这客户购车目标的不同：用于出行代步的客户更倾向于初级车，他们比较注重车的实用性和经济性；因家庭或公务需要购车的则更注重车辆的舒适性以及配置齐全，所以他们选购目标是中级车；而对于购车作为身份象征的客户来说，他们则更注重出众的性能和完善的装备，目标是豪华轿车。

只有了解客户的购车动因才能为其推荐合适的汽车类型，而对于汽车销售人员来说，适当的提问是得知客户购车原因的必要手段。

情景案例

汽车销售培训讲师刘佳：“怎么了小王，还有什么问题吗？”

汽车 4S 店实习生小王：“嗯，当客户进店之后应该怎么问，客户才会心甘情愿说出自己买车的原因呢？我之前见过一些失败的案例，您能不能帮我分析一下？”

刘佳：“嗯，可以，你先说说那些失败案例当中汽车销售顾问都是怎么问的。”

小王：“嗯，他们一般都直接问‘您为什么要买车？’‘您买车的主要原因是什么？或者您买车的主要用途是什么？’然后他们就等客户回答，结果都不怎么理想。”

刘佳：“噢，其实是他们的问题，比如第一句，会显得语气很生硬、不友好，会令客户感到不快的；而后两句其实问的本身没什么大问题，问题在于他们问完没有进行解释，这样问都没令客户认可你，怎么会回答呢？在提问客户这个问题时候一定要注意语气，而且还要加上适当解释，令客户信服，这样才能得到你想要的答案。”

小王：“嗯，我明白了。”

对于来店客户，在开始推荐汽车产品之前，如何询问客户的购车原因也是门学问，讲究方式方法。话说得恰当，方式运用得好，客户才会愿意告知你想获得的答案；反之，如果掌握不好说话的方式，或说得不恰当则会造成相反的效果。那么，怎样才是正确的提问话术呢？现在列举几个范例。

1. “您买车的主要用途是什么？”

销售人员：“您买车的主要用途是什么？”

客户：“主要是上下班代步，不想再挤地铁或者公交车了。”

销售人员：“那要恭喜您很快就脱离苦海了，以后再也不用像我这样挤公交车了，每天挤得都和沙丁鱼一样了！如果您只是为上下班日常代步的话，我建议您可以关注耗油量低、经济实用的小型车，一般排量在 1.5L 左右的车型就可以满足您的需要了……”

2. “您买车是家用还是商用？”

销售人员：“您买车是考虑家用还是商用？”

客户：“商用，出于业务需要。”

销售人员：“那可要先恭喜您啊，您买了车之后业务肯定更加蒸蒸日上了。商务车一般注重舒适性和安全性，因为车身比家用车大，所以排量一般都在1.8L以上，您目前有没有心仪的选择？”

客户：“那您给我介绍几款好车吧。”

销售人员：“成，比较有代表性的商务用车有别克君威、帕萨特、奥迪A6等……”

3. “您买车的主要原因是什么？”

销售人员：“您买车的主要原因是什么？”

客户：“旧车不想开了，想换一辆新车。”

销售人员：“换新车好啊，那您之前开的是什么车？”

客户：“原来是捷达，比较省油，开车的感觉也还可以，就是车子内饰方面不太精致，档次也低了点，所以想换一辆车。”

销售人员：“那您想换什么车呀？”

客户：“欧系车吧。”

销售人员：“欧系车挺好的，不仅安全耐用，内在装饰的品质和做工都非常精致……”

就像返利一样，在向客户提问时一定要加入适当的说明或者解释，尽量使客户信服，同时要注意保持友好的语气，这样，客户才会更愿意和你交流，同时也会使谈话氛围和谐友善。

小结

对于不知道购车原因的客户，当你询问这个问题时候要有针对性地发问，从交谈中把握信息点；同时要灵活利用发问方式，逐步引导客户的需求导向；尽量控制与客户的谈话局面，发掘出客户的潜在需求。这样你才能了解客户的主要购车动因，进而更好地为客户推荐合适车型，加大成功交易的可能性。

谁是购车的决策者

目前，汽车对于众多家庭来说仍属于昂贵的消费品，对于购车这一消费行为绝大部分家庭都十分谨慎，所以消费者购车决策是个复杂而且长时间的过程，需要获得各方面的信息，征求各方面的意见。因此，对于汽车销售人员来说，一定要了解谁具有购买决策权，这样，在整个消费过程中可以大量节省销售人员的时间和精力。

同时，作为汽车销售人员，你也要高度重视不具备购买决策权的消费者，因为每个相关成员的意见和建议都会对购车行为造成重大的影响。

通常销售人员都是通过提问的方式来询问客户购车的决策者，常见的有“您可以自己决定下来吗？”“您自己可以做主吗？”“您看中后还需要其他人来看吗？”

其实，那样的提问是不太合适甚至不正确的，“您可以自己决定下来吗？”及“您自己可以做主吗？”这两种提问显得语气生硬，没有礼貌，容易激怒客户；而“您看中后还需要其他人来看吗？”这样的提问虽然表面上看起来比较有礼，但其实是对客户权威的一种挑战。

所以，掌握正确的提问方式对从事汽车销售行业的你非常重要。

情景案例

王小丫是 ××× 品牌某汽车 4S 店的一位汽车销售员。这天中午，趁着吃饭时间他正在和同事小丽聊一些关于客户的话题。

小丽：“小丫，上午接待的客户搞得我好郁闷啊。”

王小丫：“怎么了啊？”

小丽：“今天接待客户的时候，之前都谈好了，结果等我把价格优惠申请下来之后，他突然说要给朋友或家人打个电话，打完电话之后就说要回去商量之后再做决定，结果一去不复返，有好几个都这样，怎么这样啊？”

王小丫：“现在的客户都非常聪明，一旦你把价格申请下来，他很容易觉得自己吃亏了，所以才会装作打电话然后找借口离开的。”

小丽：“那应该怎么办啊，你平常都是怎么做的啊？”

王小丫：“我今天上午也遇到了这样的客户。当时我就很诚恳地告诉他，买一台车子得花十多万元钱，我们的目的是为您提供尽量周到的服务，让您在这里买得放心，买得满意，我不想让您以后有后悔的感觉。您看您现在就可以决定了吗？是否还要跟其他人商量商量呢？然后客户听完就说‘我现在就能决定了，只要价格合适就可以，不用再跟别人商量了。’其实，只要他只要他这么一说，他的后路也就堵死了。”

小丽：“噢，我知道了。”

优秀的汽车销售人员在与客户交谈过程中能有效地询问出客户购车时决策权在不在客户手里，只有确定了购车的决策者是不是客户，才能根据不同情况做出不同的处理，成功地避免了时间和精力的浪费。以下是一些成功案例中的提问话术，你可以作为参考。

1．销售人员：“您看您是否还需要参考家人的意见？”

客户：“这个当然，我就是为了接送小孩上下学还有我和我老婆上下班才买车的，而且有了车还可以方便全家人节假日一起出游。”

销售人员：“您真是个好爸爸、好丈夫！车是家庭重要的共有财产，也是家庭和睦的基础，所以考虑家人的意见是对的。那今天看好之后，周末不如就带上您的太太和孩子一起来试驾吧？我现在就可以为您做申请！”

2．销售人员：“这台车的选购是由您全权负责的吧？”

客户：“不是，我是帮我们公司经理看的，圈定几款后再由他自己决定！”

销售人员：“您一定是你们经理的得力干将，连买车这么重要的事儿都交给您来办！正好下个周末我们会举办一个试乘试驾活动，我想邀请您和您的经理一起来参加。为了显示我们的诚意，您把他的联系方式留下来，我请我们主管亲自打电话请他过来……”

小结

在向客户询问购车的决策者的时候，你要注意自己提问的语气和态度，让客户感受到受关注、被尊重，而且要引导客户更积极地参与到谈话中来；同时，你需要注意回答的技巧，更好地控制你和客户谈话的细节，正确引导客户进入深入沟通的方向。

购车时间是什么时候

客户通常都会在实际购车之前就开始做好买车的打算，因此，对于客户，你要保持足够的耐心，抓住每次交流的机会了解客户的心理变化情况，然后设法向前推进销售的进程。其中推进销售进程的一个重要步骤就是询问客户的购车时间。

在询问客户购车时间的时候要做恰当的解释说明，尽量使客户信服。如在解释询问原因时，销售员可以让客户认识到从交定金到提车会有一个较长的等待过程，如果可以利用实例说明客户不告知购车时间所导致的不良后果最好。这样，你就可以自然地令客户说出他真实的购车时间。

情景案例

小王是某汽车4S店的销售实习生，刘先生是小王快下班时接待的客户。

小王：“刘先生，现在车您已经大概了解了吧，您还有什么想要了解的吗？”

刘先生：“没有了，这款车不错，我挺喜欢。”然后经过一番交谈，小王需要向经理申请价格优惠，不过去之前，他没忘和刘先生确认一下。

小王：“我们经常被客户搞得晕头转向，现在不敢轻易去跟经理申请价格优惠了，我想跟您确认下，你现在就能决定下单吗？”

刘先生：“这个我还没有确定。”

小王：“恕我冒昧，我问的可能太直接了，只是每辆车从交定金到提车都有一个较长的过程，这款车可能还要久一些，所以我建议您最好告诉我您什么时候用车，如果到您用的时候库存没有了那多不好啊，您说是吧。”

刘先生：“好的，那我一个星期以后来下订单购车。”

小王："嗯嗯，好的，那么等到时候您来的时候我一定帮您向经理申请价格优惠。"

对于销售人员来说，可以通过询问的方式得知客户的购车时间，但是稍不注意，销售人员的提问往往会有一些不妥，如常见的提问有"您准备什么时候买车？""您计划这几天买吗？""您近期会不会买车？"这些提问的重点都放在"买"字上，这会让客户感到紧张，从而立即产生对抗情绪，进入戒备状态。因此，销售人员在询问客户的购车时间时，应尽量用其他字眼代替"买"这个字，以免把客户吓跑了。

所以，正确的提问要注意细节，可以用案例或故事来赢得回旋的余地，提醒客户的同时也赢得客户的信任与尊重。以下是几个正确提问的案例，你可以借鉴一下。

1. 销售人员："请问您计划什么时候用车？"

客户："目前不急用。"

销售人员："对不起，可能我这样问比较直接，其实我只是想提醒您买车跟其他产品可能有些不一样，一般从交定金到提车要等上数天到一个月，而且您看中的这款车是目前比较紧俏的款型，所以我是怕耽误了您的时间。您近期需要用车吗？"

2. 销售人员："您打算何时提车？"

客户："暂时还没决定。"

销售人员："不好意思，我问这个问题可能问得太早了，但是您看中的这款车从交定金到提车常常要等些日子。就像之前，我有个客户原本准备买这款车用来结婚接新娘子的，当时他以为只要交上全款就可以把车开回家，所以事前也没告诉我何时提车，结果他结婚那天差点就没赶上了。您近期没打算要用车吧？"

3. 销售人员："您近期肯定不打算买车，对吧？"

客户："你为什么这么说？"

销售人员："因为您没有问我这款车的库存情况，所以我觉得您应该近期不打算用车。上个月我一个客户也是喜欢您看中的这款车，不过当时我问他打算什么时候用车的时候，他没告诉我。后来他三天后的下午回来找我下单，谁知凑巧我同事上午将库里仅存的一辆卖给了另一位客户。后来没有办法，我那位客户耽搁了七天才拿到了车。您准备近期用车吗？”

小结

在询问客户购车时间的时候尽量用“提车”“用车”等字眼来代替“买车”，这样才不会让客户觉得紧张；同时，问完之后要做适当的解释，当然解释提问的原因时不能心虚，要充满自信；在解释提问原因时向客户强调从交定金到提车会有一个较长的等待过程，提醒客户注意，同时最好常备 3 ~ 5 个不太长、有细节的案例或故事，这样才会令客户更加信服，客户才会愿意告诉你真实的购车时间。

想买什么车型

汽车以其不菲的价值成为贵重消费品，这也使得人们在选购汽车时都会更谨慎，他们往往会根据车子的一些重点货比三家，如车子的某一价位、档次、车型等。

当你接待客户的时候，适当地询问客户，可以令你充分了解客户的需求。这样，才有助于你之后向客户推销具体的车型，而只有了解客户想选购的车型后，销售人员才可以有针对性地向客户销售。一般情况下，销售人员可以通过向客户询问问题，并在询问的过程中认真积极地倾听客户的真实想法，从而发现客户心目中最满意的车型，进而向客户推销。

情景案例

销售员：“您想选购什么车型？”

客户：“额...”

销售员：“不好意思，可能我问得有点唐突，不过，如果可以知道您想选购的车型，我可以更好地为你推荐合适的车子，这样既会令您满意，也会节省您很多时间，你看是吧。”

客户：“嗯，确实，不过我还没有确定，你先介绍一下这款车吧。”

销售员：“嗯，好……”

经过半小时，销售员的介绍早已讲完，期间，客户还亲自体验了一把。

销售员："大哥，车子给您介绍过了，您也试乘试驾过了，我觉得您对这款车型还是挺满意的，如果让您给这款车型打分，10分是最满意，0分是最不满意，您会给多少分呢？"

客户："8分吧。"

销售员："为什么是8分，而不是3分或者5分呢？"

客户："在这款车子的空间、舒适性以及动力和配置方面，我还都比较满意的。"

销售员："既然您觉得那么满意，不如就买一辆呗。"

客户："只要价格合适，我就买了。"

提问是汽车销售人员获知客户喜爱车型的重要步骤，但需要注意的是要注意向客户提问的技巧。如案例当中，如果你以"您想选购什么车型？"此类问句提问，则需注意一定要加上恰当的解释说明，因为没有合理解释的提问会让客户顾虑重重，难以作答。

同时在提问客户时也要注意有的提问是不可以的，比如"您是想选择经济型车还是豪华型车？"因为这样的提问很容易让客户产生误解，会使客户觉得你比较势利，如果客户选购的是经济型，甚至可能还会有被看不起的感觉；当然，"您不可能没有想过要选购什么车型吧？"这种提问同样不可取，因为它颇有些指责客户在骗你的意思，会让客户生出如果不回答你的问题就是没有购买诚意的感觉，从而令客户感到反感。

那么怎样才可以正确的问出客户所喜爱的车型呢，以下几个成功话术倒是可以供你借鉴一下。

1．销售人员："请问哪一款车型是您心目中最喜欢的？"

客户："我还在看呢！"

销售人员："打扰您了，实在不好意思！我只是想给您参谋参谋，一般大部分客户选车时首先考虑的是车子的使用方向和主要用途，只有定好这个基调才好决定选择哪类车。然后就可以根据自己的经济能力来圈定不同车子的价位区间，将区间内所有满足条件的车型列举出来比较，您觉得呢？”

2．销售人员：“请问您心中喜爱的是哪种车型？”

客户：“我正在考虑中，暂时还没有确定。”

销售人员：“可以看得出来您做事很周详，并且多看多比较后再决定也是对的！其实我们展厅里的车型很齐全，虽然我不敢说对每一种车型都了如指掌，但心里还算有谱，要不我帮您参考参考？”

3．销售人员：“请问您主要想看什么车型的车？”

客户：“这个你也管？”

销售人员：“啊，真对不起，怪我问的时间不对！您可别多心，我只是想帮您比较一下各车型之间的优缺点，在这个店我已经工作四年了，对各种车型还比较熟悉，方便您对比和决定，你说呢？”

小结

当你向客户询问他想要购买的车型时要恰如其分地表达出一些歉意，同时再向客户解释提问的原因，尽量让客户信服，从而拉近你与客户之间的距离；此外，你要准备好充足的耐心，因为提问及双方交流的时间将会很长。

只有当你了解了客户心中想购买的车型以后，才可以有针对性地向客户介绍车型，从而给客户一个更合适的建议，使销售成功几率变大。

一次性付款还是按揭付款

随着贷款购车业务的兴起，付款方式也就成了销售人员在推销汽车的过程中必须收集的客户资料之一，这同时也是发掘客户买车需求的重要内容，销售人员可以通过询问的方式获知客户的付款方式。

但是由于付款方式是一个比较敏感的话题，往往销售人员的直接询问容易引起客户的戒备心理。因此，在这之前，需要提前准备好充分的理由，在询问后机智谨慎地做好解释工作，用坦诚的态度，说明令客户信服的理由，逐渐消除客户的疑虑和防备，重新获得客户的信任。

情景案例

小五是安吉路一家自主品牌汽车 4S 店的销售员，今天，刘明是他刚过来的客户。

小五：“刘大哥，您看，车已经介绍完了，您还有什么想要咨询的吗？”

刘明：“没有了。”

小五：“那您对这款车还满意吗？”

刘明：“嗯，满意，这款车的外形和配置、舒适性都挺好的。有没有价格优惠啊？”

小五：“价格优惠好商量，请允许我问您一句，您是打算全款购车还是按揭购车呢？”

刘明：“我还没想好。”

小五：“不好意思，这个问题我可能问得早了，只是我是在为您考虑，因为，按揭购车各项手续需要一段时间，如果您急用车还是提前告诉我的好。”

刘明：“噢。那你跟我先介绍一下按揭的手续费的问题吧，然后我再决定。”

小五：“嗯，按揭的话……”

刘明：“嗯，那我一次性付全款吧。”

小五：“嗯，好的。”

在日常销售工作中，作为汽车销售人员，询问客户的购车付款方式是你销售过程中必要的一个环节。在这个环节当中，你要有所为，有所不为。比如“您是一次性付款购车吧？”和“您是准备按揭购车吗？”这样的提问都不可取，因为付款方式是一个敏感话题，容易引起人们的联想；尤其对于资金不足，准备按揭购车的客户来说，如果你这么问的话会引起他们的反感，从而不利于接下来的销售。

“您是选择一次性付款购车还是按揭购车？”这样的问话虽然显得不是很礼貌，但因为你是为了知道客户的需求，所以还是要提出来，不过紧接着你应该跟客户道歉，并说明提问的原因是出于为客户考虑，尽量使客户信服，从而化解客户的不满。这会使你在达到询问目的的同时还可以不破坏你和客户之间的关系，不会影响接下来的销售。

在询问客户的付款方式时，怎样才能避免客户的反感情绪呢？接下来介绍几个妙语范例，一定会对你有所帮助。

1．客户：“我还在考虑。”

销售人员：“对不起，我这么问有些不对，我只是想为您提供一些参考性的意见，一次性付款虽然又快又方便，但可能会占用您的部分流动资金；而按揭虽然可以帮您省出不少流动资金用于其他投资而实现增值，但是手续要费些时间、多支付些费用，您说呢？”

2．客户：“我还没想这个问题。”

销售人员：“对不起，我问这个问题有些失礼了。只是因为我对各个银行的按揭手续都比较熟悉，我想为您参谋一下，希望能帮您节省更多的时间和精力，您看呢？”

3．客户：“到时再说吧。”

销售人员：“不好意思，我不该现在就问这个问题，我只是希望能帮您参谋参谋，因为我做汽车销售也有五年了，对两种付款方式也都比较了解，您觉得呢？”

4．客户：“我还没有决定。”

销售人员：“对不起，按理说我不该这么快问您这个，只是按揭办下来一般都需要几周，我有位客户曾经就遇到了这种情况，当时他用车时间比较急，但到了最后签合同时才告诉我们需要办理按揭，这样就会耽误了客户的用车时间，为防止出现类似的情况，我觉得应该提前得知您的答案，您认为呢？”

小结

付款方式是一个较为敏感的话题，汽车销售人员在提问时要注意细节和说话方式。如果你的提问让客户产生不快，那么一定要及时致歉，同时说明你是基于客户的利益出发而提问题的，表达为客户着想的服务态度，并且适当展示自己的专业性，增加客户的信心。只有令客户信服，那么这个敏感的话题才不会让客户多心，也就不会影响你销售的继续。

第八章
介绍汽车，突出卖点：吸引客户爱上这款车

介绍汽车的过程就像是客户和销售人员在同一个舞台上的共同演出。当销售人员向客户阐述汽车的性能品质时，要像节目主持人一样生动有趣，重点突出，并且吸引客户热情参与，使其对汽车有一个直观的了解和切身的感受，从而使其认可汽车的质量，激发客户购买的欲望。所以介绍汽车，是销售过程中的重中之重，是决定最终能否成交的最大因素之一。

突出汽车的卖点

和所有销售行业一样，汽车销售人员在向客户销售汽车时，要重点突出汽车的卖点。什么是卖点？卖点就是能够满足客户需求，解决客户问题或者服务的点。所以在向客户介绍产品时首先要根据客户不同的需求和喜好抓住卖点，然后有针对性地介绍说明，而不是背书似地说一堆数据，如果那样，客户完全可以去看几页资料，而没有必要听销售员说。

介绍过程中，最重要是突出车辆的卖点，从而引起客户了解产品的兴趣，获得其对产品的认可。所以，突出卖点很重要，这会为你销售的成功提供很大的帮助。

情景案例

罗先生是某企业的区域经理，这天，他在 ×× 汽车 4S 店里看车，销售员小沈走过去，为罗先生介绍店里的产品。

小沈：“罗先生，您看这辆车，它沉稳气派的外观，和事业成功人士的气质非常符合。我想问一下罗先生现在是什么职位？”

罗先生：“哦，我是某企业的区域经理。”

小沈：“难怪您看起来就是精英，区域经理负责的业务应该特别广，您应该经常出差吧？”

罗先生：“是啊，每个月都有一大半的时间是在外地跑的。”

小沈：“那一定非常累。您看，这辆车的座椅能180度平放，当您因为长途奔波感到疲惫，想要休息片刻时，只要把座椅平放下去，您就能很舒适地躺下做充分的休息，从而更有精力去应对繁忙的工作，您看怎样？”

罗先生：“嗯，这个设计不错，外观我也喜欢。”

小沈：“而且这款车乘坐的舒适度很高，非常适合长时间的驾驶，您可以上来体验体验。”

罗先生：“嗯。”

……最终，小沈成功将车卖给了罗先生，这个月的业绩上又增加了一单。

在这个成功的案例中，小沈通过抓住客户“经常开车到各地洽谈业务，甚至有时需要在车上过夜或较长时间的休息”这一需求在介绍时突出了自己产品舒适的卖点，成功吸引了客户对产品的兴趣，从而成功拿下这笔订单。如果小沈面对这样的客户时仅仅是简单地介绍车型的通用特性，那么客户未必会动心。

所以，在介绍车子时，要突出卖点，突出重点，那么怎么做能更好地突出车子的卖点呢？首先要做到以下几点。

1. 要充分掌握产品知识

这不但需要销售员对产品有全方位的认识，而且需要对产品的各种属性都有深刻的理解，对隐藏在其背后的一系列问题了如指掌。比如，对于汽车的颜色，很多人都认为这是无关紧要的。但事实上，在汽车外型以及性能呈现高度同质化的今天，色彩已成为区别汽车造型的关键因素之一。

对于这些产品知识和影响客户选择的深层次因素，汽车销售代表在实际的销售过程中经过仔细的调查研究就会总结出一定的经验，从而可向客户做恰到好处的提示，促成交易的成功。

2. 在最短的时间内，快速把产品的核心价值表达给客户，并巧妙地激发客户的购买欲

想要快速传达产品的核心价值，你需要从客户对产品最看重的方面入手，比如你可以询问客户：“先生，您觉得这款车的什么地方最让您满意呢？”无论客户回答哪个方面，都要先赞扬客户，然后从这方面入手慢慢展开来讲解。

3．明确客户的特殊需求

每个客户的需求都不尽相同，所以你在介绍产品时一定要迎合客户需求，并在这一方面进行突出介绍。

4．将特性巧妙转换成客户利益

客户很少关心你推荐的车型有多完美，表现多么出色，他们更多的是关注你推荐的车型对他们有什么好处，对它们的利益在哪儿，但是客户利益是看不见、摸不着的，而产品的特性则正好相反，它看得见、摸得着，是实实在在的。因此你在介绍产品的时候，需要有效地将产品的特性转换为客户利益，并告诉客户，以此调动他们的购买欲望。

小结

作为一名汽车销售人员，你在介绍产品的时候，不能漫无目的地向客户介绍，更不是说你介绍得越全面越好，而是要抓住客户最主要的需求和喜好，在此基础上重点介绍产品的优势，有目的性地、有选择性地、有技巧地传达产品的价值，满足客户最渴望的利益，激发客户的购买冲动。这样，才会成功吸引客户，让客户感觉到这款车对他的好处，从而增加销售成功的概率。

做好汽车介绍的准备

销售流程中做好汽车介绍是一个关键的步骤，通过汽车介绍，一方面你可以展示你平时学到的专业知识，另一方面你可以给客户一个很好的引导。恰当的汽车介绍，不仅能够建立起客户对展厅产品的信任，还能建立客户对你的信任，最后达成良好的合作。因此，你必须重视这个环节，要把它做好，平时多练习，做好介绍汽车的准备。

情景案例

展厅前来了一位穿着时髦的女士，对于展厅最醒目的那辆车爱不释手，看来很感兴趣。

销售员："这位女士，准备看什么样的车？我为您做个介绍。"

客户："这款车怎么样？"

销售员："您真有眼光，凡是来到我们展厅的，首先都会问及这辆车，对这款车产生浓厚的兴趣。"

客户："为什么？"

销售员："因为这部车有自己独到的特点，和同级车相比，它是最夺目也是最与众不同的。"

客户："它有哪些优点？"

销售员："它的优点介绍起来有点冗长，我想我需要花稍微长的一些时间作个重点介绍，不知道您是否方便？"

客户："你说吧。"

在上面的情景中，销售员为了能够让自己的宣传达到更好的效果，就先是和客户寒暄，然后提醒客户做好时间准备和心理准备，才开始详细的介绍。当然汽车介绍的准备不光是这些，平时销售员在私底下的准备也极为重要。

1. 仪容仪表准备

每天一早到店里或者在迎接客户之前，销售人员首先要对自己的仪容仪表进行检查，看看是否有不妥的地方，然后整理好，用最好的状态和个人形象进行销售，这是对职业的尊重，也是对客户的一种尊重。

2. 工作准备

销售人员在介绍车辆前，需要准备的手头材料有：客户需求评估表（了解客户需求）、产品配置表（了解产品配置，提供符合需求的产品配置）、相关技术参数与图片及相关媒体报道（提供佐证资料，证明所说的都是真实的）、性价比工作单（了解竞争品牌，竞争比较分析）等。做好了这些工作准备，才能更好地进入工作状态。

3. 知识储备

销售人员除了做好仪容准备、工作准备，还必须要对自己所销售的汽车的状态有个了解，如汽车的数量、展车的状态等。平时学习专业的知识要认真，并且还要做好笔记。以免销售的过程中被客户问倒，失了信誉。

销售人员平时学习可以参考下面四种方法：

① 全面理解；② 死记硬背；③ 绕车自我练习；④ 角色扮演、活学活用。

小结

俗话说，有备无患，不打无准备之仗。做汽车销售也是这个道理。想要成功销售，需要注意的点有很多，仪容仪表、工作材料、平时的知识储备甚至是心态都很重要。慎重对待自己的客户，客户才会认真听取你的建议，购买你所推销的汽车。

汽车介绍原则：客户利益优先

汽车配置复杂，因此客户购买汽车的时候需要销售人员来解说。但是销售人员应该如何解说呢？如果这也说那也说，客户不光会越听越糊涂，还会怀疑你在卖弄学识，对你印象不好。因此，销售人员必须投客户所好，根据客户的喜好来安排介绍重点。要将产品特性转换为客户利益。

汽车介绍的原则就是：客户利益优先。首先，销售人员必须对产品有深入、全面的认识，同时还要善于和客户沟通，抓住客户最想要的利益。具体可按照以下五个步骤进行：

（1）全面深入地了解产品；

（2）从事实调查和询问技巧中发掘客户最想要的利益；

（3）介绍产品的特性，说明产品的功能及特点；

（4）介绍产品的优点，说明客户能够得到的利益；

（5）介绍产品的特殊利益，阐述产品最能满足客户的特殊需求。

情景案例

欧洲有一家大公司想采购一批公务车，于是派一名代表去本地的车行考察。有很多汽车销售员想拿下这笔大单，因此都非常热情。

其中有一家车行汽车的安全气囊非常优秀，因此，当代表来车行时，这个公司的销售员非常骄傲并带有激情地为代表介绍这一优点，想要打动客户。然而，欧洲大公司的主要业务在城内，这批公务车的时速一般都不会很快，因此，汽车的气囊这一优势，虽然听上去很诱人，但是却显得无关紧要。

于是，代表又来到了另一家车行。而这家车行的销售员只是介绍自己的汽车产品是如何稳重，驾驶是如何舒适。当欧洲大公司的代表在无意间问起气囊时，这个销售员说，气囊只是高速行驶时候的保护措施，贵公司对其需求并不高，我们甚至可以减少不重要的气囊，再为您的单子降低价格。

结果，第二家车行的销售员得到了这笔大单。

中国有句古话叫“甲之蜜糖，乙之砒霜”。为此，在做汽车介绍之前，你必须先了解客户的购买需求，找到客户的关注点以及利益点。而案例中的第一家销售员在介绍产品时，只是一味地介绍汽车的安全气囊，而对客户在乎的需求点和利益点一概不提，这就导致了销售的失败。而第二家销售员正是用汽车的稳定性和舒适性触动了客户的利益所在，所以才成功签下了订单。

很多销售人员经常犯的错误就是只向客户介绍产品，而没有注意到客户的需求。对于客户来说，他所购买的其实并不是产品本身，而是产品所能带给他的利益。不符合自己利益的产品，即使你说得天花乱坠，客户还是不会购买的。

因此，销售人员一定要以客户利益优先，从下面几点入手：

1．尽量提到所有对客户有用的信息

在为客户介绍产品时，销售人员一定要搞清楚，哪些利益是客户最关心的。应该从这些利益入手，而不能只陈述自己认为最好的利益。

2．要善于开发客户的利益

有的时候，客户也会觉得这也好那也好，不知道自己最想要的是什么，这就要求销售人员去发掘，发现客户的利益然后将它说出来，为客户留下深刻印象。

3．语气要坚定

如果你在陈述客户的利益时，用的是诸如“可能……”“大概……”“应该……”等含糊、不确定、没把握的语言，那么，客户很可能会就此怀疑你说的是不是真的。你需要换一种方式。

比如，你可以这样说："根据我们的测试，这款车能比其他车节省 10% 的油耗。"掌握具体的数字，要比含糊大概地说"大概省油省的很多"要好得多。

4．利益要全面地告诉客户

如果店里有对于客户有益的打折优惠活动一定要跟他说一说。即使很多利益可能客户本身知道，但是销售人员如果不提，客户也可能会怀疑是不是取消了，就此不高兴。反之，如果你一再强调众多好处，客户很可能会蠢蠢欲动，想要购买。

小结

"天下熙熙皆为利来，天下攘攘皆为利往。"为了让产品更好地吸引客户的注意力，销售员在产品介绍的时候需要坚持客户利益优先的原则，这样让客户感受到来自产品的实实在在的好处，才会激发起购买的兴趣。

如何做好六方位绕车介绍法

汽车 4S 店常常会使用到一种方法叫做六方位绕车介绍法。它具体指介绍的过程中分别在车前部、发动机室、乘客侧、后部、驾驶侧和内部进行详细介绍。其目的在于让客户了解汽车并且认同汽车，等客户对各方面比较认可之后，顺利进入到试驾等阶段。

情景案例

销售员："先生您好，我是这里的销售顾问，请问您有什么需要帮忙的吗？"

客户："哦，您好，您能帮我介绍一下我面前这辆车吗？"

销售员："当然可以，您是想全面了解一下呢？还是有什么地方需要作重点介绍？"

客户："嗯，其实这款车我不太了解，最好作一下全面的介绍。"

销售员："如果对这款车作全面了解的话，大约需要 40 分钟的时间，您看，没有问题吧？"

客户："没有问题，我今天刚好有空。"

销售员："好的，我们就从这款车的前部开始吧。你看，这是前大灯，您有没有发现与众不同？"

客户："有什么不同？"

销售员："这款车采用的是目前最新的潮流设计，它的转向灯设置在大灯的上部，您可以发现，它的这种设计要比其他的车灯更加吸引路人。您如果想有个心爱的座驾，就是要有这样的前大灯才不会落伍。您再看它的驾驶座……"

客户连连点头。

六方位绕车介绍一般从汽车前部开始，比如依次介绍车身尺寸、油漆工艺及车身颜色、前大灯、保险杠、前挡风玻璃及雨刮器等；

发动机室是介绍车身和风格的好地方。销售人员可以站在车头前部偏右侧，打开发动机舱盖，固定机盖支撑，依次向客户介绍发动机舱盖的各种特性；

邀请客户打开车门、触摸车窗、观察轮胎，观察客户的反应并邀请客户坐到乘客的位置等；

在介绍车后部时，销售人员可以从行李厢开始，依次介绍高位制动灯、后风窗加热装置、后组合尾灯、尾气排放、燃气系统、备胎和工具箱等。

销售员在使用六方位绕车介绍法时需要注意以下 10 大要点：

（1）六方位绕车介绍法需要很多话术，就像一个剧本一样。绕车剧本是汽车介绍的串联体，信息量非常大，因此销售人员应该将其吃透，该知道的知道并且会灵活运用；

（2）自始至终面带微笑。太严肃的介绍会给客户一种在上课的感觉，而不是买车；

（3）有技巧地询问客户，找出客户的利益点，做有针对性的介绍；

（4）适当用手势来引导客户到相应的方位，并且注意走位，不要与客户撞在一起；

（5）介绍时，眼睛要看着客户，而不是汽车。虽然汽车是主角，但是客户是上帝；

（6）允许客户详细看着，有的可以让他亲手操作，亲自体验汽车的优点；

（7）注意询求客户的认同，注意客户聆听时的表情，如果感兴趣，要进一步引导，如果发觉客户不感兴趣，要试探性提问；

（8）注意接受客户的购买信号；

（9）档次越高的车型，本身会散发无穷的魅力，而廉价低档的车型，则需要销售人员为客户展示它的魅力，发现它的亮点；

（10）如果客户已经非常认可产品，销售人员不用继续介绍，而要找机会直接进入下一步。

小结

全面系统地引导客户了解产品，让客户参与，寻求客户认同，鼓励客户提问，鼓励客户动手，最后，获取客户的“芳心”，这就是六方位绕车介绍法的意义。

做好 FAB 汽车介绍法

除了六方位绕车介绍法，销售人员还需要掌握 FAB 汽车介绍法，这种方法也叫特征利益法，FAB 对应的是三个英文单词 Feature、Advantage 和 Benefit，即属性、作用和利益。

属性，就是产品所包含的客观现实，它指的是一些有形的东西，比如材料、外观等。客户可以通过眼睛或者触觉真切地看到、摸到；

作用，就是汽车可以给客户带来的利益，它可以用来回答客户“它能做到什么”的疑问。它是根据汽车的特性总结出来的一些产品特殊功能，是客户比较关注的一个方面；

利益，就是产品能给客户带来的好处，换句话说，就是如果客户购买了你所推荐的汽车，可以获得哪些利益，能够做到哪些事情。

情景案例

销售员：“先生您好，需要什么帮助吗？”

客户：“你可以帮我介绍下这辆车吗？我喜欢它的外形，但是不知道它的性能如何。”

销售员：“乐意为您效劳，而且，不得不说，您的眼光非常好。这辆车不管外型美观，性能也十分不错。”

客户：“哦？是吗？”

销售员：“是的，先生，这辆车配有12缸发动机，从0到100公里的加速时间仅为12秒，可以让您十分快地提高行车速度。”

客户：“这点是很好，还有呢？”

销售员：“还有……”

客户：“嗯嗯。”

在上面的情景中，销售人员的介绍方式就让客户充分感受到了这辆汽车能够带给他的好处，一直吸引着他的目光，直到客户自己认为看上的车是十分优秀的，自己确实需要这辆车。

销售人员在使用FAB汽车介绍法之前，首先要做好各项准备工作，比如：可以把各款车型的属性、作用、利益等罗列出来，做个FAB表。此外，销售人员在使用FAB方法介绍汽车时，需要掌握一定的技巧：

1. 实事求是

销售人员要以事实为依据，切勿夸大其词，或者攻击其他品牌以突出自己的产品；

2. 清晰简洁

销售人员在介绍时尽量用简单易懂的词语或是形象的说辞代替，而且解说时要逻辑清晰，语句通顺，让客户能明白产品到底有哪些好处，是不是适合自己；

3. 主次分明

销售人员在介绍产品时，如产品的优点、好处，可以详细阐述；对于产品缺点、不利的信息可以简单陈述。做到主次分明。

小结

“FAB 介绍法”可以让销售人员按照一定的逻辑顺序进行介绍，使产品的多个卖点更加突出，更能打动客户。销售员在使用之前一定要做好各种准备工作，使用之时还需要把握一定的语言技巧，这样才能让这种介绍方法发挥最好的效果。

如何介绍汽车的心脏——发动机

发动机常被称为“汽车的心脏”，所以客户往往会非常重视发动机的性能和质量。但是很多销售员对发动机的了解不是特别专业，相对来说，他们更喜欢了解销售话术和各种汽车的外形特征。

销售人员在销售之前，首先要成为自己产品的专家，熟练掌握一些关于自己产品的专业性知识，并且能够用通俗易懂的语言，通过深入浅出的分析，能让客户也明白。专业才能让销售人员更加卓越。如果你为客户详细介绍了发动机的性能，客户不光是会对汽车有更深刻的认同感，对销售人员也是。

情景案例

客户：“你好，请问这款车的发动机怎么样？”

销售员：“您好，您的这个问题问得十分专业！很高兴为您解答。发动机是汽车的心脏，一辆汽车性能的好坏，最主要体现在发动机上。您现在看的这款车的发动机源自德国欧宝，直列四缸双顶置凸轮轴，最大功率 91kW，最大转矩 180，动力性能让人刮目相看，而且其加速性能在同类型车中非常突出，只要您轻踩加速踏板，它的提速很快，能立马带给您强烈的推背感。您真是眼光独到，这款产品发动机十分优秀，它拥有一颗强劲的心脏！”

客户：“它的发动机和其他车型相比怎样，属于特别厉害的吗？”

销售员：“是的，先生，国产车中只有奥迪 A6L 能够和它相媲美了，您可以亲自试驾，体验一下它澎湃的动力！”

客户：“好，我试试……”

上面的情景案例中，销售人员解答得十分专业，让客户对汽车的发动机有了强烈的好奇心。迫不及待地想要感受它的动力。

对于发动机的介绍，销售人员可以从发动机的相关配置入手，其中再加一些案例事实来增加客户的信心，并且为客户强调发动机强力的好处。

小结

发动机有很多种型号，并且它的结构复杂，很多销售人员总是对它一知半解，然而，发动机是汽车产品一个很重要的部件，基本上客户都会问到的。因此，销售人员想要成为销售精英，首先要成为一个发动机专家，汽车专家，了解和热爱自己的产品，因为只有自己了解的东西才能更好地介绍给别人。

如何回答客户对汽车的疑问

汽车结构复杂，因此专业的东西特别多。当客户问及一些比较生僻的知识时，有的销售人员会很不耐烦地说："这个不重要，总之它特别好！"然而这样的应答，势必会给客户很差的购买体验。

虽然，大部分来汽车展厅参观的客户都不是专业人士，对很多汽车的配置术语也是一知半解。但是，如果销售人员在应对的时候表现得不耐烦或者不专业，也是十分影响销售业绩的。销售人员不光是要懂得这些专业知识，与客户交谈时，还要讲究"度"，对于深奥的原理做简略的介绍，多用具体形象的语句进行专业的说明。

情景案例

客户："ABS是什么意思呢？"

销售员："您问的这个问题非常专业。ABS是Anti-Lock Brake System的英文缩写，翻译为刹车防抱死制动系统，顾名思义，它是在紧急制动时防止汽车轮胎停止转动因与地面间的滑动摩擦而失去方向控制的电子装置。简单来说，ABS就是你一脚踩死制动踏板轮胎不会锁死，让驾驶者在紧急制动时不至于使汽车发生侧滑。总之，ABS 是车辆上一个档次的重要标志！而且在车辆安全方面起着至关重要的作用。”

客户：“明白了，那么，EBD 是啥玩意？”

销售员：“EBD 是 Electric Brakeforce Distribution System 的缩写，中文叫电子制动力分配系统。它的作用也很大，比如有的时候左前轮和右后轮附着在水泥地面上，而右前轮和左后轮却附着在沙地或泥水中，这种情况会导致汽车制动时四只轮子与地面的摩擦力不一样，摩擦力不一样很容易打滑，还容易发生倾斜和车辆侧翻事故。安装 EBD 后电脑会计算各车轮的阻力，然后根据各车轮的受力情况来分配制动力，这样，在急制动时就可以缩短制动距离，防止制动后侧滑，从而让车辆更加平稳和安全。”

客户：“你解释得很明白，那么 ABS+EBD 又是什么？”

销售员：“这是 ABS 的升级版本！ EBD 可以改善和提高 ABS 的功效，平衡每一个车轮的有效抓地力，改善制动力的平衡，防止出现甩尾和侧移，并缩短汽车制动距离。有了 ABS+EBD 就相当于有了双保险，汽车的安全性能更胜一筹！”

上面的情景案例中，我们可以看出，这位销售人员的基本功十分扎实。其实很多时候，有意向买车的客户才会提出这么多问题，如果销售人员能够应对得当，那么，销售成功的几率将会大大增加。

小结

很多时候，只有全面地深入地掌握比竞争对手更多的产品专业知识，你才能在众多的销售人员中脱颖而出，赢得客户。

这样评价竞争品牌的汽车

现在汽车销售行业竞争很激烈。一些急于求成的销售人员容易犯“王婆卖瓜，自卖自夸”的毛病。当然，说自己的产品好并不是错误，但是为了卖自己的产品而贬低或诋毁或抨击其他品牌，就会产生严重后果了。现在很多客户都有怀疑心和分辨力，如果销售人员说了同行竞争品牌的坏话，客户的第一反应不是相信，而是觉得你夸大竞争，产品没你说的那么坏。

所以销售人员在售卖汽车时，一定要公正客观地进行评价，否则，如果碰到某位内行的消费者，你所说的话正好会成为漏洞，不仅他不会再相信你，他还会告诉别人你在欺骗。

情景案例

客户："这个车，我觉得还是隔壁店的好一些！"

销售员："看来您对附近的汽车市场真是了如指掌，隔壁店里的车确实很不错，有很多优点，您最喜欢他们家的哪一点呢？"

客户："他们家的那辆车的外观和内饰都比较好看，而且最重要是他们的产品油耗低，现在油价这么贵，长期下来可以省下不少钱啊！"

销售员："油耗问题的确是判断车子好坏的重要指标之一。您说的这些优点我都赞同，但是您发现没有，相比之下，我们的产品安全性更好一些。安全性和油耗问题一样，是非常重要的。很多客户开始时也跟您一样被他们车子的外观和低油耗所吸引，但最后还是选择了我们的车，因为生命比金钱重要，您说呢？"

客户："我觉得还是隔壁店的车好一些！"

销售员："嗯，我们两家的车子算是各有千秋吧，他们的车子还有哪些地方让您心动呢？"

客户："你看，你们两家的配置和价格都差不多，但他们家的还安装了 GPS 导航仪！"

销售员："您关注的真是非常仔细，但是据我所知，您买这辆车主要是为了上下班代步，从家里到单位，难道您还需要导航吗？"

客户："我也有出远门的时候啊，再说有肯定比没有的好啊！"

销售员："您说得对，其实我们以前也装了 GPS，但很多客户都反映不想装这个，我们后来才不装 GPS 导航仪而改送一年全保的，您看，保险也是很重要的，相比于 GPS，我觉得一年全保对您更加实用，您说，对吗？"

当客户到最后步骤时，总是会挑剔这个问题那个问题。特别是会谈到竞争对手，想要给销售人员施加压力。这个时候，销售人员千万不要贬低竞争对手，而是尽量客观评价。因为肯定对手，无形中会抬高自己的档次和水平，而客户会觉得你做人比较地道，从而建立起牢固的信任。

更重要的是，销售人员要对竞争品牌的产品了如指掌，并将自己产品优于竞争品牌的功能总结成“差异性卖点”向客户重点说明和讲解，促使客户购买自己的产品。一般来说，竞争品牌产品信息包括以下几个方面：

（1）品牌优势：包括该竞争品牌的历史、品牌知名度和影响力、品牌给予客户的附加价值等；

（2）产品优势：包括该竞争品牌的技术特点、性能水平、重要差别，还有相对的优缺点等；

（3）特殊销售政策：该竞争品牌正在进行或已经进行过的销售活动，该竞争品牌经销店对客户的承诺；

（4）销售商的情况：该竞争品牌的成长历史、企业发展状况、经营现状、该竞争品牌企业领导人的特质、销售人员的专业能力情况、客户对他们的评价等。

小结

吸引客户，产品的质量、款式很重要，销售员的解说也很重要，但最重要的是——要有一种对客户的诚信。当客户要求比较和评价时，销售人员切忌做出负面的评价，这是专业汽车销售基本的常识。

当然，一个劲地赞美竞争对手也是不可取的。成功销售在于正确引导，还是要帮助客户进行利益分析，抓住客户的需求点。

只有全面深入地掌握了比竞争对手更多的产品专业知识，才是超越竞争对手、赢得销售成功的条件。

第九章

试乘试驾：注重细节，把客户体验做到位

试乘试驾是产品介绍的一个延伸，也是客户更真切地了解和体验产品质量和性能的最好机会。在此过程中，客户会针对产品的配置和性能提出很多的异议，从而给成功交易造成了一定的阻力。为了化解客户的这些异议，销售员首先要在试乘试驾之前做好各项准备工作，其次还要懂得一定的话术技巧，把客户在试驾体验中消极的评价转为了积极的认知，从而建立起购买的信心。

如何做好试乘试驾前的准备工作

中国有一句古话叫：“王婆卖瓜自卖自夸”。有的时候，销售员罗列了一大堆汽车的优势，未必就能让客户信以为真。此时，试乘试驾就是非常好的说服方式。为了增加客户对车的好感度，增强其购买意向，销售员需要事先做好试乘试驾的准备工作，以确保万无一失。

情景案例

销售员：“您看这款车已经好几次了，看得出您非常喜欢，您何不试驾一下呢，这样您能更好体验它的性能。”

客户：“好吧，我也想试试呢。试驾需要驾驶证吗？大概多长时间？”

销售员：“试驾需要您有驾驶证并满一年的驾龄才可以，如果您不满足这些条件就只能试乘了。试驾时间大概是 20 分钟。”

客户：“哦，那么试驾的路线是什么呢？它有什么要求吗，试驾的速度有限制吗？最高不能超过多少？”

销售员：“这个……应该是从这……”销售员支支吾吾回答不上来。

这个案例中的销售员显然没有做好试乘试驾的准备工作，连试乘试驾路线都不确定。更别说成交了。那么，应该怎样做好这些准备工作呢?

1．文件准备

要准备的文件有试驾预约记录表、试驾登记表、试乘试驾协议书。

2．车辆准备

销售员在事前应检查试驾车辆，确保各项功能处于最佳状态，并填写试驾车辆核检表；要准备好符合要求的（如不能完全符合也要尽量接近）客户试乘试驾车，专车专用，证照齐全；清洗车辆；给试乘试驾车装上 CD；保证试乘试驾的车上了全险。

3．人员准备

销售员应有驾驶证；如果销售员技术不熟练，应请公司其他熟练的驾驶员驾驶，自己陪同；如果有专门的试乘试驾人员，自己则陪同客户。

4．路线安排

销售员要规划好路线，保证行车安全。试乘试驾应选择路长超过 1 000 米、宽超过 4 米、平直加弯道同时车流较少的公路；展厅及车旁放置“试乘试驾路线图”；除此之外，还应保证客户有足够的时间体验汽车的性能，一般驾驶的时间为 15 ～ 20 分钟；最高速度不能超过 80km/h；根据车辆性能设置路况，尤其是越野车。

5．其他注意事项

销售员应向客户说明车辆各功能如何使用，如灯光的使用方法、自动变速箱、方向盘的使用方法，以保证行驶安全；询问客户驾龄、是否带驾照并请客户出示驾照并登记客户信息，让客户阅读试乘试驾须知并签字，期间复印驾照；若客户未带驾照或驾龄不满一年，告诉客户只能试乘；如果确认客户可以试驾，告知客户先试乘后试驾，告诉客户线路及大概时间。

小结

在客户试乘试驾前销售员应准备好试驾预约记录表、试驾登记表、试乘试驾协议书；检查车辆，保证各项功能处于最佳状态；清洗车辆、给车装上 CD；安排好行驶路线，一定要确保安全；驾驶的人一定要有驾照并且技术熟练；试驾前应先询问客户驾龄和是否带驾驶证，如没有带或驾龄不满一年告诉客户只能试乘，登记客户信息并让其在试乘试驾须知上签字；如果客户满足试驾条件，登记客户信息，让客户在试乘试驾须知上签字并复印其驾照；驾驶前要给客户讲车的各功能如何使用、行驶路线、大概时间、注意事项。

邀请客户的同伴一起试乘试驾

客户看车的时候往往不是一个人，他们会带上几个同伴做自己的军师。同伴的意见对客户的购买决定影响很大。因此销售员要恭维好这些人。一般的邀请话术，如“你们好，我代表 ×× 品牌欢迎大家试乘试驾”或者“你们好，欢迎你们参加试乘试驾”太官方，显得很平淡，既没有做自我介绍，也没有表达出主动结识客户几个同伴的意愿，很难和他们建立良好的关系。那么，应该怎么说呢?

情景案例

销售员：“大家好，非常欢迎 ×× 先生/女士带大家来试乘试驾，也让我有机会认识大家。我是小王，这是我的名片（一一递上名片）。下面请 ×× 先生/女士给我介绍一下您的这些朋友好吗？”

客户：“好，这位是……”

销售员：“您好，很高兴认识您，×× 先生多次给我提起过您，说您在 ×× 领域有很深的理解，我真的很佩服您，希望您多多指教。”

这就是非常好的邀请话术。首先见面先向客户及其同伴打招呼（这样给客户的第一印象很好）。然后做简单的自我介绍并递上名片（这样表现出自己谦虚热情），然后请客户介绍几个同伴。结识朋友不忘适当赞美（客户的虚荣心得到满足，同时也对你更加感兴趣）。能做到这几点就是一次成功的邀请话术了。

还可以这样说“大家好，今天能有幸认识大家并一起驾车真是高兴。我是小王，这是我的名片。×× 先生是如此成功的人，他身边的朋友也都一定非常了不起，您可以给我介绍一下您的这些朋友吗？”

和客户套近乎的时候，如果客户带的是女性朋友就多赞美她漂亮、大方、有气质；如果客户带的是小孩就问他几岁了，在哪上学。

总之就是主动热情、谦虚、多赞美。

小结

邀请客户同伴一起试乘试驾，首先要向所有人打招呼，之后做一下简单的自我介绍，并双手递上名片。然后再请客户介绍几位好朋友，认识这些朋友后要说“很高兴认识您”并赞美他们。

客户说“起步有点肉”该怎么办

在很多男客户的眼里，脚踩油门，纵横驰骋是一种非常炫酷的开车体验。因此，在买车的过程中，很多人都担心自己买到的车起步和动力太“肉”，害怕一脚油门踩到底，车子还是像乌龟一样缓慢爬行，试想这个时候，假如身后一辆辆破面包都将自己甩在后面，那心里得有多不爽啊！

众所周知，要想知道一款车到底肉不肉主要看其百公里内可以提多少速度。若是一辆车在轻踩油门之后，立刻蹿出去很远，那说明它的动力衔接非常利索，车子性能不错，绝对不是起步很“肉”的那种类型；但若是一辆车起步需要更长一段时间，静止时踩油门响应太慢，动力衔接不利索，那就说明这辆车子起步肉、动力肉。

通常来讲，客户对于车子起步性能的好坏也有一个属于自己的评判标准，如果他们在试驾的过程中觉得车子有点肉，销售员应该如何应对呢?

情景案例

客户：“这款车的加速性能好像很一般哦！起步有点肉。”

销售员：“您怎么会这么想呢？”

客户：“因为这款车 0 ~ 100 km/h 的加速时间为 12s，我听说超过 10s 就说明加速性能不好！”

销售员：“看来您对车子还非常了解，有备而来啊！事实上很多购买者和您都有一样的看法，认为在百公里加速中，加速越快就越好。其实您买车只是将它作为一个上下班的代步工具，而且您驾驶的环境也是在车来车往的繁华闹市，就算您的速度再怎么快，又有多少机会来一次百米赛跑呢？况且猛踏加速踏板，既增加油耗浪费金钱，又加大了对环境的污染。您说对不对？”

客户：“你说的也很在理。”

销售员：“喜欢飙车的人对汽车的起步要求非常高，如果您没有飙车的需要，那这款车的加速性能已经完全可以满足您的日常驾驶需要了。而且据我刚刚观察，发现您在试驾的时候，这辆车子的动力和操控非常符合您的驾驶习惯，这对购买者而言，也是非常重要的，您说呢？”

客户：“可是这款车的起步速度真的有点慢啊！”

销售员：“那您是不是对飙车很感兴趣？”

客户：“不是啊，那样太危险了。”

销售员：“那您买车主要用来干什么？”

客户：“上下班代步，节假日出游啊！”

销售员：“其实这款车 0 ~ 100 km/h 的加速时间为 12s，在同类汽车中，加速性能已经算很好的了，至少在满足您的出行需求方面绰绰有余。另外，说实在的，其实那些加速时间参数对于像您这种想购买家庭用车的人来说，一点意义都没有。因为您一般行驶的环境在市区，还不等您刚起步或者挂上四档呢，就会遇到堵车或者红灯的情况，就算好不容易有机会爽了一把，说不定电子监控就拍下您超速运行。所以只要您自己开着舒服、顺畅，符合自己的驾驶习惯就是好车了，您说对不对？”

客户：“好吧，那就这辆车吧。”

对待“起步有点肉”的客户异议，汽车销售人员不可用否定或怀疑的语气作答，比如，“是吗？我觉得还不错啊！”这样会让客户心里不舒服，从而使问题复杂化。当然，销售员也不能利用“一分价钱一分货”这样的道理来暗示客户放弃他原来的想法，因为这样做实际上是默认了汽车质次价廉的事实，并且很容易伤害客户的自尊心，非常不利于产品的成交。

面对客户的此类异议，销售员最正确的做法应该如上述案例中所示那样，从客户驾驶的环境、驾驶的需求以及驾驶的习惯来说明“起步肉”的好处。这样非但不会挫伤客户购买的积极性，反而会让其加深对产品的认可。

小结

起步性能是评价汽车好坏的重要指标之一，也是客户在试乘试驾过程中重点考虑的一个问题。销售员在回答这类问题时，切忌直接否认客户的异议，也不可擅自贬低车子的性能，而是应该通过开放式的提问了解客户的驾驶需求、驾驶环境，然后找一个合适的时机把客户对汽车起步肉的注意力巧妙地转移到实际应用的必要性上，从而引导客户接受这辆车子的起步性能。

客户说“我担心这车跑上几千公里后出问题”该怎么办

有些客户生性比较谨慎，试乘环节才刚刚开始，就杞人忧天，担心自己买下这辆车以后没跑几千公里就出问题。对待这类谨慎型客户，销售员需要拿出权威性的证据为客户证明汽车的质量以及性能，这样才能有效化解其内心的顾虑。

情景案例一

客户：“如果这车跑几千公里就出问题，怎么办？”

销售员：“您这个问题问得好，有很多人都跟您一样有这样的担忧，其实大家都多虑了。这样的情况只有哪些品质较差的车子才会出现，而我们的每一辆汽车都经过国家发改委、国家认证认可监督管理委员会（CNCA）、国家环保局等专业部门的严格检测和认证，所以质量是有保证的，请您放心吧！另外，免费维修是客户正当权利的最后一道保护屏障，就算万一车子真的出了故障，我们也会免费为您负责到底的。因此，您没必要担心这个问题。”

情景案例二

客户：“如果这车跑几千公里就出故障了，该怎么办？”

销售员："我明白您的顾虑，买车不是一笔小数目，谁也不希望自己花了那么多钱，买回来还没有开几天就出问题。为了避免这样头痛的问题发生，选择一个产品质量和售后服务有保证的品牌很关键。我们品牌的这家4S店已经开了8年，在8年的时间里，我们汽车的销量达到数十万台，但到目前为止从来也没有碰见过您说的这种情况。而且，假使如您所言出现故障，我们也会负责到底，免费为您维修的，所以您不必有这种担心。"

通常客户对汽车的质量或性能提出质疑，也无可厚非，毕竟汽车也算大宗型交易，客户有这样的消费心理也属于正常。要想化解此类异议，销售员首先要理解认同客户的这种心理，然后顺势强调产品质量的权威认证，以证明产品的耐用性。当然了，销售员还可提供不会出现这种情况的数据或事实的证明，以及万一出现这种情况的补救方法。这样才能有效化解客户的异议，增加其购买信心。

化解客户"我担心这车跑上几千公里后出问题"异议的话术禁忌：

"您多虑了，我们的车子不可能会出现这种情况的！"这个回答看似给了客户购买的信心，但是缺乏说服力。假设客户购买出现这样的情况，销售员就很难自圆其说，从而陷入被动局面。

"您放心，这种状况很少出现的！"这样的回答让客户觉得这种状况出现的概率还是会有的，心中的疑虑无法打消，购买的信心还是无法建立起来。

小结

当客户提出有关产品质量和性能的异议时，销售员需要尊重他们的意见，然后尽量用强而有力的证据证明"车跑上几公里后出问题"的概率非常小。此外，免费售后维修也可以给客户吃一个定心丸。

客户说"内饰塑料感太强"该怎么办

俗话说，金无足赤，人无完人。在这个世界上，任何人或者事情都会存在一些缺点。作为一个代步的工具，汽车肯定也不例外。因此，当客户提出"内饰塑料感太强，不高档”的异议时，销售员首先应该承认这个事实，然后再避重就轻，把谈话的内容转移到产品的其他优势上来，最后让客户相信产品确实物超所值，从而放弃挑剔的想法。

情景案例一：

客户：“内饰做工还算细腻，但塑料感较强，档次有点低！”

销售员：“您真是慧眼如炬，一下子就看出问题来了。的确，这款车的内饰材料确实不是最好的，因为如果选用最好的材料，恐怕这个车的售价就会水涨船高，比现在多出几千块钱来。不过好在这辆汽车做工细腻，各个细节方面都没什么瑕疵，大大弥补了材料的部分不足。所以从总体而言，您以目前这个价格能够买到这样一款安全、省油、配置齐全的中级轿车，已经相当划算了，您说呢？”

客户：“你说得也有道理。”

情景案例二

客户：“内饰做工还算细腻，但塑料感较强、不高档！”

销售员：“您真是行家，这款车的内饰材料确实不是最好的，因为如果选用上等的材料，那么这台车的价格至少要抬高30%以上。而且您也知道，一分钱一分货的道理，就以目前这个价格买到这样一台品牌、配置、性能、做工和售后服务都不错的车，绝对是物超所值的，所以内饰材料这个小小的不足对您造成的影响几乎可以忽略，您说是吧？”

客户：“那好吧，我就选它了。”

如果客户对汽车的内饰材料感到不满时，汽车销售人员不妨首先让客户认识到汽车的内饰质量和其售价是呈正比的，其次还要用汽车的其他优势给客户“灌耳音”，这样客户就会觉得自己买到的汽车性价比还是很高的。

上述两个案例中的销售员就是分别用汽车做工细腻、安全省油、配置性能这样的优势淡化其塑料感强的缺陷，并且告诉客户汽车的这些优点对他是重要的，而不足不会对其产生什么不良影响，这样的话术策略使得客户转变了原来的想法，从而顺利地促成了交易。

在化解客户“内饰塑料感太强”的异议时，销售员一定要绕开下列这几个话术雷区。

（1）“这款车的设计就是这样的！”这样的回答没有任何意义，反而会给客户造成一种敷衍塞责的感觉。

（2）“不会啊，这样的内饰材料现在很普遍！”这样带有否定意味的回答很容易伤了客户的自尊，从而引起他的不满，而且后半句话有暗示客户一无所知的意思。

（3）“您还是第一个跟我反映这种问题的人。”这样的回答暗示客户的想法很另类、怪异，容易让客户不快甚至动怒。

（4）“这样的的价格只能买这种材质的车了。”这样的回答会让客户觉得自己掏不起高价钱就只能买这种质量次的车了。这样的应对会令客户很反感。

小结

当客户对汽车的内饰材质提出质疑时，销售员首先要顺着客户的说法坦率承认车子存在的不足，然后用车子的其他优势淡化内饰选材的不足，这样可以达到平衡客户心理的目的。此外，销售员切忌使用一些否定性的、没有实际意义的、有损客户尊严的话术去应对，这样很容易冲破客户的心理底线，从而伤害到他的购买积极性。

客户说“空间并没有想象的大”该怎么办

对于很多买主而言，买车就想选择一个空间大的，因为空间容纳量大，全家出行比较方便。但是如果在试车的过程中，汽车的空间并不能达到客户的心理预期，那么销售员应该怎么样处理这一异议呢?

情景案例一

客户：“我感觉这款车的空间并没有想象的大！”

销售员："其实一个人坐在车内到底有没有局促感，主要还是要看你的腿部、肩部及头部的空间大不大。轴距长可以带来宽裕的脚步空间，但是头部和肩部空间是由车体的轮廓来决定。我们这款车的长 ×× 米，宽 ×× 米，高 ×× 米，轴距是 ×× 米。虽然车子的轴距并不是很长，但上下垂直距离很长，如果您以正确的坐姿开车的话，绝对不会有局促感的。您可以试一下腿部能否活动自如，腰部是否能感受到座椅的顶托，还有头部以上的空间是否压抑？如果没有上述这些不舒服的感觉，那么就说明这个车子的空间可以满足您使用的需求，您说呢？"

情景案例二

客户："这款车的车内空间有点小了，你说呢？"

销售员："其实车内空间的大小是相对而言的，如果您的身形就像姚明一样人高马大，五大三粗，那么我肯定不会给您推荐这个小型的轿车了。不过我看您一家三口个个健康苗条，所以觉得这样的空间可以满足你们的使用需求！说实话，大车虽好，但与之相当的价格、油耗也会比这个车高出很多。像您这样的三口之家，选择一个大型的汽车我觉得对您的经济是一种浪费。俗话说，适合自己的才是最好的，只要您坐进去感觉舒适，就不存在太小的问题了。您说对吧？"

车内空间是客户买车时最关注的问题之一，因为谁都想在乘车的时候无拘无束，自由发挥。而且后排空间充裕的话还可以搭载更多的东西出门。因此，客户抱怨汽车空间不大也很正常。碰到客户这样的异议，销售员可以从客户的身形、车的轴距、高度和宽度，以及前排腿部、肩部空间和后排头顶空间等几个方面着手，提供详细的数据，并结合相关专业知识进行解释，这样的话术很容易让客户放弃原来的想法，从而有利于推销活动继续进行。

在化解客户"空间并没有想象的大"的异议时，销售员一定要避开下面的这些应对话术。

"还可以吧，我看挺好的。"这样的回答直接否定了客户的想法，并且将自己的观点强加于客户，这种既缺乏说服力，又直接否定客户的说法很容易怒触客户，从而为后面的成交造成新的障碍。

“这款车的销量很好，我卖了那么多台，还是第一次听见有人这样说！”这样的回答过于自以为是，而且暗示客户的问题有点吹毛求疵，这样不仅不会消除客户的异议，反而有可能引来客户其他的负面情绪。

“那您要不要看看更宽敞的车型呢？”这样的回答相当于承认客户的说法是正确的，而且再推销宽敞的车型就相当于前期的努力都已经作废。因此，这样的做法不值得提倡。

小结

当客户对汽车的空间提出异议时，销售员最理智的做法是提供一份详细的说明数据，结合相关专业知识进行解释，让客户相信这款车无论是车的轴距、高度和宽度都可以满足自身的使用需求。此外，在化解此类异议时，销售员不可使用一些否定性的、缺乏说服力的、重新推荐式的应对话术，这样非常不利于销售的继续进行。

客户说“噪音有点大”该怎么办

对于经常坐车的人来说，汽车噪音不是一个陌生的东西。根据人们的亲身体验，长时间接触噪音，会耳鸣、多梦、心慌及烦躁，或直接引起听力下降甚至失聪，其中由车辆噪音间接引发的交通事故，也并不鲜见。因此，对于追求健康和品质的人而言，汽车噪音往往是不能忍受的。当他们对汽车的噪音提出异议时，销售员应该怎么做呢？

情景案例

客户：“发动机、轮胎和风的噪音都挺大啊！”

销售员：“首先您要正视一件事，就是车辆在行驶的情况下，振动是无可避免的，振动就会产生声音，而声音的大小是相对而言的，同样分贝的声音，听惯的人觉得几乎感受不到它的存在，而听不惯的人则觉得那是一种折磨，而且即使再小的噪声，可能也会觉得很大。您说对吗？”

客户：“也许吧，我这是第一次买车，可能对这个声音还不习惯。”

销售员：“据我了解，这款车的声音很小，而且很流畅均匀，如果您换一种思维或者换一种心情，还可以听出它隐藏的律动，很具有音乐的美感。究竟是不是噪音，您和那些质量差的车一比较就可以听出来了！俗话说，爱之深，责之切。可能是因为您太喜欢它，所以对每一个细节都非常在意，所以才觉得噪声大，您说是吗？”

汽车噪音的大小是衡量汽车质量水平的重要指标，很多客户在购车的时候会非常关注汽车噪音这方面的问题。如果在试乘过程中，客户对汽车的噪音感到不满时，销售员首先要告知他们“无论开什么汽车，噪声都肯定会存在，而声音的大小是相对而言的”，这样可以有效纠正客户关于零噪音的错误预期。等到客户认同了噪音存在的合理性后，销售员便可通过对比、数据分析等方式解释本车在噪声处理方面的优势，并且让客户认识到这样的噪音环境根本对彼此之间的交流完全没有任何影响，这样就会有效解除客户对噪声方面的异议。

在化解客户“噪音有点大”的异议时，下面这些应对表达一定不可以说：

“是吗？我感觉还可以接受啊！”这样的回答只是单纯地表达了销售员自己的观点，并没有站在客户的角度上，理解和在意客户的想法，这样很容易引起客户的反驳以及厌恶的情绪。

“挺好的，哪里大呢？”和“这已经不算大了！”这两种回答只是简单地否定客户的问题，事实上对于化解客户异议并没有实质性的帮助。

“您要求不要那么高，其他的客户都能接受这款车的声音环境。”这样的回答相当于指责客户过于挑剔。很显然，面对销售员的指责，这些“上帝”也会为自己据理力争，如果最后双方争得不相上下，那么这个推销机会无疑会白白被浪费掉。

小结

当客户抱怨汽车的噪音有点大时，销售员首先应该肯定汽车噪声存在是必然的。然后通过对比、数据分析等方式让客户认识到该汽车在噪音处理方面已经是同档次车里的佼佼者。最后用实实在在的数据证明这样大小的噪音是不会影响车内人的正常交流的。这样成功推销才有了进一步的可能。

客户说“空调制冷效果不理想”该怎么办

在炎炎夏日，坐在车里的人最怕汽车内的空调制冷效果不理想。这个时候开车就像坐在蒸笼里，闷得满头大汗，心情倍感不爽。因此在购车过程中，心思细腻的客户一定不会忘记这个细小的问题，当他们对汽车的制冷效果提出质疑时，销售员应对如何应对?

情景案例一

客户：“这款车的空调制冷效果很一般啊！”

销售员：“其实对于汽车空调的制冷效果，目前还没有统一的评价标准。通常在车门窗密封及车身保温良好的情况下，空调在发动机转速 1000r / min 的速度下运转 30 分钟后，车内外温度差 10℃或 10℃以上，制冷效果已经算不错的了。”

客户：“那这台车的制冷情况是怎么样的？”

销售员：“在我们启动空调之前，车内的温度是 35℃，空调启动一分钟之后，出风口的温度就下降了 8℃，而且车里也明显没有刚刚那么热了；3 分钟内出风口温度已经为 8℃，车内温度已经接近人体舒适的温度；6 分钟左右，出风口温度降为 5℃，此时压缩机自动停止工作，车厢一点闷热的感觉都没有。比我刚才说的标准高多了，所以我们这款车的空调制冷效果是非常出色的，您说呢？”

情景案例二

客户：“空调制冷效果不理想啊！”

销售员：“哦，您误会了！我们这款车配备的是自动恒温空调，当车内温度接近设定的人体舒适温度时，压缩机自动中止转动，保留温度的恒定，而且风量、风向也比较均匀柔和，不会让所乘人员有忽冷忽热的不适感，所以您感觉车内的温度比较温和，其实这也是自动恒温空调的优势所在，您觉得呢？”

汽车空调制冷效果是客户试车时重点考虑的一个因素，如果空调制冷效果太差会严重影响车主的夏季用车质量。所以，广大汽车销售人员应该时常做好化解客户异议的准备，当客户在空调制冷性能方面提出质疑时，销售员可以从本车空调制冷性能与正常标准比较，通过具体的数据对比告诉客户该车的空调制冷性能并不差。当然了，销售员还可以从本车空调制冷的特色（如强劲迅速的制冷效果、自动恒温空调及分区域空调等）着手，让客户认识到该车在空调制冷方面的优势性，从而轻松化解客户的异议。

当客户对汽车的空调制冷效果发出质疑时，销售员千万不可用以下几种说法应对客户。

“不会呀，挺凉快的！”这种自以为是的否认，不仅不会让客户放弃原来的质疑，反而会让他受到否定而心生恼怒。

“也许是因为启动的时间有点短！”这样的解释很牵强，无法使得客户对汽车的空调制冷性能建立信心。

“可能是您的体质问题吧，我感觉还挺凉快的啊！”这样的回答把问题推到客户身上，会让客户觉得销售员在狡辩。

小结

汽车销售人员在化解客户关于“空调制冷效果不理想”的异议时，首先必须表达出对其意见充分的尊重。其次还要通过强有力的数据证明本车的空调制冷性能超出了正常标准。此外，销售员还可以对本车空调具备的特色进行分析，从而间接化解客户的异议。这样的应对话术才具有真正的说服力，才能让客户打消对空调制冷效果的质疑。

客户说“车子开着有点飘”该怎么办

汽车发飘是指汽车几乎不受控制，有左右摇摆的趋势等。一般情况下这种情况并不常见，只有在高速公路或者急转弯时车速过高才会出现。因此当客户提出这样的质疑时，销售员要先给客户阐述清楚导致车子发飘的原因，其次建议其减速行驶，这样飘的问题就迎刃而解了。

情景案例一

客户："开快了感觉左右晃动，车身有点飘！"

销售员："高速行驶时，使汽车发飘的主要原因是空气动力学的相关因素，气流从车辆底部产生了向上的托力，从而使轮胎抓地力已经不足以抵抗空气升力等外力了，导致车辆发飘。其实不管哪种档次的车，只要超过一定的限速，都会出现这种现象，您说对吗？"

客户："嗯，对呀！"

销售员："如果您将这款车买回家，您通常的驾驶路线主要集中在哪里？"

客户："就上下班的路上啊。"

销售员："那您一般的时速是多少？会超过120公里吗？"

客户："那当然不可能，每天堵车堵得那么严重！"

销售员："既然是这样，您以三四十公里每小时的速度行走肯定不会发生这种情况啦，对不对？"

情景案例二

客户："这个车子抓地力不强，开快了有点不稳！"

销售员："据我所知，您买这款车主要是用于在市内上下班代步，对吗？"

客户："对啊！"

销售员："而且目前油价只升不降，所以您才看中这款车低油耗的性能，是吗？"

客户："是的。"

销售员："既然是这样，问题就来了，您要低油耗，车子的重量就不可能太重；而导致车子发飘的很重要一个原因就是车子的重量有点轻，所以可以说是鱼与熊掌不可兼得啊！不过，您根本就不必为此烦恼，发飘只有在超速的情况下才会发生，而您上下班的时速肯定不会超过 100 公里，所以车子就会稳稳当当的，根本不会出现您说的这种情况。而且开车安全是第一位，开慢一点也是对自己和家人负责任的表现，您说对不对？”

汽车在高速驾驶时，导致汽车发飘的原因有很多，汽车的空气动力学、汽车悬挂、汽车重心、汽车刹车等。当客户提出关于汽车发飘的异议时，销售员可以根据具体情况选用专业知识解答。通常来讲，客户行驶的环境绝不允许超过 100 公里 / 小时，所以车子发飘的情况根本不可能发生，销售员可以用这一话术化解客户的质疑。此外，车子发飘，车速过快也会埋下安全隐患，销售员可以从安全的角度说服客户减速，这样就从根本上消灭了车子发飘的可能性。

应对客户“车子开着有点飘”的异议，销售员错误的表达雷区有以下几种：

“您开慢一点就不会这样了。”这样直截了当的回答没有说服力，因为客户也知道车开慢了就不会飘了。

“这都是正常现象啊！”和“什么车开快了都会这样子的！”这两种回答有点逃避责任的意味，会给客户带来一种不舒服的感觉。

“这种价位的车子就这样！”这种应答很显然暗示客户开不起好车，让客户难堪，这样不仅无法打消客户的顾虑，反而会激起客户的愤怒情绪。

小结

针对客户关于车子抓地力方面的异议，销售员首先应该详细掌握影响汽车发飘的原因。然后使用不同的提问方式，引导客户回答自己的问题，目的就是让客户明白自己的驾驶环境限时限速，绝对不会出现汽车发飘的情况发生。

客户说“音响效果不好”该怎么办？

在车上听歌成了很多人日常生活当中习以为常的事情，尤其对音乐爱好者而言，一个音效好的车载音响至关重要。在试听的过程中，如果他们对音质、音色等细节问题发出质疑，销售员应该怎么办呢?

情景案例

客户："这个车载音响效果不太好。"

销售员："非常感谢您提出的意见，我会尽快跟上级反映这个情况。您觉得这辆车的音响效果不好，能具体说说哪儿不合您的心意吗？"

客户："音量放大之后有杂音。"

销售员："哦，我明白您的意思了，当您把音量调到最大极限附近时，已经超过扬声器的正常工作范围了，所以声音毛糙、不柔和甚至有扎耳根的感觉。其实每个东西都有自己的极限范围，就像 6 伏的电器用 12 伏的电压就会烧一样，这是正常现象。一般情况下，我不建议您将音量调到极限，因为音量过高会损伤耳膜、缩短音响的使用寿命，而且最关键的是行走的过程中声音过大，会导致您听不清车外的响动，这样存在很大的安全隐患。如果您调到 50% ~ 80% 的音量，声音就很圆润、柔和丰满了，您听着也会觉得很舒服。"（解说的同时调整音量）

世界上成功的人性格迥异，能力的侧重点也不同，但是他们成功的共同基点却都是：强烈的责任感。因此，作为一个成熟的销售员，对于客户提出来的意见或不满，一定要勇敢直面，坦然承担，而不是想方设法地为自己进行辩解或推卸责任，这样不但不利于问题的解决，而且还会让客户鄙视和反感。

因此，当客户表达出对音响效果的不满时，销售员与其找借口逃避责任，不如向客户示弱，感谢客户给车行提出的意见，这样客户的意见得到充分的尊重，他也会快速平复自己的不满情绪，从而认真倾听销售员接下来的应对之言。上述案例中的销售员就给大家做了一个很好的化解异议的示范。

当客户说"音响效果不好"时，销售员切忌以这样的话来应答。

"不会啊，我听着这个音响效果很不错哦！"这句话简单直白地否定客户的意见，不但会驳了客户的面子，而且起不到说服的作用。

"这个价位的车配置的音响就是这个效果啦！"这样的回答暗示客户没钱买高价位的车就没有资格享受好的音效，这样会让客户很窝火。

"车的性能好就行，音响只是一个陪衬罢了！"这样的狡辩对于那些酷爱音乐，重视音量品质的客户而言，无疑是敷衍塞责，不但难以让客户信服，而且容易引起他们的反感。

小结

当客户对汽车的音响效果提出质疑时，销售员首先应该真诚地感谢客户提出自己的意见或不满。然后针对客户的不满提出具体的解决方案，这样才能有效化解客户异议，从而进一步推动销售向前发展。

客户说“座椅不是真皮的”该怎么办

座椅是人与车接触时间最长的部件之一，因此很多客户在买车的时候，对座椅的配置十分注重。有的人尤其在意座椅是否是真皮，因为真皮座椅意味着有档次有面子。因为真皮的座椅价格高昂，所以针对客户关于座椅材质的质疑，销售员应该站在客户的立场上让其明白不采用真皮的原因，从而引导其放弃原来的异议。

情景案例一

客户：“现在汽车市场上十有八九是真皮座椅，为什么这款车不是？”

销售员：“您这个问题问得太好了！众所周知，真皮座椅高档奢华，手感细腻，坐着舒服，80% 的汽车都宣称是真皮。”

客户：“对啊。”

销售员：“其实您有所不知，厂家之所以这么说主要是想迎合大众附庸风雅的需求啊，但真皮座椅价格不菲，所以就只能以次充好、偷工减料了。据统计，在目前销售的所谓真皮座椅中，为数不少都只是在身体接触部位采用了真皮，而其它部位则为仿皮。而更令人气愤的是，还有一些商家为了谋取利益，以复合皮座椅充真皮椅出售，这种复合皮座椅是用下脚料加工打碎，上覆 pvc 塑料膜压制而成并附上一层胶膜，表面精致，看上去很像头层皮，但它们经不起高温、曝晒，保养得再好，不到一年就会出现裂纹。而且这种复合皮味道很大，有一定的有害物质，对人身体有很大的危害，而在正常情况下，真皮只能使用 5 到 8 年。”

客户：“真的吗？”“看来真皮座椅也不一定是最佳的选择。”

情景案例二

客户：“座椅为什么不是真皮的呢？”

销售员：“您的这个问题太有代表性了！在大家的眼里，真皮座椅确实是豪华轿车的象征。但是我的一个朋友却告诉我‘真皮座椅的保养要求高，怕热、怕冷、容易被坚硬物件划伤，保养不当容易出现干裂、褪色等问题，真后悔当初没有经受住诱惑买了真皮的’。其实真皮座椅是听着高档，布艺座椅是坐着舒服：真皮座椅透气性不好，夏天发烫，冬天冰凉，布艺座椅环保、透气好，不变形，冬天暖和。其实为了用起来更舒适，不论哪种材质的座椅，人们都习惯性地冬天铺上羊毛垫，夏天铺上凉垫，所以我觉得您实在没必要花大价钱买真皮，而且买来的皮子是不是真的还不一定。您说呢？”

当客户提出“座椅不是真皮”的异议时，销售员无论如何都要给客户留足面子，不要随意反驳他的观点，上述案例中的销售员们就深深地明白这个道理，所以他们刚开始并没有急着否认客户的想法，而是顺着客户的说法接下去，理解客户的问题具有代表性和普遍意义，让客户觉得受到尊重。然后再从维护客户利益的角度出发，让客户明白选择真皮座椅未必就是最好的选择，从而为接下来销售找到新的突破口。

当客户说“座椅不是真皮的”时，销售员千万不要这样应对：

“其实是什么皮座坐起来的感觉都差不多啦！”和“是不是真皮其实别人都看不出来。”这种敷衍塞责的回答给客户一种不负责任的感觉，因此也很难建立他们购买的信心。

“拜托，是真皮的话就不是这个价了！”这句话暗示客户只能买得起这种粗劣材质的座椅，当然这种有损客户尊严的话也很容易激怒客户，从而引发争吵。

“换成真皮的也可以，不过要加 3 000 元。”这样的回答让客户感觉不舒服，没面子。当然也不利于推销活动继续进行。

小结

当客户对汽车座椅的材质提出异议时，销售员首先要让其感觉备受尊重。然后用熟练的专业知识引导客户认清鱼目混珠的产品市场，以及真皮座椅的“外强中干”，这样才能有效化解客户内心的异议。

客户说：“天窗让我没有安全感”怎么办

汽车天窗安装于车顶，不仅能加快空气的流通，而且还可以开阔视野，给驾乘者带来健康、舒适的享受。不过也有的客户会认为天窗的存在会给自己带来安全隐患。要消除客户的这一顾虑，销售员首先要表现得自信和专业，然后详细解释天窗不会影响车辆安全性的原因，让客户感受到天窗对他的安全没有任何威胁，如此一来，成交的这一障碍就会自然消除。

情景案例一

客户：“上面有个天窗我感觉到不安全啊！”

销售员：“您有这样的顾虑也很正常，不过我要告诉您的是，天窗绝对不会影响汽车的安全性，为什么我敢这么肯定呢？因为驾乘人员的保护神是车身的承载框架，而不是车顶薄薄的钢板，所以只要不破坏承载框架，天窗就不会影响汽车的安全性。您也知道，现在市面上许多车型都已标配天窗，如果它不安全的话，汽车天窗普及的范围怎么会那么广。所以，您就放心吧，天窗绝对不会影响安全性，而且还会给驾乘人员带来更多的乐趣。”

情景案例二

客户：“听说天窗会对汽车的安全性有影响？”

销售员：“关于这一点您多虑了，目前国内大部分车型都是承载式车身，在安全性方面，这类车在车头、车尾、侧围都有高强度钢进行加强，并通过钢板与钢板之间的排列组合，转移分散撞击力，所以车内驾乘人员的安全性可以得到有力的保障。而车顶只是由薄薄的钢板覆盖起到隔声、挡雨的作用，所以天窗对安全性没有直接影响。况且我们这款带天窗的车型是经过安全性的考量设计出来的，所以您就放心享受天窗带来的清风与阳光吧！”

当客户质疑天窗的安全性时，销售员就应该直接明确告诉客户，他的担心是多余的。然后解释天窗与汽车安全性之间的关系，让客户明白承担车辆安全性能的重任落在车身的承载框架，而非天窗，这样就可以打消他们的顾虑。最后销售员不妨将话题转移到天窗带来的乐趣上，这样可以更一步加深客户对天窗的认可。

化解客户“天窗让我没有安全感”异议，销售员要避免以下几种错误的方式。

“有天窗的车应该很安全。”这种回答意思很模糊，无法化解客户心中的顾虑。

“没听说过天窗会影响车的安全性的！”这样的回答没有礼貌，不仅无法消除客户对汽车安全性的担心，而且话中还暗含客户小题大做之意，很容易让客户反感。

“您放心，您的安全问题不会受到影响的！”这样的回答对客户的担心作出了正面的回答，没有恰当的解释还是无法有效消除客户的疑虑。

小结

天窗的安全性是很多客户购车时重点考虑的因素之一。倘若他们觉得有天窗没有安全感的话，销售员不妨耐心告诉客户天窗和车辆安全性没有多大的关联，守护乘驾人员的“另有其主”，这样他们就会自觉放下对汽车安全性的担心。

如何做好试乘试驾过程中各种细节方面的提醒

客户试驾的过程是一个体验汽车性能和享受销售服务的过程。销售员若是能够在此过程中给客户一个规范化的、有技巧的引导，那么试乘结束后客户的满意度会大大提升，双方成交的可能性也会有所增强。但是倘若客户在各种细节方面提醒的不到位，没有让客户充分认识到汽车性能的优越性，那么推销效果便大打折扣了。

情景案例

销售员：“张先生，现在我们就去试试车子吧，按照咱们常规的经验，汽车的起步非常关键，为了减少油耗、降低磨损，咱们起步的时候需要缓缓踩油门。（起步后）你觉得我们的起步很平稳吧？”（试起步）

客户：“嗯，还不错。你还挺熟练的。”

销售员：“（起动发动机）张先生，汽车刚启动的时候，汽车内声音的分贝会比正常运转时大一些，这个声音的主要来源是发动机。为了让发动机水温尽快达到最佳的90℃，冷车时的发动机会转得快一些，这也是响声大的主要原因。大概两分钟发动机转动速度会降到正常状态，你可以留意一下。（两分钟后）怎么样？现在是不是比刚才安静多了？你对我们车子的发动机的怠速自动调整这个功能还满意吧？”（试起动）

客户：“还可以。”

销售员：（找一个比较嘈杂的地方，把车窗玻璃摇下）“张先生，外面的这个声音很吵，现在我把窗关上，您感觉感觉，看看有什么不一样。（关上车窗）您听是不是安静多了？这款车子的隔音效果您还认可吧。”（试隔音）

要想让客户在试驾的过程中对车子有一个较为全面的了解，汽车销售人员需要提醒客户下面这几个细节问题。

1. 体验起步平顺性

销售员提醒客户起步要缓踩油门，并且告知客户行车落锁的声音。

2. 体验匀速静音效果

为了让客户更好地体验到车内的静音效果，销售员要提醒客户开车的车速不要忽快忽慢。在保证车子在均速前进的前提下，询问客户车内静音效果是否很好。

3. 体验转弯稳定性

在转弯之前提醒客户做好体验车辆转弯稳定性的准备。等到快转弯的时候提醒他向左转或者向右转。转过之后询问客户车辆操控感受，以及稳定性是否很好。

4．体验颠簸路面舒适性

在经过颠簸路面之前事先提醒他减速慢行，再匀速通过减速带，然后询问其车身是否晃动，汽车底盘和悬挂是否良好，坐着是否舒适。

5．动力性体验加速性能

在客户加速之前，销售员要事先观察前方路况，在路况良好的前提下，提醒客户加速并体验车辆的加速性能，加速后询问客户对提速是否满意。

6．刹车灵敏性和稳定性

在刹车之前，销售员需要事先观察后方路况，然后再提醒客户体验刹车性能。刹车后再询问客户刹车是否灵敏。

7．体验限速和定速巡航功能

在做这项体验之前，销售员首先要寻找一个车流量小的路段，然后提示客户开启限速功能，并设定限制速度：40km/h。当车速保持在 40km/h 后，提示客户再踩油门看看车辆是否会加速。

随后，销售员提示客户开启定速巡航功能，并设定巡航速度：50km/h，然后提醒客户松开油门，用手调巡航速度的“+”、“-”，然后再询问客户关于定速巡航功能的感受。

8．体验换挡平顺性

销售员提醒客户分别在自由驾驶、加速、减速的过程中体验车辆换挡，等体验结束后，询问客户换挡是否平顺，是否有冲击和顿挫感。

9．后视镜倒车辅助和雷达提醒功能

等车驶进试乘试驾区后，让客户倒进车位，并提示使用外后视镜，向客户介绍外后视镜向下小角度翻转功能，以及屏幕上显示和声音提示，然后询问其使用过程是否满意。

小结

试驾时为了让客户更好地体验到车子的性能，销售员需要从旁提醒客户体验的重点。一般来讲，车子起步平顺性、匀速静音效果、转弯稳定性、颠簸路面舒适性、动力性体验加速性能、刹车灵敏性和稳定性、限速和定速巡航功能、换挡平顺性、镜倒车辅助和雷达提醒功能都是销售员需要提醒的要点。

做好试乘试驾的安全措施

2014 年 10 月 25 日，洛阳某车行试乘试驾活动进行时，演示漂移失控，撞上了电线杆，B 柱严重变形，驾驶汽车的销售当场死亡，两名乘客重伤。

因此，广大的销售员们一定不可忽视试乘试驾的安全性。要想减少试驾过程中的危险性，销售员需要做好各种安全措施。

情景案例

销售员：（观察路后方情况）“王女士，咱们现在体验一下这款车子刹车功能，您一边看着点后视镜，一边开始刹车。”

客户：“好的。”

销售员：（刹车后）“怎么样，您感觉刹车灵敏不灵敏？”

客户：“嗯，不错，很灵敏，也很稳。”

销售员：（观察前方路况）“现在您的车速大概是 30 ~ 40km/h，接下来咱们再体验一下车子的加速性能。您仔细观察前方，然后准备加速，看看车子的动力性能怎么样？”

客户：“哦。”

从上述案例的表述来看，这是一个细心的销售员。在试乘试驾的过程中，每引导客户体验一项性能都会提前观察前后路况，同时他还不忘提醒客户注意路况，这样有效地排除了刹车加速过程中潜在的安全隐患，同时给客户也树立了一个专业良好的服务形象，这样非常有利于双方的合作和成交。

当然了，销售员在试乘试驾的过程中，所把的安全关远远不止于此，下面这些事关安全的问题也需要销售员仔细留意一下。

1. 试驾路线的设定

为了确保行车的安全，销售员最好找一处车流量较少的平坦路面作为驾驶路线。如果为了测试车子颠簸路段的稳定性，销售员需要首先让客户减速，加强其在坑洼的适应性，以舒适、安静为原则，时间控制在 15 分钟左右为好。

2. 客户管理

销售员在邀请客户试乘试驾之前要对客户的驾驶情况进行一定了解，客户用车情况如何，实际驾驶经验有多少，驾驶习惯怎么样，销售员需要有一个大致的了解。如果碰到那些有不良驾驶纪录或无实际驾驶经验的客户，销售员应谨慎判断是否邀约。

3. 试驾车辆管理

销售员在车辆交接时认真完成所有手续，确认车辆状态，认真记录车辆信息，当车身有损伤及轮胎磨损情况一定要及时处理，以防意外情况发生。

小结

试乘试驾是为了让客户更好地加深对产品的认同感，从而促成交易。不过在此过程中，建立客户购买的信心事小，保障安全事大。销售员在引导的过程中需要在驾驶路线设定、客户管理、驾驶车辆的管理方面多多留意，从而将危险因素消灭在萌芽中。

第十章
排除购车异议：读懂拒绝，把“NO”变成“YES”

对销售员来讲，异议是一道障碍，也是一次成交的机会。销售员如果能处理好客户的异议，克服客户为成交设置的障碍，就可以完成最后的交易。为了把客户的“NO”变成“YES”，销售员首先要对客户的异议有一个正确而理性的认知。其次面对各种各样的购车异议，还要懂得分辨真假，认真总结化解各种异议的话术技巧，这样才能化危机为转机，从而为双方促成交易。

正确而理性地对待客户的异议

当你介绍完汽车或者试乘试驾之后，客户主动提出成交最好，但是对于大部分客户还是心存异议，犹豫不决。销售就两种结果，要么同意成交，要么拒绝成交。而且拒绝的可能性远远大于接受的可能性，所以销售员会经常遇到客户有异议的情况，这是很正常的。

英国有句谚语：越是容易得到的糖，越是觉不出来甜，越是难摘的花越是闻着香。失败无数次只是为下一次成功铺路。如果对客户的一次异议就逃避或者据理力争，不仅不会有助于异议的解决，还会使客户反感。如果你觉得自己受了委屈，或者被拒绝怕了，那请看看这些销售大师是怎么说的：

“阻碍销售员和客户最终达成协议的因素有很多，但最为常见的是销售员自身的心理障碍，这些心理障碍往往阻碍了销售员的销售热情，甚至令他没有勇气提出交易。”

——美国著名营销专家特德·莱维特

“拒绝不可怕，可怕的是拒绝后的气馁。”

——世界著名推销大师乔·吉拉德

“即使 99 个客户拒绝了你，第 100 个客户还是有可能会购买。即使客户有 99 个拒绝的理由，说不定第 100 个理由就是购买保险。”

——日本推销女神柴田和子

因此要放平心态，理性地对待客户的异议，即使遭到了拒绝也不要气馁，积极面对。了解客户有异议的原因，并解决，这才是王道。

情景案例一

客户："我上次在某某车行也看到这款天籁 230，可是为什么你们这的价格要比那高出四万元？"

销售员："同一品牌的不同款价格也不一样。您刚才说的那款车是 230JK，而我们这里的是 230JM。四万元的差距就在于 JM 有 NAVI 卫星导航系统、倒车影像监视系统、ASDC 定速巡航系统等等，功能更加完善……"

客户："原来是这样，可能我上次没有看清。"

情景案例二

客户：这辆汽车有点贵，可不可以便宜一些？"

销售员："我们这里从不打折，因为我们都是按照最实在的价钱给的。"

客户："你们说是最实在的价格，谁知道呢，你们出很高的价格也可以说是很实在的价格。"

销售员："这样的价格还嫌贵，你到哪里去找啊。"

客户看销售员没有优惠的意思，气愤地走了。

案例一中的销售员对于客户的异议，详细解释：4 万元的差价是因为本店的车和客户所说车不是一款车，本店的车是 230JM 的，而客户所说是 230JK，前者拥有更多的功能。这是一般也较有说服力的回答，胜在理。

案例二中销售员的回话肯定是不行的。第一个回答太直接。客户想要一些优惠，刚说出口就被泼冷水，心里当然会不舒服。第二句答话有点对抗的情绪了。潜台词好像是"嫌贵别买呀，我不强迫你买。"客户甚至会理解成"买得起就买，买不起就别在这啰嗦"，这让客户感到没有受尊重，甚至受到侮辱，怎么可能会买你的车？所以销售员回答客户的异议不能太直接，不能和客户对抗甚至瞧不起对方。

其实，异议从另一个角度看是好事，它反映了客户的心理，反映了产品信息的情报。嫌货才是买货人，客户越用心挑剔说明对产品越关注、购买的欲望越高；客户越是有异议，你越能改善产品，促进产品的长远销售，所以不要把异议看成是坏事。

但是也要辨别客户异议的真假。也许客户的异议是真实想法，的确是你的产品或服务令他不满意，但也有一些异议是假的，客户明明想买却用各种异议来掩藏，以增加自己讨价还价的砝码。如果对于客户的异议，你提供了肯定而确凿的回答，但客户还是无动于衷或者客户在短时间内提出一系列毫不相干的异议，那就说明客户的异议很可能是假的。

客户有异议应该怎么办?

1. 对客户表示理解

首先应对客户表示理解，让客户心里好受些是非常重要的。客户抱怨的过程中要耐心倾听，这样可以从中获得有用的信息。

2. 调查异议的原因

你可以主动引导客户让他说出拒绝的原因，也可以直接询问原因，有时候直接询问往往会取得好的效果。比如：“王先生，我真的很想请您帮个忙。我相信这部车非常适合您，您也很感兴趣，但是我感到您好像有什么顾虑不好说出口，您能告诉我真正的原因吗？”

3. 消除误解

找到了客户异议的原因之后，接下来就该解决问题了。如果客户是听说你所销售的汽车质量不好，你可以向客户展示汽车的质量认证、其他客户反馈等，用事实消除客户的误解；如果客户是通过亲身体验导致的不满，不要和客户反驳或争论，慎重、耐心地化解客户的异议，耐心地解释原因；如果是因为你的服务导致客户不满意，应对客户表示歉意，并改正自己的做法。

处理的异议的原则：不要和客户争辩、不打无准备之仗、选择恰当的时机答复、给客户留面子、善于示弱。这几个词语非常容易理解，就不一一解释了，这里只说一下恰当的时机有哪些。第一，客户未提出异议时就答复，这是最高明的，把异议扼杀在摇篮里。第二个是在客户提出异议后（马上回答），在以下情况时这样做：客户的异议是他关心的重要事项；处理完异议客户能立即决定购买；不处理这些异议不能往下销售。第三，过一段时间再回答，它适用于下面这些情况：这些异议能在后面更清楚地证明；解释这个异议要花很长时间，不是三言两语能说清的；客户的异议明显站不住脚；异议涉及较深入的专业知识，不是轻易能明白的；这个是你不能确定或权限之外的事，你不能立刻回答。

小结

销售员要放平心态，要明白客户有异议很正常，不能因为经常遇到客户有异议就失去信心，要坚信下一个一定会成功。遇到客户有异议，首先认真倾听，并表示理解。然后寻找原因，或是直接询问或是诱导客户说出。最后解决客户的不满。处理的原则：不和客户争辩、不打无准备之仗、选择恰当的时机答复、给客户留面子、善于示弱。

异议 1：我不想选国产品牌，想选合资品牌

从众心理大家都听说过，人们买东西往往参照大部分人的选择。但是有没有仔细想过那些选择的产品或许并不一定像预期的或人们说的那样好，也许那些未选择的产品，质量也很好，甚至比那些大众选的还要好。不过因为人们都这样做，所以那些未被人们选择的好的产品被埋没了。

传播学中有“拟态环境”一词，说的是人们不可能了解所有的外部环境，只能通过媒体营造的环境来感知真实的环境，但是媒体营造的环境和真实的外部环境是有区别的。“拟态环境”会干扰人们的认识。这和从众心理购买行为是一样的，大家都去买，营造了一种这种产品好像非常好的拟态环境（实际并不一定），所以大家盲目跟从。从这一点就不难理解为什么人们不买国产车而买进口车或合资车了，人们已经形成了一种意识：国产车没有好车，这是一种偏见。

情景案例

客户：“我不想买这款国产车，还是给我推荐一辆合资品牌的车吧。”

销售员：“您有这样的想法我能理解，很多人都觉得合资品牌的汽车质量要优于国产汽车，其实这是一个认知上的误区，买国产车有很多的优势呢！”

客户：“是吗？你倒是给我说说。”

销售员：“首先，在同等预算的前提下，国产品牌可以买到尺寸大一些的车型，而合资品牌的话只能选一些小的车型。而且同价位的合资车和国产品牌车型相比，在配置上后者有很强的优势，国产品牌车型在动力配置的选择上要比合资车要丰富得多，无论是手动挡还是自动挡，各种排量都会有。而且更为重要的是，国产车无论是在造车成本还是用车成本上都要比合资品牌车要低。”

客户：“听你这么一说，好像国产车也不错啊。”

在很多人的观念里，总觉得外国的月亮比中国圆，其实这多多少少有点崇洋媚外的想法。当客户对国产品牌的汽车发出质疑时，销售员不妨把国产品牌的车和合资品牌的车作一下对比。在同价价位的条件下，前者在空间、配置、动力、维修费用等方面明显存在很大的优势，而这样的优势正是化解客户异议最有利的武器，案例中的销售员就是用这样的优劣对比使得客户的想法慢慢发生了改变。

当然，面对此类异议，汽车销售人员还可通过以下几种方法化解。

1．太极法

看过《太极张三丰》电影的应该都知道太极武功里面有一招借力用力，即用你打出来的力，再打到你身上。用到销售中也就是把客户的反对意见说成恰是购买的理由。

利用此法可以在处理异议的过程中陈述购买这款车给客户带来的好处，一举两得。生活中也不乏这样的例子，比如你说你不会喝酒，劝酒的人就会说：“就是因为不会喝才要多喝来练习呀。”你说你心情不好不想出去玩，劝说的人会说：“就是因为心情不好才要出去玩散散心啊。”

2．间接否认法

所谓间接否认法，也叫迂回否定法，就是在客户提出异议后，先给予肯定，然后再说出自己的观点。

人们都是有一定虚荣心的，想得到别人更多的肯定和赞美，而不是反对。所以如果销售员直接否定客户的观点，客户大都会不高兴，尤其是遇到素昧平生的销售员。销售员本来和客户就不是处于同一立场，客户本来就会心存戒心，在遇到反驳恐怕抵触心理更重。所以最好避免和客户正面冲突。而用“是的……如果……”的句式，先肯定客户的想法，再提出自己的观点。如：

客户：“这辆车价格太高，我不能一下拿出那么多钱。”

销售员：“是的，我们的很多客户也遇到同样的问题，一次性付款压力确实比较大。如果您采用贷款购车的方式，那就没有这种担忧了。”

销售员在间接否认时要避免使用“是的……但是……”的句式，因为“但是”在表转折时过于强烈，会让客户感觉你“是的”表达的内容没有太大诚意，你重视的只是“但是”后面的诉求。因此最好用“是的……如果……”的句式。

你如果养成了用这样的句式表达，将会受益无穷。

3. 询问法

询问法也就是客户提出异议后主动询问，让客户说出反对的理由或内心的想法，从中找出影响客户购买的关键点，然后对症下药，消除客户的疑虑。

不过需要注意，询问要适可而止，并要尊重客户，要明白询问只是为了了解客户为什么不买，而不是非要逼迫客户购买。因为这种方法可能会让客户反感、增加新的疑问、浪费时间。所以询问一定要适可而止，并尊重客户，让他们自己决定购买与否。

4. 补偿法

补偿法也就是承认自己的缺点，但同时给客户一些补偿，用其补偿（汽车的优点）掩盖其缺点，让客户从汽车的优点考虑，让客户明白汽车的优点对他是重要的，没有的优点对他是不重要的。例如艾维士有一句有名的广告语：我们是第二位，因此我们更努力。这就是补偿法的应用。

小结

销售员要把握一个原则：处理异议不是为了逞一时口舌之快或表现自己而是为了最终的销售。面对客户的异议，汽车销售人员可以灵活地使用太极法、间接否认法、询问法、补偿法等方式化解。

异议 2：我想和家人再商量一下

在汽车销售的过程中，相信每一位销售员都会遇到各式各样的拒绝。真诚认真地介绍了一大通产品的功能，结果换来“我要和家人商量一下”“我要征求一下朋友的意见”诸如此类的话敷衍，这确实让人郁闷。然而没有拒绝就没有销售。面对客户的拒绝，优秀的汽车销售人员都会沉着冷静，理智地找到“破解”的对策。

情景案例

客户：“我想和家人再商量一下。”

销售员：“您本人对这辆车是不是非常满意？”

客户：“我觉得很满意。”

销售员：“我想您看车以前一定和家人商量了很久，关于品牌、车型、价位、颜色等都有一个大概的方向。那么您现在看上的这款车也一定符合家人的要求。您是不是还有其他的疑问？”

客户：“其他的倒没什么，但就是觉得价格还是有点贵。”

销售员：“我非常明白您的想法，我也买过其他东西，谁都想买到物美价廉的产品，都不想做冤大头。这款车也确实非常好，真的很适合您，同时也物有所值，它的耗油低、噪声小、质量有保证，这样可以为您剩下不少的维修费，从长远考虑您是很划算的，并不会多花钱。”

客户：“好吧，那就签合同吧。”

在这个案例中，客户说想和家人商量一下是在拖延时间，或者是想再去其他店看看，或者是借口，没有购买的意愿。不管怎样先弄清楚他的顾虑到底是什么。销售员通过询问明白了原来客户是嫌贵，因此接下来就可以运用说理的方式说服客户了。在说服的过程中，销售员围绕汽车的“物有所值”展开，耗油低、噪声小、质量有保证等这些优势都让客户觉得高价购买也很划算，从而有力地打消了客户的价格异议。

销售员在碰到客户时说“我想和再家人商量一下”时，一定要仔细斟酌，这样的异议有真有假，他们这样说的原因无外乎三种：一是需要听听别人的意见；二是需要财力上的帮助；三是借口。如果能感到客户这样说是借口，可以用询问法问出客户犹豫的真正原因，并解决；如果客户真需要征求别人的意见，你可以这样说：“我非常理解您的决定，但有一件事情一定要请您帮忙。” 客户就会问什么事。你可以说“我希望请您的夫人 / 先生一起来，那时我在现场，您的夫人 / 先生有任何问题，我可以给予完整解答，而我不在场的话，可能无法给出完整的答复。如果您的夫人 / 先生没有完全了解这款车而作出决定，很可能会对决策的正确性产生影响。”如果客户没有反对，应立即与他约定一个确切的时间。“您看明天上午 10 点可以吗？我会在这里恭候您二位。”

给客户的夫人或丈夫（或者其他亲人）介绍时，一定要做一次详细完整的介绍，不要因为已经给客户介绍了一遍而省略其中很多的细节，那样可能会影响客户的决策。此外，销售前的调查也是很重要的，要确保介绍对象是决策人。

下面放一些应对话术：

（1）“他们在北京还是老家？”“商量什么呢？是钱的问题吗？”

（2）“您如此尊重家人的意见真是有爱，您不如这样，把这车买来当做礼物送给他们，给他们一个惊喜那不是很好吗？您说呢？”

（3）“您的家人又不了解情况，等您商量好了，恐怕适合您的车卖没了或者说这款很适合您的车已经卖光了，您又得花大量时间去找，后悔不已。”接着，举客户见证……

（4）“如果是钱不够，父母在钱上会帮出一部分，但是车毕竟还是要你们自己喜欢，如果父母选择的车而你们不喜欢，你们会买吗？其实你们考虑的问题已经很全面了，就算你们和父母商量，他们也肯定会说‘你们自己决定吧！’你说是吗？”

小结

当客户说“我想和家人商量一下”时，要先查明这是真话假话。如果是假话就要询问，问出客户真正的顾虑并解决。如果确实需要和家人商量，就邀请客户带着他的家人一起来，并说明这样做的原因。客户答应后要及时约定一个确切的时间。

异议 3：这车不错，但就是太贵了

销售员都会遇到客户嫌贵的情况，如果客户说“这车好是好但就是有点贵。”你会怎么应付呢？你是不是会说“这已经是我们打过折的价格了！”这是不行的，潜台词就是打过折你还嫌贵！那你一定会失败，因为你打过折他还觉得贵！或者你是不是太好心，说“先生，我给您便宜点吧！”犯的第一个错误是未经领导同意私自答允客户。第二是客户并未要求便宜，客户只是说贵，并没说让便宜，所以主动给客户便宜也是不能说的。

情景案例

客户：“这车 9 万元？太贵了吧？”

销售员：“您说得不错，对于普通老百姓，汽车属于高档消费品。但是他们的不同在于低档消费品用一两年就会坏，而汽车却可以用很长时间。您又不跑长途，用上十年八年不成问题。别说十年，就按 6 年算，您一年只要花 15 000 元，一天也就花 40 来块钱。不过却过上了有车的生活。像您这样的生意人，如果没有车，每天的打的费也要花一两百吧？”

客户：“其他没什么可挑剔的，但价格还是感觉有点高，按月付款的压力还是有点大，能不能便宜点？”

销售员：“张先生，按照按月付款的方式，您每月只需支付 ×× 钱，每天还不到 ×× 钱。但是，您可知道出租公司出租这款车每天要收取 ×× 钱吗？享受自己驾车的乐趣，您觉得这样还不值吗？

客户：“有道理。”

这就是价格分摊法。把一个庞大的数字分摊到很多的细化单位中，减轻了客户的心理压力。这就像上学的时候做作业一样。老师留了很多作业，如果光想这么多了，压力会非常大，就不想做了。但是如果做好计划，每天做一些，几天就完了，每天做的也不会太多。感觉能接受并乐于完成。

当客户对产品的价格提出质疑时，最理智的做法就是全面具体地阐述一下导致产品贵的原因，这样才能有效打消客户的异议。但很多销售员并不懂化解的技巧，只是说："我们的产品物超所值！一分价钱一分货！"或者就讲质量怎样怎样好，这样太笼统、单一，没有说服力。

汽车有很多方面构成：质量、服务、功能、价格、特点、优势、材料、款式、促销、导购等。给客户解释原因的时候就可以从这几个方面解释，不能只从质量这一方面进行讲解。

讲完这些，客户可能会说："便宜点吧"，你不能直接说"不行"，这样让客户很没面子，同时也会让他们很反感。遇到这种情况应该要绕开客户的问题，不要直接回答，先让产品吸引住他，产品好不怕他不买。比如你是卖衣服的，客户说"能便宜点吗？"你可以说："你先穿上看合不合身，如果不合身，再便宜您也不会买。"或者"您先看看质量，质量不好您肯定不会要的。"或者"您看看是否喜欢，如果不喜欢再便宜您也不会要的。"把价格绕过去，先让客户看产品，让产品吸引客户。如果看完产品了，确定喜欢，怎么谈价格呢?

我们先来了解一下客户的心理。客户买车之前可能已经有心理准备，但是一下子面对价格还是无法接受。你这时就可以用分摊法了，把汽车的价格分摊到每一个细化的单位当中，这样每一个细化的单位承受的是很少的。比如"小姐，一件衣服卖 720 元，可以穿两年，一天也就两块钱，很实惠了！""小姐，一个这么漂亮的包包卖 380 元，可以用一两年，一天才花几毛钱！"

小结

遇到客户说太贵的时候，你就解释贵的原因。具体的原因阐述可以从产品的质量、服务、功能、特点、优势、材料、促销等各方面入手；千万不能直接说"不"，要先让产品吸引客户再谈价格。这是行之有效的化解客户异议的方法。

异议 4：你们店的报价怎么比网上贵这么多

你一定有过这样的体验：网上的手机要比手机专卖店的便宜；网上买的衣服要比实体店便宜。为什么会这样呢？因为实体店的衣服、手机等产品需要经过运输，这就产生了运输费，他们在店里放着还要交房租。如果是一些肉、水果等，还要保鲜，这就又增加了一笔费用。所以实体店的东西一般是比网上贵的。

中国人似乎有一个习惯，买东西都要砍价，即使你的报价已经是最低的了，他们还是想要再便宜一点。这也就有了人们抱怨实体店汽车的价格比网店高的情况。

情景案例

客户：“这款车网上的价格比你们店的价格便宜多了。”

销售员：“您先不要讨论价格，您先看一下喜不喜欢，看看外观、内饰是否称您心意。毕竟喜欢才是最重要的，您说呢？”

客户：“这辆车不错，能再便宜一点吗？”

销售员：“价格好说，您先了解一下它的性能，看是否满足您的要求？”

客户：“你给我介绍一下吧。”

销售员：“好的。”

这是个成功销售的案例。里面的销售员用了转移法或者叫迟缓法，即客户抱怨价格高时，不和客户谈论价格而是把话题转移到产品上，让产品吸引客户。一旦客户喜欢产品再谈价格就好说了，毕竟喜欢的东西是不会太纠结价格的。

一般来说，客户抱怨 4S 店的车比网上贵，可能包含这些暗示：一这样说只是借口，目的是为了看价格能否更低一点；二真的是无力支付你提出的报价；三能够支付你提出的报价，但是担心产品不是物有所值。

根据上面的那些暗示，你可以：

（1）合理解释，证明物有所值。真心想买的客户无论他们怎么说，只有一个目的就是用最少的钱买到产品。所以抓住这一心理合理解释，说明产品是物有所值的，让他明白在本店买到的产品可以得到最大效益。

（2）适当施加一些压力。比如你可以说现在这款车卖得很快，同时现在也是优惠期间，现在不买过了优惠期就不能享受优惠了，或者那时候可能车已经卖光了。不要因为想卖东西就对客户过于迁就，适当的拒绝会给客户一种物超所值的感觉。

（3）灵活利用价格分摊的方法，减轻一次性付款的压力。比如这辆汽车售价 10 万，可以向客户提供分期付款的方式，假如 5 次付清，每次只支付 2 万元。从心里感觉上客户会觉得每次付 2 万更划算，当然实际上总额是一样的。

（4）在支付条件和支付期限上提供灵活做法。比如客户要求 60 天的支付期限，而你们公司提供的支付期限是 40 天。那么答应客户的要求，实际上并没有什么损失。

同时自信和忽视也是非常重要的。自信是对产品有自信，让客户感受到产品就值那个价，说话有底气。忽视是对那些过于纠结价格的人、为价格不顾一切的人，这样的人想要比常人更低的价格，而那种价格可能已经超出了底价，所以对于这些人就忽视他们吧，不要再和这些人理论了。浪费了时间还可能影响声誉，因为和客户讨价还价太长时间，会影响其他客户的购买情绪。

小结

客户抱怨网上报价更低时，应心平气和，耐心解释实体店价格高的原因，并说明产品物有所值；必要时给客户一些适当的拒绝和压力；灵活利用价格分摊法以减轻客户的心理压力；忽视那些过于纠结价格、为价格不顾一切的客户；对产品保持自信。

异议 5：其他城市的价格比你们低很多

同样一辆二十万左右的车，上海的售价比周边的苏州、宁波、杭州要低 2 000 ～ 5 000 元，这就使上海周边城市的汽车 4S 店价格压力很大。当然其他城市应该也有这样的情况，所以客户买车时才会说其他城市价格比你们更低。

如果遇到客户这样说，那么你要考虑下面这几个问题：

（1）客户说的话一定是真的吗？客户说同样的车在上海的价格比杭州低，有什么证据证明他说的是真的。如果有怀疑，怎么提出疑问不令客户生气呢？

（2）同样的产品在不同的区域售卖价格是不是不一样呢？比如沧州的小枣，在保定的售价和石家庄的售价一定一样吗？

（3）客户说那个城市的汽车价格更低，为什么客户不在那购买而要到这里来看车呢，并且还主动把这些信息相告呢？

（4）同样一款车在不同的城市购买会给客户带来哪些不便？如何让客户放弃在其他城市购买而选择在本城市（的本店）购买？

这些问题就是解决这一异议的办法，把这些问题想通、想透，对于客户抱怨其他城市价格更低的抱怨也就能应付自如了。

情景案例

客户：“同样都是这样一款车人家上海比你们这便宜多了，能最少便宜3 000元，我刚去上海看的。”

销售员：“您说的这种情况我们之前也遇到过很多了，我们自己也调查过，上海那边的价格确实比我们低一些。不过我还是想了解一下，您说的上海价格比我们低，是指哪些方面呢？”

客户：“同一款车当然指车价了。”

销售员：“哦，如果是上牌之后的提车价呢？您有没有让他们给您提供一个详细的购车预算方案呢，仔细算过方案的价格是怎样的呢？”

客户：“价格还是比你们这里的低。”

销售员：“方便给我看看他们给您做的购车方案预算表吗？”

客户：“这肯定不能给你看啊。”

客户说不能给看可能是因为：一根本没去上海看过车，所以拿不出预算方案表；二客户说的话是假的，上海汽车价格并不低，甚至比这还要高；三是客户不愿意提供。接下来销售员应该追问不能给看的原因，看客户怎么回答，然后再说服客户。

销售员："为什么不能给看一下呢？我没别的意思，就是想核实一下，如果真如您所说，在上海买车总共算下来比我们低，我就去找我们经理，问问他为什么定这么高的价，这不是害我们销售员吗，有了您的预算方案表我就可以理直气壮地找他理论了。"

客户："我把它忘在家里了。"

销售员："您不给看也没关系，上海的汽车价格确实比我们低，我也相信您说的话，不过我可不可以问您一些问题呢？"（要取得客户的允许后再继续追问下去，要不然客户可能会很没面子，很生气，后果很严重）

客户："什么问题？"

销售员："既然您已经去上海看过了，那边的价格也低，那您为什么没在那边购买呢？

客户："我还想再看看其他的，货比三家嘛。"（其实这是托辞，而实际上是上海那边并不便宜）

销售员："您真的是很明智。如果买衣服，我建议您到上海买，款式洋气，价格便宜。但买车的话，我建议您还是在苏州买。"

客户："这话怎么说？"

销售员："我们专门到上海做过汽车市场调查的。在上海买车，挂本地牌拍牌费就要 8 万多；挂外地牌服务费最少要 4 000，还有其他的，如出库费、异地上牌报备费等等，这些加起来没有七八千下不来。所以表面上上海的汽车价格低，但是总共下来花费的要比在苏州贵很多。您了解的情况，是不是这样呢？"被说中了，客户也就没话可说了。

销售员接着说："您买车考虑的应该也不仅仅是价格吧。"

客户："我知道你接下来要讲售后服务的事情了，难道我在上海买了车到你们店里维修你们不给修吗？"

销售员："哈哈，这个我们当然会为您修的，也乐意帮您保养的。不过，如果我是说如果您需要退换车辆就只能到卖给您车的地方了或生产厂家了，您找我们是没有用的哦。”

客户：“哦？你是说你们这款车子很容易发生退换的情况吗？”

销售员：“不是那个意思，我是说万一嘛。这种事情不发生最好了。可就怕万一，连上千万的劳斯莱斯都有这样的情况发生更别说我们这些二十万的车了。或者发生了什么意想不到的纠纷。假如是在上海买的车，您要来来回回跑很多趟，您不嫌麻烦吗？跑了几次之后，您就没脾气了。如果他们知道您是外地客户就更加给您制造麻烦了。而我们是本地的店，不会跑了的，您有什么问题或需要可以随时来找我们，我们会竭诚为您服务。买车之后，用起来不是更有保障，更放心吗？您打算什么时候提车呢？”

到了这里销售员把关注的价格转移到了提车时间上。如果客户的提车时间比较紧，就抓住机会催他下单。

这一案例中销售员可以说用了四个技巧：① 肯定客户的观点再说出自己的看法、② 询问法（寻找影响购买的原因、刺激客户的购买意愿）、③ 为客户考虑、④ 及时提出成交。运用这四个技巧征服了客户的心。这四点也是应对此类异议最常见的办法。

小结

遇到客户有上述异议时应对的思路是确定客户说的是否属实——为什么客户不在价格更便宜的地方购买——在那个城市购买与在本店购买相比有什么不便。应对的时候不要直接反驳客户的观点，要先肯定客户的看法，然后再说出自己的看法。询问客户不购买那个价格便宜车的原因并刺激他的购买意愿。回答内容要为客户考虑，并及时提出成交。

异议 6：我不要赠品，想要抵现金

如果你是销售员就可能遇到这种情况：客户要求把赠品换成现金或抵金券或

折扣。比如客户买衣服的时候，店里的规定是买两件赠一件，但是有时候客户会说："赠的那件我不要了，我买的这两件你给我便宜一点吧。"这个时候你如果直接拒绝会很伤客户的面子，但又确实不能满足客户的要求。那么遇到这样的情况应该怎么办呢?

情景案例

小王在上海一家汽车4S店做销售员。这天来了一位新客户。在沟通的过程中，客户坚持不要汽车贴膜、行车记录仪、底盘护板、脚垫坐垫、导航等赠品，而请求把这些赠品换成抵金券，在商量好的价格上再减2 000元。小王说："不行，我们公司没有这样的规定。赠品是我们公司额外赠送的，您不要的话可以不要，但是价钱还是商量好的那个价。"客户说："这样的话，再给添两桶油吧。"小王说："这是不可以的，我们已经给您赠品了，您还要油，您真是太贪心了，真的不能满足您的要求。"客户气愤地走了。

案例中小王就失败在回答太直接。客户提出这样的要求确实是不合理的，但销售员可不能直接拒绝客户的要求，尽管它很无理，应该站在客户的角度考虑，先对客户表示理解，然后再解释赠品和价格的关系。如果感到还不能说服客户，可以再赞美客户，夸奖一下客户能买这样的车一定不会在乎这点钱了。而案例中的小王不仅没有做到这些，还批评客户贪心，这更不应该，千万要避免。你难道见过哪个说客户不好的销售员销售业绩会好的吗?

当客户提出"我不要赠品，想要抵现金"的异议时，销售员千万不能直接拒绝客户，虽然客户的要求不合理，但是作为销售员却不能直接拒绝甚至抱怨，那不仅会导致本次销售失败，还会影响公司形象，造成潜在损失。正确的做法应该是站在客户的立场上，理解客户。这样拉近了和客户的距离，也就好进行下一步的解释了。解释赠品与产品价格之间的关系，并突出赠品的价值，在取得客户理解的前提下促成销售。

1．清楚地告诉客户赠品和抵现金没有关系

客户之所以会提出拿赠品抵现金是因为他们并不明白两者的关系，他们认为这些都是包含在价钱中的，你应该清楚地讲明二者是没有关系的。比如“小姐，您的这种想法我可以理解，毕竟这样就可以少花点钱了。可是这赠品是公司在您买我们的车之后额外赠送的，以感谢您对我们的支持，和价钱没有关系，也就是说即使您不要这些赠品车还是这个价。既然如此，不要白不要，您说呢？”

2．恭维客户让他不好意思在这里纠缠

可以夸赞客户，说他们眼光不错，看上这样的车一定很富有了，肯定不会在乎这点钱了。比如“先生，真不好意思，赠品是额外赠送的，是为了感谢您对我们的支持，和汽车的价格是没有关系的。不过相信买这款车的您肯定非富即贵，也不会在乎这点价钱吧？最重要的是汽车的质量好，开着也舒服，您说是吧？”

小结

对于客户拿赠品换抵金券或折扣的情况，销售员千万不要直接拒绝客户的要求。而应站在客户的立场上，对客户表示理解。并解释赠品与产品价格之间的关系，说明二者并无关系。在取得客户理解的前提下促成销售。说服时可以强调产品本身的价值，转移在价格上的纠缠；突出赠品的价值；夸奖、赞美客户，让他不好意思再要求降价。

异议 7：还是太高，再便宜点吧

你买衣服、买水果或其他东西一定不会错过的一个步骤就是讨价划价。卖主降了两三次后你还会说再便宜一点吧，价格还是太高了。这是买东西最常见的了。买汽车也是一样的道理。如果你是汽车销售人员，面对客户这样的要求，你会怎么做？应该怎么做？

情景案例

（产品价目表 16.8 万元；汽车销售员的价格权限：16 万元）

销售员：“陈小姐，您说我们的价格高，那您觉得多少钱合适？”（引诱买方出价）

客户："16 万元。"

销售员："陈小姐，您真会开玩笑，成本决定了我们的定价，我们的价格依据的是成本，这个价格是绝对不可能的。"（客户第一次出价，拒绝）

客户："16.3 万元，这是我能接受的最高价了。"

销售员："陈小姐，我真的很想便宜点卖给您，可是您给出的这个价格我是无法接受的，我如果以这个价格卖给您，我会被炒鱿鱼的。"

客户："怎么会呢，你们老板一定会夸你会做生意，怎么会炒你鱿鱼呢，这个价格真的可以啦。"

销售员："陈小姐，您就别为难我了。您看这样可以吗，我帮您向经理申请一下看能否给您打个九八折，如果您可以接受这个价格的话，我马上打电话。"（让价成交）

客户："好吧。"

这个案例就是我们讨价还价的步骤的应用实例。先让客户出价，然后吊价，最后让价成交。案例中的销售员面对客户的降价要求并没有急着让步，而是故意露出为难之色，让客户觉着他已经无路可退了，从而遏制了其继续杀价的念头。最后聪明的销售员借向经理申请优惠的理由断了客户讨价还价地想法，同时，还堵死了她反悔的路，真可谓是一箭双雕。

1. 讨价还价的三原则

原则一：非谈不可才谈

商业上有一个原则：你是卖主，等对方迫切需要时再与其商谈价格，自己尽量摆出一种不会讨价还价的绅士态度。用到这里意思是指用户已经对产品满意，只要价格谈妥就成交的情况下才和客户商谈价格。因为客户不喜欢产品，价格谈好了也没用。

原则二：速战速决

谈判的时候确实需要耐心、从容不迫、心平气和，但是也不能谈太长时间。过长时间的谈判会极大降低客户的购买欲望。所以销售员应该在对话中做出迅速而正确的判断，并快速提出最理想的交易方案。

原则三：**给客户留面子**

人都是有自尊的，都要面子。尤其是销售员和客户对话时，如果说了不恰当的话让客户很没面子，他一定不会买你的产品。比如“还有更贵的”千万不能说，因为它暗示了客户消费不起，是对他人格的侮辱。还有比如说“你说的不对”，即使要表达相反的意见也不能这样说，太直接，让客户很没面子。只有你给客户面子，他才会给你面子，才会买你的产品。

2．讨价还价的三个步骤

步骤一：出价

出价的人有两个，一个是卖家一个是买家。谈判中有句著名的话：先开口的是奴隶，后开口的是上帝。意思就是说后开口的将掌握主动权。所以当你确定客户喜欢这辆车，并且性能也满足他的要求，只是对价格不满时，就可以先引诱对方出价。

步骤二：吊价

要记住不要轻易让价。客户第一次出的价不管多少一定要拒绝。因为如果第一次就答应，客户会认为你报的价太假，而自己出的价格也太高，否则你不会这么爽快答应。客户有这样的意识也正常，他们认为商家永远是追求利益的，不管以各种理由打折、促销，还是赚的，否则就是产品有问题。你轻易给出的实惠，客户反而会怀疑是不是物有所值；轻易获得折扣，他们会想要更多折扣，所以不要轻易降价。

步骤三：让价成交

如果你确认了客户非常喜欢这款车，并在极力争取价格，你就让价成交。因为这时候万事俱备只欠东风，已经到了成交的边缘，价格合适就会促成交易。所以不要犹豫，让步成交。

3．讨价还价的三个方法

方法一：攻心法

客户：“你给你们经理打电话，他答应九五折了吗？”

销售员：“真的对不起，王先生，我已经告诉我们经理您是我们的老客户了，可经理说只能打九八折，这已经是最低价了，还说我怎么总是记不住底价。”

这就是攻心法。它会让客户感觉到你已经尽了最大努力了，你是在处处为他着想，这样即使争取不到九五折他也不会怪你了。

方法二：转移比较法

客户："你们卖的车价格还是太高了，能不能便宜点？"

销售员："您想一下您买一套房子多少钱，最少 80 万吧。同样是耐用消费品，汽车只卖 15 万，你还觉得贵吗？"

这就是转移比较法，拿客户更贵的东西反衬所卖的产品并不贵。除了上面的房子，比如客户的手表、西服等也可以用作比较的对象，如果你确定他们都是非常昂贵的，你就可以拿来比较。

方法三：三明治法

客户："您的车价格太高了，×× 车才 ×× 万。"

销售员："您说得很对。我想请教您一个问题，您出差的时候住三星级宾馆还是五星级宾馆呢？"

客户："五星级，三星级住得太不舒服。"

销售员："那就对了，三星级肯定是没法和五星级比的。开我们的车和开 ×× 车的感觉肯定是不一样的，否则就不会有那么多人喜欢开我们的车了。"

这就是三明治法。它是在价值上再添加附加价值，证明你的产品价格高是有道理的。就像住五星级宾馆享受到的服务是三星级宾馆没法比的，因此价格贵一些。

小结

当客户提出价格异议时，销售员要坚持讨价还价地原则，并且按照出价一吊价一让价成交的步骤与之周旋。当然，在这个过程中可以使用处处为客户着想的攻心法、用客户身上更贵的东西衬托产品不贵的转移比较法、证明价格高是合理的三明治法。

异议 8：你们经理还有优惠的权限，你去问一下吧

很多时候你都会遇到已经优惠了客户还要优惠，或者他让你去问一下上级看

是否可以更优惠的情况，这个时候该怎么应对呢？

情景案例

客户：“你们是 ×× 公司吗？听说你们公司生产的汽车噪音非常大，而且坐着也不舒服。”

销售员：“我们公司生产的汽车质量有保证，采用了德国的最先进科技，我们公司对质量严格把关，一定确保客户买到质量好，开着舒适的车。您说的这种情况是不是弄错了？您仔细看一下我们的车（带着客户参观车），有可能是样子一样，但不是我们的车。您可以先试驾一下，看是不是有这样的问题？”

客户：“好吧。”

等客户试驾完再问客户感觉怎样。

客户：“不错，这辆车开着很舒服，也没有像外面说的那些噪音什么的问题，看来真是我搞错了。”

销售员：“不过非常感谢您对我们公司的建议，我一定把您说的这些情况反馈相关部门，一定不会让这些问题出现，请您放心。”

客户：“这款车多少钱？”

销售员：“11.8 万元。”

客户：“还能优惠吗？”

销售员：“这已经是最低价了。我觉得买车价格是一方面，但性能、质量、安全性更重要。”

客户：“这个我知道。我以前也干过销售，知道你们的价格应该还能优惠。你问一下你们经理，你们经理一定还有优惠的权限。”

销售员（显得很为难）：“好吧，我可以试一下。您还有没有其他问题，如果没有我就冒着被经理骂的危险试一下。”

客户：“没有了，只要能再优惠一点我就买了。”

这个案例就是对于客户异议的委婉处理。先是对于客户说的汽车质量问题，不予争辩，委婉说明，让事实说话（让客户试驾）。然后对于客户要求再优惠的问题巧妙处理，如表现出为难、封堵客户反悔可能等。

面对客户提出的向经理优惠的异议，销售员常用的拒绝的话术示范如下：

（1）你想要更优惠一些我非常理解，谁都想用更便宜的价格买到自己喜欢的汽车。但是您知道吗？我们公司现在已经有300多人了。从2015年上半年开始，公司在价格管理上已经非常规范与严格。

（2）我们对所有客户都是统一的标准价格，高于或者低于标准价格的合同都不会通过。我们必须要严格遵守这样的规范。我不能因为和您聊得好就报低价；同样也不能因为急于签单而低于标准价格。希望您可以理解。

（3）真的非常抱歉，如果能帮您我一定帮您，可是您知道如果我私自给您降价，不仅会员管理部不会通过，我也会被扣工资。

如果客户一定要优惠，可酌情处理。若经理确实有优惠的权限，可以在讨价还价之后答应客户的要求，不过千万不要很轻易地答应，否则客户还会提出进一步的要求。在答应客户的同时一定要确认这是客户最后的要求，只要经理同意优惠就能签合同。若经理确实没有再次优惠的权限，你可以说不要销售提成，再进行稍微降价，以促成最终的交易。

小结

当客户提出“你们经理还有优惠的权限，你去问一下吧”的异议时，销售员首先要明确经理是否还有优惠的权限，倘若确实有，销售员可以答应为其试一试，不过在答应之前，需要先与之讨价还价一番，然后将其反悔的可能堵死。倘若经理没有优惠的权限，销售员需要假装为难，随机应对客户讨价还价的“嚣张气焰”。

第十一章
快速成交：使用“柔掌”推客户最后一把

汽车推销大王乔·吉拉德说过，争取成交就像求婚，不能太直接，但你必须主动。在产品推销的最后阶段，销售员一定要瞅准合适的成交时机，积极主动用各种各样的促成技能“推”客户一把，这样才能提高销售的效率，加快成交的步伐。一般来讲，对比促成法、二选一促成法、激将法、假设成交法、机会成交法、富兰克林成交法等，只要使用得当，都是促成交易的制胜利器。

成交关键点：不拖泥带水

《孙子兵法》中说兵贵神速，交易也是如此。汽车是一种价格昂贵的产品，在购买过程中购买者往往比汽车销售人员更加紧张、敏感，他们会非常谨慎，所以当客户确认要购买汽车之后，销售员不要做多余的事情，要果断完成交易，因为购买者的购买意愿很容易改变，错过这个时机，之前的努力都付之东流。

销售案例

小李是某汽车4S店的销售员，他非常勤奋，沟通能力也不错。有一家公司要采购汽车，他们的采购部主任对小李公司的新车型表现出了极大的兴趣，反复向小李咨询情况。小李详细、耐心地向他进行了介绍，对方表示对产品很满意。双方聊了两个多小时，十分愉快。但是小李并没有及时要求对方签单。他觉得对方还没有完全了解新车型，应该多接触几次再下单。

几天之后，小李再次联系对方，并补充了一些关于新车型的遗漏信息，对方很高兴，又商谈了一下价格后表示一定会购进。此后，对方多次与小李联络，显得非常有诚意。小李心想："这笔大单子已经是十拿九稳的了。"他已经暗暗高兴。

然而，半个月过去了，客户购车的热情却慢慢地降低了。再后来，客户还看到了该车型的相关召回新闻。这样拖了近一个月后，客户告诉他们已经从别处买了车。

案例中小李在对方表现出很大购车热情或者说购车意愿时并没有及时要求对方签单，而是一拖再拖，最后导致生意失败。由此可见，成交的时效性很强，如果不能趁热打铁，往往会使眼看到手的订单化为泡影。所以，当客户表达出购买意愿的时刻，就是成交的绝好时机，这时千万别拖泥带水，应果断出手，与客户签单。

在购买过程中，客户最害怕的是决策失误，于是总会在签单之前货比三家，不断问各种问题，他们不会主动提出成交。销售员忌讳的就是被客户引导，一个一个回答购买者的问题，使购买者更加难以做出决定，应该肯定他们的选择，强化“他们认为自己做出了正确选择”的意识。销售员在和购买者交流时控制好“度”，应该成为主动引导者，而不是被购买者牵着鼻子走。

客户总是想买到那个最合适自己、最好的产品，他们是不怕等的，而这对汽车销售人员来说则截然相反。销售员的工作即要求在有限的时间内完成交易。客户产生的“等着然后再找更好”的心态，对于汽车销售人员来说，是成交的最大的阻力和失败原因，因此，销售员要尽量弱化客户这种“等”的心态，销售员应该保持主动，在客户表现出购买意愿时，就抓住时机果断提出成交的要求。

另外，汽车销售人员要避免对客户进行过度介绍，如果为了自己获得更多的提成或卖更高价格而不断进行相关汽车的介绍，即使客户已经有了自己的购买决策之后，也会产生不良作用。可以说，过度的介绍就是给客户重新选择其他产品的机会。

小结

汽车销售人员的目的是卖出汽车，当客户有购买意愿时，就尽快促使其成交，一定不能拖泥带水，要想方设法引导客户快速成交。销售员唯一能够控制的就是客户有购买意愿时促成购买行为的完成，延长这个时间间隔只会导致成交的机率降低。

敏锐地捕捉成交信号

捕捉到购买者的成交信号是非常关键的，它们会极大地促成交易，这就像《三国演义》火烧赤壁中诸葛亮观察到有东风的信号；《铁齿铜牙纪晓岚》中和珅观察到皇上高兴时再提出请求一样，这样更容易使事情成功。如果汽车销售人员没有准确抓住时机要求客户成交，正如拿手枪瞄准了目标却没有扣动扳机。

情景案例

王敏是某家汽车公司的销售员。一天，有位客户走进店里，王敏热情地上去接待。后来这位客户高兴地看中了一款 ×× 品牌的轿车。虽说这个品牌的汽车在客户的心里印象很好，但是为了保险起见，他还是问王敏："假如买了你们的车，出了故障怎么办？如果维修的话，还需要我掏钱吗？"

实际上，客户能够提出这样的问题，便足以说明在他心里已经认可了这款车，只要王敏结合公司完善的服务优势适当地加以引导，客户也会毫不犹豫地购买。但是王敏却对客户开始讲起这个汽车品牌的发展史、其他客户的好评，对于该客户的售后顾虑却全然忽视。整整十五分钟的讲解，客户没有一次插嘴询问的机会。渐渐地客户的眼神由亮变暗，脸色也由晴转阴，但是王敏却并没有察觉，二十分钟后，客户终于忍无可忍，甩给王敏一句："我要走了，您请自便吧。"

案例中的销售员王敏为什么没有和客户达成交易呢？其实最主要的原因是因为她没有及时捕捉到客户的购买信号，并且完全忽视了客户的感受。本来客户的购买欲望高涨，并且释放出购买的信号（询问售后服务、神情高兴），但是王敏并没有及时察觉，没有及时地为其答疑解惑，更没有抓住时机及时提出成交的请求，最后致使客户的耐心消磨殆尽，白白浪费了一个成交的机会。

一般来说，客户购买信号可以分为三种：语言信号、行为信号、表情信号。其中，语言信号是准确度最高以及最易识别的。

1．语言信号

客户经过反复比较之后，将其讨论的焦点集中在某款车型上；开始征求同伴的购车意见；主动询问有关汽车的一些问题，比如：售后维修、付款方式、优惠力度等。当客户出现以上这些情况时，说明他已经有一定程度的购车欲望了，销售员只需作针对性地引导便可轻松促成订单。

2. 行为信号

当客户认可某款车型的时候，他会开始仔细检查该车身有无瑕疵，对销售员的话不停地点头表示认同，身体由前倾转为后仰，或者会表现出擦脸、拢发等轻松的动作。

3. 表情信号

这类信号稍纵即逝，最不容易辨别，销售员需要仔细擦亮眼睛，多加留意。当客户的脸部的表情由冷漠、怀疑变成随和、自然大方；嘴唇紧抿，似乎在思考着什么；眼神由若有所思变为明朗轻松，倾听相关的细节问题非常的认真，这说明他很大程度上已经认可这款汽车了。

当客户下意识地发出这些购买的信号时，销售员一定要把握好机会，本着“宁可信其有，不可信其无”的原则，及时地加以引导促成，这样成功的几率会更大一些。

小结

汽车销售人员最需要具备的能力不是更好地给客户展示汽车，而是能够快速准确地理解客户的要求，不在于说得多么舌绽莲花，而在于抓住关键时刻做出最重要的事情。汽车销售人员应该在每次的销售过程中都尽量保持专注，准确识别出客户的成交信号，并勇敢地引导客户去缴费，永远不要等待客户先开口，每个成交的生意都是销售员去促成的，这才是销售员每次销售的目的和工作的主要内容。

通过让步快速完成交易

让步成交法是向汽车购买者提供优惠，从而促使他们购买的方法。这种方法正是利用了购买者的求利心理。求利心理是促成交易的动力：购买者可能存在对价格、运费、折扣、让价、赠品等交易条件方面种种好处的渴求，这是人的天性。让步成交法就满足购买者的这种渴求，诱使他们购买产品。

情景案例

客户："我在其他地方看到同款的汽车才 ×× 万元，你们的价格比他们高多了，为什么相差这么大？"

销售员："也许您说的不是我们这款车，现在很有多车型非常相似，或者是同一品牌的不同款式价格也不同。我们这款车是全国统一价。我们的车质量非常好，耗油低、噪音小、装备有精准的导航系统。您真的喜欢的话，我可以给您优惠些，×× 万元您看行吗？"

客户："我是你们的老客户了，能不能再便宜一点？"

销售员："如果是这样的话，我还可以给您优惠 ××。"

客户："现在我没有那么多现钱，如果你们可以再优惠一些的话，我马上成交。"

小王犹豫了一会，想到近来不好的销售情况，就答应了。

就这样客户以 ×× 万元的优惠价格买到了车。

这个案例中的客户就是销售者学习的对象，他虽然是买家，但他的那种征求对方让步的方法或者说思想和销售员说服买家的方法或思想是一样的。客户步步为营地议价方式很值得销售员借鉴。对于汽车销售人员反过来就可以了，通过慢慢地提供优惠来征服买方。

销售员在利用让步法促成交易时，需要融合一些讨价还价的技巧，这样才能起到事半功倍的效果。

（1）一定要做好前期推销工作。在客户已经产生强烈的购买欲望的时候再用这种方法，他们的购买欲望越强，你所占地位就越主动，让步就可以越小。不少推销员在前期推销工作还没有做好，客户也没有购买欲望的时候，仅想凭价格让步来成交，结果越让越低，利润损失非常大。

（2）不要随便给出优惠，一定要让对方付出较大的努力才得到，这样得到的优惠他才会觉得值，并且让步的步幅一定要小。

（3）让步要换来对方的让步，否则让步就没有意义，也会让对方认为你的价格水分太大。

（4）在深入让步的时候表现自己的为难。比如可以说"对不起，在我的处理权限内，我只能给你这个价格。”然后再话锋一转，“不过，因为您是我的老客户，我可以向经理请示一下，给你些额外的优惠。但我们这种优惠很难得到，我也只能尽力而为。”这样客户的期望值不会太高，即使得不到优惠，他也会感到你已经尽力而为，不会怪你。

（5）要让客户感到他是特别的，优惠只是针对他一个人的。

要明白让步的不仅仅可以是价格，服务、赠品、附加值等任何客户看重的东西都可以成为让步的东西。

小结

优秀的汽车销售人员都会利用客户的求利心理做出让步，要明白成交才是最终的目的，为了成交做出一些让步未尝不可（当然要在保证盈利的前提下）。做好让步的几个关键点：做好前期推销工作；不轻易让步，要让客户付出很大努力才得到；让客户感到他是特别的，优惠只针对他一个人。

通过对比促成交易

在汽车销售过程中，关于汽车品牌和车型之间的对比有两类。一种是客户主动提及的对比；一种汽车销售人员在进行产品介绍过程中的对比。其实，关于对比的销售话术的注意点和禁忌比较多，而且是销售员很容易就犯错的。

在客户主动询问的情况下：

首先，销售员不能回避客户。销售员的工作内容就是和客户进行沟通引导客户选择购买汽车。回避客户是最基础的禁忌。销售员如果遇到这种情况，应该事后总结，从客户的角度去分析自家车型与竞争品牌的汽车之间的不同；

其次，切忌给客户下结论。客户只是询问销售员一些关于汽车不同型号之间的不同。每个人都有独立思考的能力，替客户下结论的行为往往会引起客户的抵触；

最后，不要诋毁攻击其他品牌的车型。因为这样的内容是很容易被客户识破的，丢失了客户的信任，还谈什么引导购买呢。当客户谈及其他品牌的车型时，要尽量客观评价。通过这样的方式，会增加客户对销售员的好感，更容易获得客户的信任。

基本上，销售员主动提及竞争品牌是不提倡的。客户一般都是门外汉，主动提及就给了客户再次了解、分析的可能，销售员要做的就是引导客户在自家品牌中进行选择。

情景案例

客户：“你觉得 ×× 型车和你家的 ×× 型车比起来怎么样呢？”

销售员：“×× 是一款不错的车，现在的销量是不错的，和我们的 ×× 相比，各有各的特点，之前您应该是到 ×× 的 4S 店看过了吧？不知道了解得怎么样？”

客户：“对，我上周六去看了一下，我觉得 ×× 型那款车不错。”

销售员：“既然您喜欢 ×× 型车，那么您是否方便告诉我，为什么没有购买呢？”

客户：“其实也不是那款车不好，只是因为那家的销售态度不好，最重要的是没有现车，还没有优惠，同时，买车还必须在店内购买保险，太霸道了。”

销售员：“哦，是这样。上周，我就遇到了一个和您一样的客户。你看这是他的订单，我给您找找。”

在文学创作中有一种手法叫做对比，把两种对应的事物对照比较，可以使形象更鲜明，感受更强烈。同样，在汽车销售中，销售员也可以借鉴这种对比的手法达到促成交易的目的。案例中的汽车销售人员就将两款车主动地放在一起作比较。在对比中，客户认识到不管是服务态度，还是价格，抑或是购车的条件，两家店面都有很明显的差距，从而加深对销售员以及其产品的认可。

当然，这样的对比促成法并不能贸然使用，销售员应该在客户主动提及时，分以下三个步骤做使用前的“热身”。

1．了解客户

销售员要通过沟通，看看客户对竞争品牌的真实了解程度，如果客户对情况比较了解，就要在下一步分析客户的动机了；如果客户的情况不太了解，就可以利用自己的信息优势对其进行引导。

2．分析客户

销售员要搞清楚这几个问题：客户对竞争品牌的看法是什么？他喜欢的产品是什么类型的？他没有选择购买竞争品牌的原因是什么？通过这些问题的回答，分析出客户购买的真正触动点。或者说，通过问题让客户直接把答案告诉销售员。在这个过程中，汽车销售人员一定要追问出客户对其他品牌的车型最看重的地方。

3．引导客户

在沟通中，要证明客户的选择是正确的，使其说出自己的看法，再表达自己的认同。如果是对竞争品牌不太了解的客户，销售员可以利用自己的信息优势，多说一些模糊的优势信息，强化客户的观点，引导客户进行本品牌的选择购买。如果是对竞争品牌比较熟悉的客户，则要谨慎表达。最好拿出一些数据，或者资料作证。

以上是客户对其他品牌车型较无好感的情况下做出的反应。当客户明显表达出对其他品牌的好感及认可时，销售员应该首先肯定承认客户的观点，然后再利用自身对汽车的产品信息的了如指掌，将自家产品优于其他品牌的功能进行总结，向客户强调说明和讲解。最终，诱导客户购买自家的车型。

此外，还有一种对比，这也是客户常常提及的。就是同样的一款车，另一家却卖的比你家便宜。这时销售一定要把“物有所值”的信息告诉客户，并适当给予赠品。汽车销售人员在沟通过程中，一定要充满自信、底气十足，同时也需要在平时的工作中，分析出自家车型的优势，做到有理有据。

小结

对比成交方法的使用一定要慎重，最好不要自己主动提及，当客户询问不同车型的不同时，应该要及时回答，先分析清楚客户的看法，然后再进行引导。切忌所言不实、诋毁攻击、替客户下结论。在遇到相应情况的时候，时刻谨记“以守为攻”的策略与客户进行交谈。

通过二选一的方法促成交易

“二选一法”就是销售员给客户提供两种解决的方案，无论客户选择哪一种都不会使销售落空，如“您喜欢红色的还是蓝色的？”“您选择带天窗的还是不带天窗的？”如果产品只有一种款式，可以在支付方式或提车时间上提供两种选择，如“您是全款购车还是贷款购车？”它避免了客户不买的问题，而是让客户在 A 和 B 之间选择，而不是在买和不买之间选择，减轻了客户的购买压力，也使销售员掌握了主动权，是一种强大的、极易促成交易的方法。

情景案例

客户：“我太忙了，没有时间。”

销售员：“哦，那您一定是个很会赚钱的大忙人了。洛克菲勒说过，每个月花一天时间在钱上好好盘算，要比整整 30 天都工作来得重要。您这么聪明，我觉着您每个月最少一定会拿出一天的时间去计划钱的用途。我只需 10 分钟就可以了，不会耽误您太长时间，您看是星期二上午呢，还是星期三下午？”

客户：“真的不好意思，现在还不能给你确定的时间，具体情况我现在无法确定，我要和人商量一下。”

销售员：“先生，我完全能够理解您的想法，购车这种事情跟人商量一下是应该的，也会更稳妥些。那么您看，明天下午还是后天下午，我们约个时间跟您的合伙人一起谈谈，怎么样？”

客户：“那就定在后天下午吧。”

从上述案例就可看出二选一推销法是专门针对客户的犹豫不决和推诿的，销售员给客户一个“二选一”的选择题来主导销售过程，使销售进程一直朝着自己希望的方向发展。

销售员在使用这种方法的时候需要注意哪些问题？

（1）不要给客户太多的选择，最多两个，选择太多反而使客户犹豫不决。

（2）提供的方案应包括迎合客户喜欢的类型的大部分内容，使其从中快速做出一个选择，不给客户拒绝的机会。销售员即使遇到客户拒绝，也暗示一下提供的选择方案是最优的就好，千万不要和客户争论最优方案是什么的问题。当客户明确表示销售员提供的选择无法满足自己的需求时，销售员应该尽可能向客户提供所知道的车辆信息，以此赢得客户的信任。

（3）推销时要站在客户的角度考虑，考虑客户的实际情况，没有必要的问题不要问。

（4）推销的车型要限定在自家的品牌之内。如果客户的意向在店内没有对应的产品，销售员也要告诉客户相应信息，适当暗示本店的相似产品可能更适合客户。

（5）销售过程中，客户有明显的推诿，销售员也不能表现出不悦，甚至反驳客户，正确的做法是赞同客户的观点，不论他说什么，只有赞同客户，接下来才有机会使用二选一法。

小结

选择成交法使用的核心和前提是禁止客户在买与不买之间做出选择。提供给客户的两种选择可以锁定在产品的属性方面，比如产品的价格、规格、性能、服务要求以及订货的数量、送货的方式、时间、地点等。销售员应该灵活自然地使用选择成交法，保持友好与不断肯定客户的态度。在为客户提供选项时，从客户的角度及想法出发，尽快在店内车型和客户要求的交集中找到最佳的两个选项以及一两个额外的备用选项。

利用从众心理促成交易

从众心理又叫“羊群效应”。羊群中总存在着领头羊，当领头羊发现草场而行动时，其他的羊也会紧跟在领头羊的身后，全然不考虑其他。当客户自身没有主见的时候，就会去选择购买众人都买或销量最大的产品。从众者自身的一种心态会认为众人的选择一定不会错，进而对产品产生信赖感。从众者的另外一种心态是即使他们知道众人的选择未必是最好的，但是他们由于选择困难或不喜欢去费力地一个个挑选，于是做一个大众化的选择。

销售员可以利用客户的这种心理来促成交易，比如销售员可以对客户说“大家都买了这款车型”，或“这款车型是本地销量最大的车型”。事实上，“大家”这两个字的效果还是很强的。因为这个词是泛指，所以就不会出错。

情景案例

小李是某知名品牌汽车的销售员，该品牌汽车档次较高，品质出众，受到不少业内人士的肯定，不少名人也来这里选择它。一位客户便是慕名而来，而且明言听说该汽车品牌品质不错，是不少名人购车的首选，所以来看看。

小李呵呵一笑，介绍道：“不知道您有没有听说过我公司的 ×× 车型，那个车型也是受到众多名人、明星的认可。”

客户听后非常感兴趣，说：“能吸引那么多名人来买，品质肯定不错吧。你们这边有什么名人、明星车主？你给我介绍一下，长长见识嘛。哈哈。”

小李想了想，回答道：“王军您认识吗？他就是我的客户，而且是上个月才来交的首付，那天是开个 ×× 车来的，我印象特别深刻。”客户表示没听说过，小李又介绍了几个名字，客户还是摇摇头，表示不知道。直到小李介绍了一名电视台的主持人，客户才说：“哦，这个我知道，我看过他的节目。”

就在小李松了一口气的时候，客户却突然说：“我还以为你们的车品质非常好，吸引了很多的名人、明星购买呢！看来你们的品牌也没什么很知名的车主嘛。”

上述案例中的客户购买行为就属于从众心理，他听说小李家的汽车品质非常好，又有很多名人、明星购买所以慕名而来，不过客户了解到他家产品只是浪得虚名后选择了不购买。所以一定要保证产品质量，或者说名气属实才能利用从众心理销售。

销售员要想引导客户产生从众心理应该保证三个前提：案例属实、产品质量、有说服力的客户代表。

首先，列举案例要是事实，不要凭空捏造或者夸大购买数量，因为编造谎言往往都是即兴的，很容易出现漏洞，这样就很容易被揭穿，而且也会丢失客户的信任。不仅会丢失客户及交易，还会损害公司的整体形象和口碑，产生长期的损害。即使侥幸成功，去冒这样的风险也是不明智的。列举的案例应该尽量以具体的数据表现，这就需要销售人员去做好相应的准备工作。总之，销售人员必须实事求是地去引导和说服客户，否则就是自砸招牌。

其次，产品质量是依靠。从众效应也是口碑效应，好的产品质量是利用客户从众心理的前提。赢得客户真正靠的是产品质量，从众心理只是一种手段。销售过程中，销售员应充分利用汽车展示的过程去向客户充分展示产品质量。在条件允许的情况下，销售员要尽量让客户去体验产品。利用汽车自身给客户一个真实具体的感受。

最后，具有说服力的客户代表。客户的从众心理也是有选择性的，如果你举的例子不那么有说服力，客户也不会被影响。什么样的客户比较有说服力呢？比如：名人或者领导购买了什么款的汽车。即用有名望的购买者的身份去提高汽车在客户心中的档次。

需要注意的是从众心理的使用，一定要选择好使用的对象。在使用之前，对客户的性格和心态进行甄别。从众心理对以下客户避免使用：自我意识强，追求个性特色的客户。当然这样的客户也很好判断，可以在交流的初期就通过询问，获得客户性格和购车要求的答案。

小结

从众心理的使用是一种锦上添花。使用这种方法要保证销量好的情况属实、产品质量好、销售员说服力强，这样才能使从众心理交易法成功；选择合适的客户也很重要，汽车销售人员在使用时要看清楚情况，再去使用这种策略。同时，汽车销售者也可以利用从众效应让已经购车的客户进行一些宣传，增加额外的汽车销量。

巧用激将法促成交易

在销售过程中，销售员总会遇到顽固的客户，在用尽了各种办法而客户仍无动于衷或犹豫不决时可以试试激将法。激将法，就是利用客户的自尊心和逆反心理积极的一面，以“刺激”的方式，激起客户的不服输情绪，将其具有的潜能发挥出来，从而得到销售员想要达到的说服效果。激将法是利用客户的特殊心理来促使客户立即购买的方法。这种方法适用于常规沟通之后客户没有任何购买冲动的情况。

情景案例

一位汽车销售员在向一老先生推销某款汽车。客户对汽车的情况了解以后，却迟迟不愿意签单购买，于是，他对客户使用了激将法。

销售员说：“现在，很多像你这样岁数的先生都会给自己的儿子买汽车。因为他们觉得为自己的儿子减轻生活压力是自己的责任，为儿子买汽车是对他真正关爱的一种方式。买车不仅体现了一位父亲对儿子的关爱和呵护，它还是一种投资，买了车之后还可以拉客人赚钱，我遇到了很多先生为他们的儿女买汽车时，都是毫不犹豫地签单。像您这样犹犹豫豫的，我见得比较少……”

老先生听了以后说：“还是等一段时间再说吧！”

销售员接着说：“我想这不是您的真正理由！您是没有把做父亲的责任放到足够高的位置。您要关心他，就要时刻期望他活得更好，而为他买汽车是关心他生活质量的重要体现。现在，您的儿子都30岁了还没有买车，实在看不出您对他的关爱和对他未来的考虑……”

老先生是个爱面子的人，听了销售员的话，便说：“那就买这辆吧，反正为了他我也不在乎汽车花我多少钱……”

销售员说：“那是，那是，那么我们现在就来签单缴费吧！”

就这样，该销售员很快就获得了客户的订单。

在汽车销售中，很多客户习惯慎重，常常被价格以及性价比等因素导致困惑而犹豫，销售员需要找到客户的心理防线，将其攻破。激将法因为被人们所熟悉，所以在使用时也容易被客户看穿。这就需要销售员了解一些注意事项。

首先，客户必须具有易被激将的心理特质。这个是激将法使用能够成功的前提。如果不分情况的使用激将法，则往往会让一桩很有希望的生意做不成。激将法是销售员在面对特殊情况下的特殊使用方法。一般情况下，易被激将的客户自身拥有比较明显的自尊心、虚荣心和好胜心等心理特征。一些群体对象也是很容易被激将的。这些群体包括年轻人、见识少以及学历较低的客户、地位较高的受人尊敬的群体、讲究外在好面子的客户、喜欢攀比常常争高比强的客户等。销售员可以先分辨客户是否属于以上的群体，再去使用。只有客户自身有较明显的自尊心，激将法才有可能发挥作用。

其次，客户必须具有相应的购买能力。激将法的适用情况是客户有足够的经济实力来购买产品，只是暂时下不来决心而已。汽车属于高价产品，如果客户的经济实力不够，价位超出预算，即使销售员成功使用了激将法，让客户产生购买的意愿也是枉然。

再次，销售员不能伤害客户的自尊。因为在激将法的使用过程中，客户是拥有成交的最后决定权的。在销售过程中，如果销售员控制不好度，就容易导致客户不再愿意与销售员交易。甚至销售员还会因客户的“自尊问题”缠上其他麻烦。销售员使用激将法的度是以不伤害对方自尊为红线的。因此，销售员需要仔细揣摩客户心理，通过良好的表达和话术及经验的积累，达到击中目标的目的。

最后，销售员要自然地使用激将法，千万不能被客户看穿。如果客户识破销售员是在“激”他，就会产生逆反心理，最终导致无法成交。销售员在运用时也要掌握节奏，不能过急，也不能过缓。过急，欲速则不达；过缓，客户无动于衷，无法激起客户的自尊心，也就达不到目的。

小结

激将成交法的成功使用要求销售员能够识别出易被激怒且有能力购买的客户，同时在整个过程中，销售员一定要注意态度和表情自然，并把握好尺度和节奏。销售员只有在适当的时机灵活使用此方法，才容易取得销售成功。

利用假设成交法促成交易

假设成交法又叫“假定成交法”，就是假设客户决定购买了，详细说就是销售员在假设客户已经接受了销售建议并同意购买的基础上，提出一些具体的成交问题，直接要求客户购买本产品的一种方法。这种方法能节省时间，也可以减轻客户的成交压力。

情景案例

销售员：“××先生，你曾经参加过4S店的产品活动吗？”

客户：“参加过几次。”

销售员：“我们提供的产品活动能帮您建立一个汽车10年的维修养护计划，你可以一目了然看到10年里关于汽车的保养维修的成本计算。假如您参加，就可以完全掌控自己汽车的整个10年的保养花销的过程和细节，可以帮助您实现在10年汽车支出成本优化，您有没有兴趣想了解一下？”

客户：“想。”

销售员：“××，想象一下，假如今天您参加了这样一个产品活动，它可以帮助您杜绝汽车维修中的骗局，帮助您更加清晰地了解更适合汽车的保养用品以及相关的服务，帮助您延长爱车的寿命，使得爱车驾驶起来变得更加舒适，您觉得这样好不好？”

客户：“非常好！”

销售员：“所以，您没有尝试的话，愿不愿花一点时间尝试来听一下呢？”

客户：“愿意。”

销售员：“好的。这样吧，我给您预约在后天下午了，希望您可以准时过来。”

假设成交法和直接请求成交法相仿，它使客户不得不作出反应。它直接将沟通进入到实质性阶段，节约了推销时间，提高了推销效率。如果沟通良好就可以把客户的成交信号直接转化成交行动，促成交易的最终实现；假设成交法在推销的成交阶段是很重要的。

在与客户的交谈中，销售员要保持一种认为客户“肯定会购买”的想法。根据“吸引力法则”的概念，关注什么，就吸引什么。

假定的基础来自销售员的判断力和自信心，销售员要把这种想法在自身的言谈举止和仪态表情中反映出来，这不是要销售员表现得趾高气昂或过于自信，而是要你的一言一行都不要露出一丝一毫的疑虑，不能让客户觉得不买你的产品也有一定的道理。这样即可在轻松的气氛中增强客户的购买信心，使之做出成交决定。

使用假设成交法的几个关键要点：

（1）创造一个轻松的销售氛围。不要咄咄逼人，尽量使用自然、温和的语言，让推销的气氛变得轻松一些，太咄咄逼人会让客户有压力导致失败。

（2）要和客户良好沟通。如果销售员没有良好地与客户沟通，就会产生过高的成交压力，破坏成交气氛，不利于进一步处理客户异议，可能会让销售员丧失成交的主动权。

（3）必须善于分析客户，对于那些依赖性强的客户，性格比较随和的客户，以及一些老客户可以采用这种方法。

（4）不要流露出一丝一毫的顾虑。

（5）必须发现成交信号，确信客户有购买意向，才能使用这种方法。

小结

假设成交法的使用要采取步步为营的策略，确认客户有成交信号是前提，销售员在面对客户时流露出自信和肯定的态度，用这种力量将客户推到成交的关口。当销售员认定客户会购买时以正确的方式一步步去询问，客户大多最后不会拒绝，这个过程要保持对客户的耐心，但到了关键时刻，销售员必须“快刀斩乱麻”迫使客户去成交。

运用机会成交法促成交易

机会成交法又叫无选择成交法或者是最后机会成交法。这种成交方法利用的就是那句俗语："机不可失，时不再来。"通过缩小人们选择的时间间隔来实现销售。当销售员表达出这是最后机会的信息时，如果客户有购买意向，犹豫的客户也会把握机会，为了获取最大利益，抓紧购买。机会成交法主要解决的也是客户推诿犹豫不决的情况。

情景案例

销售员："张先生，我们这里现在没有多少现车了，今年恐怕不再进货，您要的话就要趁早买！"

客户："我现在还不能决定，我和家人商量一下再答复你，可以吗？"

销售员："张先生，我非常理解您的这种做法，和家人商量当然可以。不过这批车是今年最后一批次的汽车了，不买就没有了。今天已是星期四了，还剩两天，要是您明天来不了，可能就错过机会了。而且今天是我们五周年店庆优惠活动的最后一天，同样的产品如果明天购买，您就要多花 20% 的钱，请不要错过最后机会啊！"

客户："好吧，我现在就去付款。"

机会成交法能够减少许多推销劝说工作，避免客户在成交时再提出各种异议，使客户产生对购买的注意力；利用话术让客户在心理上产生一种真实的危机感，把客户害怕成交失败的心理压力变成成交动力，促使客户主动提出成交；这种方法实际上是对客户的一种让步，满足了客户的求利心理。最后机会法通过向客户提供优惠成交条件，巩固和加深买卖双方的关系，对于较难推销的产品，能够起到有效的促销作用。

当然，如果销售员不能恰当使用机会成交法，反而会使销售人员失去成交主动权，降低成交效率：

（1）如果被客户识破，会使销售员丧失信誉，增加新的成交困难。有的情况下，销售员过度滥用机会成交法，在明明还有大量同类产品的情况下，硬说是最后一件，有的销售员则天天喊着是"最后一天"，丝毫不在意口碑的作用，由于过度欺骗客户，丢失了以后大量的潜在客户。

（2）机会成交本是销售人员直接限制客户的购买资格、购买时间、购买数量，施加机会成交心理压力的手段。但若运用不当，施于客户的心理压力过大，就会过犹不及，造成客户反感，失去成交机会。

（3）滥用机会成交法，可能使客户失去信心。销售人员若过分地限制客户的购买方式及其他有关购买资格和购买条件，就会使客户失去购买信心，只好放弃成交机会。

销售员使用机会成交法时应该注意：

第一，客户有购买欲望时才能用这种方法。所有的成交法奏效的前提都是客户有明显的购买欲望，如果车型或者优惠对客户的吸引力不大，机会成交法也不会奏效，只有销售员注意到并确认客户对相关的产品兴趣很强时，才能采用机会成交法。

第二，要客户产生这是最后的机会的想法。不论销售员推销的车型或者优惠是否真的是最后的机会，销售员只有让客户产生只剩最后一次机会的想法才能够促使客户尽快地决定购买。

第三，要在客户对产品具有购买愿望时及时运用此方法提出成交，这样比较容易成功。

第四，销售员的沟通话术不要出现恐吓客户的内容，一方面这种话不能过度频繁出现，因为这样必然会导致客户产生怀疑以及抵触情绪，相关的内容告诉客户一次就可以了，否则就会失效。当客户主动询问的时候，再告诉他相应的话术。

第五，销售员不能盲目提供优惠，在给予回扣时，不能变相行贿，要遵守相关的法律和规定。

小结

机会成交法其实就是一种话术，其内容总的来看只有两种：一是数量机会，二是时间机会。销售员利用机会成交法，就是利用这两种机会，一要提示客户产品所剩无几，二要提示客户机会难得，一去不返。注意在使用时，尽量结合实际情况，不要为了暂时的销售目的而编造一串谎言，无视口碑，这种短视行为对销售员和商家造成的损失是难以想象。

利用富兰克林成交法促成交易

该方法的核心内容是：把客户购买产品所能得到的好处和不购买产品的损失一条一条地列出来，用对比暗示的方法刺激客户的心理，让客户在权衡、判断后主动做出购买的决定。

在客户犹豫不决的时候你就可以拿出一张纸，把购买本产品的优点写在左边，不买本产品的缺点写在右边。富兰克林成交法有两种写法：一是销售人员和客户各写一份；二是销售人员写肯定，客户写否定。这样的利弊对比非常有说服力，特别是在销售人员写下这些利弊的时候会让客户感到我们只是代表他把他的评估比较客观地写在上面；同时客户因为时间和信息有限不会想到太多的否定，有利于卖方。当肯定多于否定的时候，客户就会购买。

该方法实际上突出了购买是正确的选择，不买本产品的缺点要承认，但要用优点淡化缺点，这种方法能有效打动客户，尤其是对那些犹豫不决的客户，这种方法可以帮他们做决定。

“富兰克林成交法”的魔力在于其所要求的做法正是销售成功的本质。其实，销售就是介绍产品提供的利益，以满足客户特定需求的过程。销售只有在充分了解客户和产品的基础上才能成功，“富兰克林成交法”只是把这个销售的成功要素变得可操作化。

情景案例

日本汽车推销之神奥诚良治，曾是连续16年的日产汽车推销冠军。他为了卖出一辆车，准备了记载有100条客户购买此种汽车的优点及不购买的不便的详细资料。这样，奥诚良治在与客户打交道时就显得胸有成竹，应付自如。

奥诚良治的成功离不开“富兰克林成交法”销售思想的指向作用。当然还有他对产品和客户的深刻理解和与客户巧妙沟通的话术。

“富兰克林成交法”是一种可操作的、智慧的销售方法。它的成功离不开专注、经验的积累以及坚持不懈。奥诚良治的100条记录正是他对汽车和客户的深刻理解的智慧总结。它是有用的，能有效地打动客户。

销售员在使用富兰克林成交法时一定要掌握好客户、产品、沟通、综合运用这四个关键词。

客户，指的是了解客户，正所谓知己知彼，百战不殆。销售时用这种方法可以了解客户的各种真实想法，使销售员掌握大量的有效信息，比如：客户认为能从交易中得到什么、有什么顾虑、对产品或服务的优势与劣势是怎么理解的等。这种方法是从客户的角度看产品的优势，让客户在比较中自己决定，“想你所想”比向客户灌输本产品如何如何好的方式高明得多。还有一个好处就是拉近了与客户的距离，增加了客户的好感和信任。

产品，指的是找到产品的优势和客户要的优点的交集，并替产品告诉客户自己的优势。

沟通，也就是销售员好好说话，暗自突出购买是正确的选择。“富兰克林成交法”也可以说是一种销售话术的书面形式。不过，这种方法也有失败的时候，如客户不配合，不想知道购买与否的得失时。

综合运用，是指综合使用多种销售技巧、方法。如使用富兰克林销售法失败时，比如客户不配合时，销售员就要运用其他销售方法了，任何的销售成功都不是一种销售技巧的运用，任何一种成交技巧的运用也都不是孤立的，优秀的销售人员知道应该在具体销售活动中如何灵活运用各项成交技巧。

小结

富兰克林成交法就是列举购买本产品的好处和不购买本产品的坏处，突出强调购买才是正确的选择。销售员在使用这种成交促成法时要把握好客户、产品、沟通、综合运用这四个关键点。

利用惜失成交法促成交易

这种方法就是强调产品的稀缺性，“过了这个村就没这个店”，利用的就是

“物以稀为贵”的心理：越稀少的东西人们会觉得更值钱；越难得到的东西越有吸引力。这种方法多用在那些即使喜欢也说“再看看”或者总担心吃亏或吃亏吃怕了的客户，他们总是前怕狼后怕虎，为了不吃亏上当，他们情愿跑断腿、货比三家，这时候就可以用这种方法了。

情景案例

一位客户在一款汽车面前驻留了很久，销售员走过去说：“您真是好眼光，它是上个月最畅销的产品，也是我们公司的主打产品。”客户问道：“那这款车多少钱？”销售员说：“这款汽车的价格是30万元一辆。”客户说：“有点贵，能便宜点吗？”销售员说：“您住在哪个小区？”客户说：“在东方绿洲。”

销售员说：“东方绿洲应该是市里很不错的楼盘了，听说小区的绿化非常漂亮，室内的格局也很好，出行也方便，您在这么好的地方居住，就不用在乎贵这么一点了吧？恰巧我们这两天正对东方绿洲和威尼斯城做一个促销活动，您现在买的话可以享受八折优惠。”

客户说：“我现在还没想好，需要和家里人商量一下，过两天后我再来买吧。”销售员说：“那样的话您可能就享受不到八折优惠了，何况这款车很畅销，万一等到您过来买的时候产品脱销了，岂不耽误您吗？这样吧，您可以先交定金，我们给您预留出来。”

听销售员这样一说，客户马上交了定金，并且非常感激销售员。

这个案例中销售员非常会说话，让客户听着非常舒服，销售员好像处处在为客户考虑一样，让客户感到他是受到特别服务的人一样（这样吧，您可以先交定金，我们给您预留出来）。同时也施加了压力，促成了交易，是非常值得学习的。上述案例就教给你对于犹豫不决的客户要给他恐吓一下，告诉他不是什么时候都能享受到这种优惠的，一旦客户意识到享受优惠的良机稍纵即逝，他们就会立即采取行动。

惜失成交法利用机会难得错过不再给客户施加压力促使客户及时作出购买决定。可以从这几方面去做：限数量，主要是类似于“购买数量有限，欲购从速”；

限时间，主要是在指定时间内享有优惠；限服务，主要是在指定的数量内会享有更好的服务；限价格，主要是针对于要涨价的产品。总之，要仔细考虑消费对象、消费心理，再设置最为有效的惜失成交法。当然，这种方法不能随便滥用、无中生有，否则最终会失去客户。

具体怎么运用这种方法呢？可以向客户说明优惠期，只在这段时间优惠。汽车销售人员可以利用或制造一些借口或假借某些客观原因临时设置一个有效期，运用的时候要符合车行统一做出的销售策略，不要擅自行动。或者向客户说明剩的产品不多了，现在卖的很快，现在不买就没机会了。当销售员这样说时，客户就会担心现在不购买产品可能会蒙受潜在损失，这种担心会促使客户立即采取行动来预防损失，即使他们对产品还没有强烈的购买欲望。

运用这种方法不能蒙骗消费者。为了促成交易给客户施加压力，但商业道德还是要有的，不能为了一次交易的成功欺骗消费者，失去信任，造成长远的经济损失。

小结

惜失成交法利用物以稀为贵的心理，强调产品的稀缺性及享受服务的有限性给客户施加压力。客户担心失去潜在的损失因此就会做出购买。数量、时间、价格等都可以利用，如说明在特定时间优惠；购买数量有限，欲购从速。运用此方法时不要欺骗客户。

运用冷淡成交法促成交易

在销售过程中，销售员常常会遇到这样一些唯我独尊的客户，那种客户往往对销售员不屑一顾，认为销售员的工作并不重要，没有必要和销售员打交道。所有交易真正需要的只是钱，自己需要的东西只管自己去买就是了。当销售员遇到这种目中无人的客户时，就不能像对待其他客户那样热情了，如果销售员的热情对待没有回应，就转变为冷淡成交法。销售员用冷淡的方式压住客户的盛气凌人，说不定就会让这种客户就范，主动寻找合作。

情景案例

某汽车公司的区域经理小张，想寻找一位代理商，好尽快打开本市的市场。他经过朋友介绍认识了一位有合作意向的老板。这位老板不但资金雄厚，而且生意网也覆盖了全市的所有乡村。但是，据说这位老板架子很大，不容易接触。

当小张去拜访这位老板的时候，果然发现他霸气十足，在谈话中只是自顾自地谈论自己的光荣历史。当小张和他谈起合作的事情时，他表示对这些蝇头小利并不在意，而且对小张表现出轻视的神情。后来，小张又去了几次，明明事先约好了，老板却都不在，最过分的一次是老板在和别人谈生意，让小张一直等了四个小时，最后老板居然不理会他，而是和那个人一起去吃饭了。

那次以后，小张不再主动去找他，也不给他打电话。过了一周，该市正好有个政府组织的招商会，这位老板和小张都去了。可是，那老板发现小张对自己很冷淡，而与另一汽车商场的老板聊得很投机，他猜测小张正在准备跟这个商场合作。他在心中认真地权衡了得失，懊悔不已。晚饭的时候他几次约小张喝茶，小张都找借口推脱了。第二天，这位老板居然亲自来找小张谈合作的事情，在合作的谈判中，小张没有作出任何的让步，这位老板还是很迫切地把代理协议签了下来。

在这个案例中，小张运用的就是典型的冷淡成交法。我们来分析一下这位商场老板的态度变化，当小张热情地和他谈合作的时候，他狂妄自傲，对小张的诚意视而不见；一旦小张开始冷落他，他马上坐立不安，开始冷静地考虑合作对自己的好处。很快，他对待小张的态度发生了 180 度的大转变，主动请求合作。

的确有的时候，热情并不会总是能够促成交易的成功。当销售员面对那些狂妄自大的客户时，热情的态度并不适用。在这种情况下，销售员很多时候热情地向客户介绍了半天，但是这种客户却并不买账，而是冰冷地拒绝销售员。特别是有一些客户，总是习惯性地对销售员的热情产生敌对情绪，认为销售员有利可图才会这样低三下四，因此销售员越是热情，对方就会越觉得自己吃亏。所以对于这样的客户，最好的方法就是冷淡他、疏远他，销售员也不需要担心生意会泡汤。因为你态度的改变会促使客户冷静下来去认真思考产品所具有的优势，从而产生以下想法。

1．客户会认为销售员的产品很畅销。

销售员对客户的冷漠，会让他们认为，销售员公司的生意很好，有的是销路，并不是非卖给他不可。在这个时候，他为了能够买到销售员的产品，就会主动地和销售员攀关系，千方百计地讨好销售员。此时，销售员可以乘胜出击，在同意和他合作的同时，又表现出为难的样子，告诉他，因为是朋友，所以才帮他争取这个订单。这样既达到了签单的目的，又让客户感觉欠了销售员一个人情。

2．客户会觉得销售员的产品质量过硬。

对客户适当的冷落，会让他们认为，销售员是因为自己产品的牌子硬、质量好，才这样沉得住气，不主动拉拢客户。此时，销售员一定要抓住客户的这个心理，在产品质量上给他吃一颗定心丸。告诉他，自己的产品是金牌产品，质量有保证，一旦他在产品上没有了后顾之忧，当然愿意与销售员合作。

3．客户会觉得销售员是大公司的做派。

对比那些过于热情的销售员，销售员的冷淡会展示出一种高贵的气质，给人一种鹤立鸡群的感觉。客户会认为，那些死缠烂打的都是些小公司，而销售员这样不卑不亢的表现，才是大公司的做派。

4．客户会认为这是一次很好的发财机会。

销售员的冷漠会让客户感觉，如果自己不抓住这次机遇，就会让自己与发财的机会失之交臂。正是销售员的冷淡，让客户开始去反思，考虑自己的所作所为，这种客户会觉得，可能和那些求着客户买东西的销售员相比，这样的销售员的产品才能带给他更大的益处，同时客户也坚定了和销售员签单的信心。

总之，对于销售员来说“客户是上帝”这句话未必就总是正确的，热情并不会对所有客户都产生作用。针对有的特殊的客户，有时对他们的冷淡反而能够起到意想不到的成功结果，帮助销售员赢得订单。

小结

冷淡成交法是一种特殊的销售对策，其针对的是一种由特殊客户导致的特殊销售情况。核心思路是想让你购买却偏偏表现得不那么热情，好像并不在乎你一样，你反而会更想买这种产品。如对于目中无人或盛气凌人的客户，冷落他们，反而会促使他们购买。这种销售策略是建立在一系列常规的销售策略都无效之后才去实施的。

第十二章
完美交车：走好售车流程的“最后一公里”

交车是销售员售车流程的“最后一公里”，也是培养客户忠诚度的关键一环。为了让这“最后一公里”顺利走完，也为了拓展更多的客源，销售员在此环节不可掉以轻心。坚持认真细致的工作原则，事先做好各项交车的准备，熟练掌握车辆交接的过程，为客户进行技术讲解等，都是一个优秀汽车销售人员应该具备的最基本的职业素质。

交车关键点：认真细致

交车算是成交后的最后一道程序了，怎样做好它呢？需要的是认真细致，如向客户说谢谢；确保准交付车辆已按 PDI 等标准准备就绪；交车前一天再向客户确认交车时间，并告知交车流程和所需时间；确认客户的付款条件和付款情况；和客户保持联系，客户有什么问题能随时询问，以及对客户的承诺兑现等，总之各项事务一定要考虑周全，认真完成。

最简单的一项即是说声谢谢。有的销售员非常功利，认为和客户的关系只是，我提供产品和服务，你花钱购买。这是非常短见的、错误的看法，销售员不是和客户做一锤子买卖，和客户的交往不止一次，要尽可能和客户成为朋友，把他们发展成老客户，让他们不断为我们介绍新客户，这样生意才会越做越大，也才能够长久，因为我们懂得感恩，客户会感到被尊重和认可，认为我们可以信赖，也愿意和我们长期联系，支持我们的生意，给我们介绍客户。而那些不懂感恩的人往往难以赢得客户的好感和支持。

情景案例

一个汽车销售公司的两个销售员小王和小张在聊天。

小王：“你今天是不是有一个重要客户要接待？”

小张：“是啊，他和咱们公司签了一份 50 万元的大单，今天我们再商谈一些最后的细节。”

小王：“你真是幸运，遇见这样一个大客户，这个月的提成应该不少吧。”

小张：“那是一定的。”

小王：“那你真应该感激他了。”

小张：“感激什么呀，他也从这笔生意中获得不少利益，我们只是各取所需。像他那样的人一切都是以利益为重。”

此时这位客户正脸色难看地站在门口。结果就不用再说了吧

像小张这样就是不懂感恩的人，生意一旦成交就过河拆桥，抛开客户不管。客户会感到销售员只是为了佣金，会产生被利用和受到轻视怠慢的感觉，生意自然也就没了，所以成交时一定不要要记得说谢谢。这个交车的细节问题一定不能遗漏。

另外，给客户的承诺一定要兑现。销售员为了促成交易，会给客户一些承诺，但是有的销售员不管这些承诺能不能兑现就承诺，这是不行的，那样失去的不仅是这一个客户，而是他周边所有的潜在客户。所以销售员不要轻易许下承诺，但是一旦承诺了就要兑现。

小结

交车时各项事务一定要考虑周全，不要有遗漏；对客户要懂得感恩，交车时不要忘记说谢谢；给客户的承诺的承诺一定要兑现；和客户成为朋友，保持联系，求的是长久的合作，而不是一锤子买卖。

交车 PDI 确认

PDI 是什么？ PDI 就是交车前检查（Pre Delivery Inspection）。交车前进行检查是必要的：新车从生产厂商到经销处经历了上千公里的运输和长时间的停放，而车辆在特约店保存时也可能遇到极端恶劣的情况，如性能的退化，保存过程中的高温等，为了保证安全性和原厂性能，新车交给客户之前一定要进行 PDI 检测。

检测一定要按照“PDI 检查单”的内容对车辆进行检查。它可以指导对新车的检查，能够确保检查正确完成及不至于遗漏项目，即使非常有经验的检查员，即使检查员对“PDI 检查单”了如指掌也可能遗漏项目，或在一些细节出错。不是有两句话：好记性不如烂笔头；阴沟里翻船。所以一定要按照“PDI 检查单”的内容对车辆进行检查。切记，若遗漏一个项目，会使用户产生不快，更糟的是导致产品责任赔偿！

PDI 检查项目范围很广，其中一些细微的检查也许连车主都难以想到，如电池是否充放电正常、舒适系统是否激活、仪表灯光功能是否设置到原厂要求等等。技术员所做的如此多的 PDI 项目检查为的只是让客户享受到安全舒适的驾驶。

越是高档车辆，其电子自动化程度越高，PDI 项目的检查也越多，如果不进行 PDI 检查，不仅使很多功能不能用，安全性也没有保证。例如，未做 PDI 的新车，会始终在运输模式运行。这种模式只能简单行驶，很多系统没有被激活。强行使用会导致功能不全，甚至会严重损害车辆，给车辆及驾驶员的安全造成极大的危害。

情景案例

某汽车 4S 店销售员向客户张先生成功推销了一辆新产汽车，张先生是汽车新手，不知道什么是 PDI，更别说问 4S 店这个事情了。而向他推销的销售员也没有做好本职工作，没有确认 PDI 检测（正规的汽车公司是会在新车交给车主前做 PDI 检查的，根本不需销售员提醒，是技术员理所应当为车主做的必要检车，不知道这家公司不正规还是大意，竟没有给张先生做 PDI 检测）。张先生开着这辆车回去的途中车轮胎爆了，所幸没有其他更严重的事情发生，张先生也没有大碍。

这件事就是销售员的失职，他没有确认 PDI 是否检查。虽然汽车公司的其他人也有责任，但是我们从销售员的方面看，他是不合格的，他是应该确保 PDI 检测通过的。试想，假如张先生的车不是轮胎爆了，而是轮胎掉了，方向盘不听使唤了，油箱处温度太高了，那是多么可怕的事情啊。所以销售员在交车前一定要保证 PDI 检查。

PDI 检测是经销商的义务，是免费的，不需要客户花任何钱，所以如果有经销商向客户收取 PDI 检测费的，客户可以保留相关证据，提车后拨打 12358 向物价部门投诉。PDI 有哪些检测内容呢？过程是怎样的？正规的 PDI 检测是当着客户的面做的，大概需要 40 分钟，首先店里的师傅会拿着一张 PDI 工作单，上面总共有大概大大小小的 70 多个检查项目。不同品牌的 PDI 标准会略有不同，但至少应该按照他 PDI 检测单上的流程做完。不做可以不签字。大致包括：

车辆外部：外观、漆面、轮胎胎压（包括备胎，这是非常重要的一项）、儿童锁、车门开闭等等。

发动机舱内：蓄电池状态、各油液液位等等。

车辆内部：内饰件、密封条有无缝隙、各设备是否能正常使用等等。

启动发动机后：发动机有无噪音、车灯、各用电设备功能等等。

路试：有无顿挫、异响，导航是否无误、各仪表工作情况等等。

开始检测时车停入工位，先套上防尘塑料布，检查车轮螺母检查胎压，然后检查备胎胎压，备胎的胎压应该略高一些，完成一部分之后，会在工作单上划勾。接下来打开机舱盖，确认无油液泄漏。检查蓄电池状态，充放电是否正常等……最后就是路试。

小结

销售员给客户交车前一定要确保 PDI 检测。因为新车从生产地到经销处经历了上千公里的运输和长时间的停放，保存过程中也可能遇到极端恶劣的情况，如高温。未做 PDI 的新车，会始终在运输模式运行，很多系统没有被激活。强行使用会导致功能不全，甚至会严重损害车辆，对车对人都有危险。所以为了保证安全性和原厂性能，新车交给客户之前一定要进行 PDI 检测。

做好交车的各项准备

人无远虑必有近忧，交车的时候也是如此，一定要在交车前做好各项准备，若不提前做好，需要的时候就会慌乱不及，不仅影响你的形象，也影响公司的形象，甚至还可能导致交易的失败。

情景案例

张峰是某汽车公司的一名销售员。虽然他是一个20来岁的男孩子，但是却像女孩子一般心细如发，对客户服务得面面俱到、体贴入微。尤其到了交车的环节，他会提前几天拨通客户的电话，与其预约好交车的时间和交款的方式。等到和客户沟通好后，他又对即将被提的车辆进行仔细的核查，确认其是否干净、是否有磨损、是否能正常启动和行驶……当然，除了车辆的检查，相关的文件资料、迎送及庆典的现场布置等也是他准备的重要内容。

按照他的周密安排，交车当天一切都进行得有条不紊、井然有序。客户办好手续，提到爱车之后喜气洋洋，对他的服务赞不绝口，他也因此而收获了一大批忠诚的客户。

交车是销售服务的结束，也是售后服务的开始。这是一个非常关键的时候，它关系着客情关系的好坏。因此，为了维护好这段关系，为了获得客户的二次购买欲，销售员需要认真做好交车前的各项准备工作。

一般来说，交车的准备工作主要包括这几个内容：行程安排、车辆准备、文件资料准备、环境准备、人员准备、迎送及庆典准备。

行程安排说白了就是询问客户什么时候有时间提车。交车前3天，销售人员要主动给客户打电话，确认交车日期。若时间有变化，也应该及时和客户联系，说明原因和处理方法，在取得客户谅解的基础上再次约定交车日期。交车当天还要再次向客户确定交车时间以防客户临时有事。若一天需交车多位车主，销售员要合理安排行程，不要失信于客户。

车辆准备就是给客户的车保证正常。需要检查库存车的生产日期是否合理；车辆的清洁工作也要做好；确保车辆能够正常启动、行驶。对于从其他地方调过来的周转车辆，我们要确保码表公里数在可解释的范围内；轮胎胎毛的磨损，也尽量能够给出合理的解释。同时检查车各项功能是否能正常使用，有无损坏、潜在危险；点火后车是否正常运行，仪表各指示灯是否正常；轮胎气压是否正常等，保证给客户的是一辆正常、合格的车。

交车前，一定要将文件资料准备妥当：随车资料有钥匙、合格证、用户手册以及质保手册等，我方资料包括合同、公司介绍资料、客户领用交接单等等，避免等到客户来店后，再去找这些文件资料。

要给客户创造一个清洁、舒适、亲切的环境。环境准备之一是展厅。要保持展厅卫生清洁干净、绿化生机盎然、文化走廊琳琅满目，用户休息的区域营造一个舒适的环境，让车主有宾至如归的感觉。环境准备之二是交车区。通常会做一块欢迎牌欢迎车主来提车。另外，根据车辆特点准备不同主题的背景墙。还可以给车主和工作人员照相，或者准备一块画板，上面放置新老车主与总经理的合影等。

提前安排好交车事宜的工作人员。通常在交车前要预先确定一个全程引导人，他可以是任何部门的人，只要能胜任，他负责全程安排引导车主交车事宜；售后服务顾问也需提前安排好；财务人员也要安排好，做好收款及开票的准备。这些可以体现公司的专业和对客户的重视。

最后就是准备好迎送和庆典。首先给客户营造一个欢乐喜庆的迎送氛围：展厅里做一个欢迎条幅；交车区准备一个欢迎牌，要交接的车上准备一些红绳和大红花。准备好交车庆典。领导要提前预约，避免临时找领导的情况发生。庆典主持人、剪彩物品、赠送的礼品都要提前准备好，给客户的礼物要精心准备，投其所好，这样会收到绝佳的意想不到的效果。

小结

交车前的各项准备一定要考虑周全并且认真落实，让客户感到公司的专业和诚意（感到被尊重和重视）。需要做好提前确定交车时间、检查要交的车、准备好文件资料、创造清洁舒适的欢迎环境、交车过程的人员准备以及做好迎送和庆典的准备。

车辆交接过程

车辆交接是一项非常重要的任务。在这个售车的最后环节，销售员一定要事先熟记车辆交接的具体流程，然后以热情体贴的姿态为客户做好最后的服务，这样才能给他们留下一个良好的印象，从而为客户的再次消费打好基础。

情景案例

湖南有道汽车有限公司就做了一次非常好的交车。他们是怎么向客户交车的呢？在客户提车时请客户现场 DIY 制作有自己车牌号的钥匙扣；交车时请客户敲六下平安锣，以表吉祥；锣响后现场人员齐鼓掌祝贺；现场打印客户和公司经理、销售员等的照片；赠送客户展示公司文化的精美相框；设置了精美的照片墙，让每一位提车客户感受长城大家庭。

南岳衡山是中国著名的佛教圣地，为了表示吉利，湖南有道汽车公司遵从当地的风俗习惯特从南岳衡山请了这面铜锣，经过了衡岳大庙主持开光。锣敲六下是对客户的祝福：平安行车、幸福一生、万事如意。

快速高质量地现场打印照片让客户感到满满的诚意。为了减少客户的等待时间，公司配备了专门的打印电脑，并购买最新的打印机，充足的高档相纸，3 分钟内就可完成照片的打印。

为了减少客户的等待时间，避免一天交车过多耽误客户时间，公司设置了两个交车区，并进行了设置，减少了客户的等待。

……

上述事例就体现了湖南有道汽车公司的细心、周到、贴心，让客户感到了公司的用心，提车的过车非常愉快。客户很满意。实际上这些事并不难做到，就如打印照片，设置照片墙。但它体现了公司的用心、对客户的尊重和重视，让客户感到很温暖，这就能赢得客户的心。

新车交接是一个细致的活，需要考虑周全，做好各项事情。大概主要的流程是客户补交余款（通知提车）——车辆出库——迎接客户，向客户介绍库管、服务经理、客户服务代表——讲解售后政策——向客户讲解车辆使用知识——提车手续——送别客户——售后回访。

车辆出库这一流程包括很多项内容，是车辆出库前的各项核对工作。工作的目的是确保买卖双方按照合同流程行事：客户履行了自己的义务，交清了车款；卖家核查收款确定一切正常后，车辆出库。具体的内容包括：销售人员开具出库单；销售经理核对购车合同，车型、价格吻合，签字确认。财务审核所收车款是否与合同吻合，并签字确认。库管员审核资料是否齐全，清洗车辆并进行 PDI 检查，确保车辆正常，并将车辆停在指定位置等候交车。

提车手续主要是交接各种文件。包括与客户交接随车资料、工具；大家合影留念，销售员与客户交流完成客户资料。

下面就介绍详细的流程内容。

通知客户交款。销售员通知客户车辆预计到达时间及交付余款，并和售后经理、客户管理员约定交车时间；车辆出库。流程上面已经说了，这一过程中，销售员要做好相关资料的检查，避免用的时候忙乱。迎接客户和介绍售后服务政策大体就是上面所说的内容，这里不再重复。

车辆使用说明。讲解车辆各按键的使用方法和各指示灯的提醒内容；讲解车辆使用过程要注意的点、养车需要注意的点；按照汽车公司规定交接各汽车配件。

办理相关手续。交接随车文件、工具，与客户确认；与客户确认车辆完好后请客户在车辆交接表中签字确认；在征得客户同意情况下，一同和客户建立《客户信息卡》；包修手册相关文件交予客户，并提醒客户首保时间、保修范围；和客户合影留念。

送别客户。如果客户感兴趣可以带客户到处参观一下，感谢客户购买本车并送别客户。

注意事项。车辆到位前 3 天通知客户，如果无法及时到位也要提前三天告知客户，征得客户原谅；在一定条件下对客户赠送礼物，以表心意。

小结

交车前一定要把各项工作提前准备好，不要有遗漏。要让客户感到被重视，感受到公司的专业和诚意。

给客户进行技术讲解

客户新买的车还不知道怎么开，其中一些部件还不知道怎么使用，即使会开但车其中的一些细微功能或其他相关知识客户还不了解，因此需要销售员给客户讲解。

情景案例

小王是某汽车4S店销售员，他成功地向张先生推销了一部车。他和张先生预约好了明天提车。张先生如期到达。提车前的各项准备工作做得倒是很好，可是到了技术讲解这一流程时，小王没有做好充分准备，向客户讲解各关键项目的时候还要一边看着书一边给客户讲解，张先生非常生气，“给我找个专业一点的人来。”所幸张先生还是比较好说话，蔡经理来了之后说了几句好话这事情也就结了。但是如果张先生不好说话，要求退款不买了怎么办呢？所以销售员应该提前准备好技术讲解，避免尴尬局面，甚至交易失败。

某汽车公司销售员小李和客户徐先生签成了一笔生意。客户来提车，到了技术讲解的环节，小李只给徐先生讲了一些主要设备的操作，还有一些必须要讲解的东西未给徐先生讲解。徐先生是个司机老手。他故意问小李“天窗怎么使用啊？”还有这个急救箱和儿童锁我也不会用啊。”小李一脸尴尬，忙说对不起……实际上这些东西徐先生都会用，他就是要为难一下小李。因为小李并没有做好他的讲解工作，没有给徐先生讲全设备的操作。最后徐先生也实话告诉了小李，小李满脸通红，更加惭愧。

这两个事例给销售员一个启示：一定要提前做好技术讲解的准备，不仅要准备还要准备充足，不要遗忘了什么。上面的事例中并没有发生严重的后果，假如销售员没有讲安全带、天窗、后视镜等重要安全设备的使用很有可能导致车主发生事故。所以销售员多一份准备，车主就减少一份危险，同时也能显示销售员的专业，公司的形象也会提高。

进行技术讲解的时候，销售员最好讲解和客户操作相结合，这样会让客户记忆深刻。对于一些重点、难点操作要多重复、从多角度、用各种方式讲解，让客户彻底明白。

销售员要向客户讲解车身配置和操作，重在讲操作。内容主要包括，新车内外基础讲解：外观和内部整洁；基本配备：工具包、三角架；操作讲解：钥匙和中控门锁、天窗（应急关闭）、安全带、安全气囊、方向盘、儿童安全、仪表指示、灯光、座椅调整、车窗、车灯、后视镜、倒车雷达、备胎、急救箱和警示牌等都是必须要讲的关键项目。其他一些基础设备也要讲解：空调、音响、雨刮片等的操作（空调、音响、导航等或是通过 iDrive 进行操作讲解）；油箱使用和适用汽油标号；副驾驶和后排；手套箱、化妆镜、中央扶手等；可选配备：灭火器（经销商如可提供）。客户如对操作有疑问，销售人员要能确保回答并示范。

特别讲解的部分：首保常识、安全小知识、加油小常识、洗车常识、空调除雾技巧；向客户详细讲解出险时处理步骤及注意事项；引荐服务顾问，介绍保养与维修。

小结

销售员一定要提前做好技术讲解的充分准备，最好是讲解和客户操作结合。一些关键的项目是必须要讲的：钥匙和中控门锁、天窗（应急关闭）、安全带、安全气囊、方向盘、儿童安全、仪表指示、座椅调整、车窗、后视镜、备胎、急救箱和警示牌等；新车内外结构也要讲解：外观和内部整洁；基本配备：工具包、三角架；保养、使用技巧讲解：首保常识；安全小知识；洗车常识；空调除雾技巧；向客户详细讲解出险时处理步骤及注意事项。

举行交车仪式

客户来提车都是非常激动的，也是公司和客户建立长期友好关系的契机。举行交车仪式可算是一件人情活。它并不需要多少的技术，而是需要精心的准备，是以情动人，使客户拥有愉快满意的交车体验，让客户感到公司的诚意，认同我们的产品和服务，对公司产生信赖，从而发掘更多的商机。

情景案例一

有一位汽车销售员每次都给客户准备精美的礼品，让客户很感动。她每次交车都会送给客户一个特别的小礼品，用彩纸包好的平安果。并亲笔写下祝福语一起送上："大哥/大姐(根据客户姓名变化)，很感谢您选择我们店并在我这里买车，总想着该送您个小礼物，而您也知道我们销售员没有多高的工资，年轻也没多少积蓄，昨天下班看到门口卖苹果的，想起上学时送苹果祝福的，我就挑了个最大最红的，回家洗干净包装了一下，现在送给您，祝您一生平安。"

最后拍合影的时候，这个小姑娘还会双手托着这个苹果留影送给客户。客户对这个小姑娘的满意度一直很好。她一年基本上有半年是销售冠军，而且每个月都会有客户转介绍卖出去的车。

情景案例二

上海大众凌渡汽车举行的一次交车仪式。2015年1月28日上午10点，凌渡太原第一位车主交车仪式正式在金谷源上海大众店举行，店内有工作人员的贴心祝福。交车时精心准备了背景音乐让车主非常感动。崭新干净的新车停在干净敞亮的交车区，就像一位等待车主接自己回家的亲人。汽车头上戴了一朵大红花，喜气十足；交车前总经理为车主献上美丽的鲜花；然后拉开了彩带，就像结婚时向新娘身上喷彩带一样喷在新车上，非常喜庆。最后车主和经理和销售、客服代表合影，工作人员送别客户离开。客户满意地开着新车离去。

案例一中的小姑娘以诚动人，送出的是一份心意，一份感动，礼物虽小情义却真，一样赢得客户的感动和信赖。这不就是千里送鹅毛礼轻人意重吗？受此启发，可以送给客户一个寺院求来的平安符、一盒幸运星、一盒千纸鹤、一个生肖存钱罐等，用心准备并真诚的祝福客户，一定会有非常好的效果。礼品花不了多少钱，但客户被感动，认可我们并成为朋友，那就是我们人生的财富。何乐而不为呢？

在案例二中，上海大众凌渡做得很好的一点就是非常重视仪式。客户提车是头等的大事，也是值得祝贺的喜事，公司达到了这样的目标和效果。仪式的每件事情都精心准备，客户也对公司的服务和安排很满意。

客户提车为什么要有这么重的仪式感呢？其实这一切都是为了满足客户的心理需求。

车主 A：我希望交车仪式有纪念意义，因为从那一刻我就成了有车一族了。

车主 B：买车是非常重要的事情，我们全家都很重视。

车主 C：公司如果能给一个有纪念意义的小礼品，即使不贵重，我也会很感动，珍惜又感激的。

车主 D：我在你们这买车支持了你们的生意，你们最少也应该感谢我。

从上面看客户是非常重视交车仪式的，他们需要的是心理上的满足，并不需要多珍贵的礼物，需要的只是一份简单的感动。让此刻变得有纪念意义。

为客户举行的交车仪式主要包括哪些内容呢？

展厅门口设立迎接牌。

销售员到门口迎接并祝贺客户。

为客户挂上交车贵宾的识别标志。

店内工作人员见到有贵宾标识的客户都应热情祝贺。

将客户带到商谈桌坐下，并献上饮料。

献上精美礼品。

和客户合影留念。

热情送别客户。

小结

客户提车是一件重要的事，对他们是非常有纪念意义的，交车仪式一定要重视。做好迎接客户——赠送礼品——合影留念——送别客户。在此过程中，销售员要懂得运用情感价值培养客户的忠诚度。

帮助客户办理临时牌照

汽车没有牌照是不能上路的，因此在领取正式牌照之前，新车需要办理临时牌照。通常情况下，汽车临时牌照的有效期为 15 天，一辆新车只能办两次临时牌照。也就是说，新车在一个月内必须要办理好正式牌照。办理临时牌照通常需要购车人身份证、购车发票、车辆合格证、交强险就可以了。临时牌照客户自己可以去办理，4S 店工作人员也可以代为办理。大多数情况下是销售员帮助客户代为办理，这样能方便客户，给客户留下服务良好的印象。作为汽车销售人员，要给客户交代清楚这些情况，千万不能为了促成交易而糊弄客户。

情景案例

故事发生在烟台。王先生 2015 年 9 月 22 日在烟台某家 4S 店提了一辆白色比亚迪新车，提车时王先生反复问销售员“新车不需要办理临时牌照吗？这样会不会不行，不会被查被扣分吗？”销售员小张说：“不用办，没有牌照也能上路。交警不会查新车的，您放心吧。”王先生虽然还是有点疑惑但还是开着车走了。没想到还没出 4S 店门几百米就被交警拦下，因为没有牌照被罚款和扣分。“冤死了，刚买的新车就被查扣了！”王先生非常生气，决心立即到 4S 店找销售员讨说法。

一位甘肃的赵先生在宝鸡一家 4S 店买了十几辆新车。买的时候他已经问过店内的销售员容某可不可以给代办临时牌照。容某说可以，让赵先生放心来提车就是了。赵先生准备先将其中两辆开回老家。可是再回老家途中就被交警拦下了。他的临时牌照是假的！赵先生非常生气，说：“当初我问过销售员能给办临时牌照吗，他说可以，没想到给办个假的，你不能办早说啊，早知道我自己办了。”“我一定要找4S店讨个说法。”

上面两个案例就是销售员在办临时牌照这一工作上的失职。第一个案例是告诉车主不办照样上路，这是欺骗车主，没有做好自己的本分。第二个案例中的销售员更可恶，说可以给代办，还给办个假的，这样不仅会给客户带来麻烦，而且还让自己和公司的形象受到严重的损伤。

总之，两种做法都是不可取的，广大汽车销售人员一定要引以为鉴，避免犯类似的错误。

小结

在客户提车时，销售员一定要提醒车主办临时牌照，告诉客户不办理是不可以上路的，并帮助客户办理，或者是告诉车主如何办理，让车主自己去办。千万不能欺骗车主，给车主办假牌照的做法是不可取的。

帮助客户办理保险

汽车出事率较高，会给他人带来伤害，车主也会受到损失。一旦发生事故，最少花千元，严重的花费更多，这将是很大的经济负担。所以新车一定会购买保险。交强险是必须要购买的。商业保险中比较重要的有车损险和第三者责任险，其他险种可酌情办理。当然，作为汽车销售人员，也要基本了解汽车保险的相关问题，以应对客户的询问。

情景案例

王先生购买了一辆新车，新车是要上保险的，可是这家4S店的销售员没有提醒王先生上保险。王先生主动问，“新车是不是应该上保险？”这时销售员才说：“应该上的。”“那应该上哪些保险呢？怎么上呢？”销售员竟然说：“这个我不清楚，你自己看着办吧，我们不管。”王先生非常生气，坚持要找经理理论。后来李经理来了说了几句好话，“这个销售员是新来的，不懂这些，同时也不会说话，我们可以可以帮忙给您办理这些的。”这时王先生才消了气。

这位销售员是不合格的。首先销售员本来就应该提醒车主办理保险，可是他却未提醒。其次对自己的业务不熟悉：不知道投保哪些保险，怎么投保，更不懂得给客户提什么适合的建议了。这些本来是销售员理应掌握的业务知识，可是这位销售员非但不知道，而且态度还很傲慢，真可谓愚蠢至极。

这是一个反面教材，汽车销售人员千万要引以为戒。车主提车时销售员要提醒客户办理保险，本公司可以给客户办理的就帮客户办理。不能办理的，也要好言解释并告诉客户怎么办理。千万不能怕麻烦，能给办的也说不能办。同时销售员的业务要过关，这些保险的事一定要很清楚，回答客户时态度一定要好。否则有损自己和公司的形象，甚至丢掉饭碗。

汽车销售人员必须了解的几个投保步骤：

（1）填写个人信息。

（2）询问价钱。

（3）车险顾问根据客户情况做出搭配档案，并估算车险和报价。

（4）选择优惠方案提供给客户，并通过客户确认。

（5）核保出单。

（6）客户付款。

本着为客户负责的原则，汽车销售人员要提醒客户投保车险的误区。

车险并不是越齐全越好。虽然很多人建议新车主投保车险时投保险种齐全一些，但每个车主的情况不一样，出现的问题也不一样，不能盲目地从众。投保险种多容易出现重复，甚至出险时保险公司拒赔，导致自身利益受损还要自己承担维修费用。

不是保费越高得到的理赔服务就越好。保险公司为了吸引车主投保险开出很多诱人的服务，因此保费也更高。但这些服务并一定都能实现，所以车主还是要谨慎些。

出险后，先修车后理赔。这是错误的做法，因为这样保险公司无法确定车辆哪里出了问题，是不会理赔的，他们有权拒赔。现在基本上每个保险公司都规定投保人车辆出险后第一时间向保险公司报案，保持现场原状，并等待勘查人员到来，如自己事先去维修车辆，保险公司是不会进行理赔，有权拒赔。销售员要及时引导客户，使其认识到保护自身利益的正确做法，这样更能博得客户的好感。

小结

客户提车时，销售员要提醒客户办理保险，并帮助客户办理。公司不能办理的要告知客户如何自己办理。办理保险的流程：填写个人信息——询问价格——车险顾问根据客户情况做出搭配档案，并估算车险和报价——选择优惠方案提供给客户，并通过客户确认——核保出单——客户付款。

送别客户

正所谓有始有终，不能虎头蛇尾。送别客户是交车的最后一环，一定要做好。不能让客户感到前面挺好，一旦收了钱马上就变脸了或者态度变得不好了。应该做到始终如一，就像和前面客户购买车时那样对待客户。怎么做呢?

客户离开，应该感谢客户光临本店，并请客户再次光临；提醒客户清点随身携带物品；送客户至展厅门外或停车场，提醒客户特约店的外围道路状况；微笑挥手送别客户，目送客户离开，直到客户消失不见；回展厅整理展车和洽淡桌，恢复原状；整理客户信息，填写《来店客户登记表》及其他客户管理表单。

情景案例

上海大众汽车北京4S店销售员小张一直是店里的销售冠军。他送别客户的时候一定会做的事就是给客户打开车门，并用手挡住车门上侧，防止客户碰着。这个习惯从他做销售员开始就一直坚持。这一细微的服务让很多客户对他产生了好感。每次客户离开的时候都会对小张表示称赞，并说会给他介绍新客户。每个月都会有他服务过的客户介绍的新客户。所以小张的销售业绩一直都很好，一直是店里的销售冠军。这与他的贴心服务是离不开的。

上述案例中小张赢得客户的心的就是一件小小的事情——送别客户时为其打开车门。这件事情虽小可是它却代表一种态度，一种为客户服务的态度，一种客户至上的理念。往往就是这些细节导致了成功。所以这件事也给了销售员一个启示：服务好客户才会赢得客户的心，才能带来更多的生意。这些好的服务并不一定非得是多大的事情，端一杯水、给客户一个微笑、告诉客户前方的路况等，还有案例中的给客户打开车门，就是这些细微的小事，为你的工作加分，给你带来了回报。

小结

送别客户时要感谢客户光临，并诚挚邀请客户再次光临；不要忘记提醒客户清点随身携带物品；将客户送至展厅门外或停车场，微笑挥手送别客户，直到看不见客户为止。

第十三章
回访跟踪：以优质服务赢得良好口碑

一个优秀的销售员其业绩的60%来源于老客户。而想要拥有一大批忠诚度很高的老客户，就需要销售员做好回访跟踪服务。跟踪回访不仅是对客户负责任的表现，更是引导客户再消费的重要途径。在此过程中，销售员若是能够以优质服务获得客户良好的口碑，那么以后的客源资源将取之不尽，用之不竭。

回访关键点：不要怕麻烦

有调查显示，80% 的销售员做了一两次跟踪回访后就不再进行下一次了，只有少于 2% 的销售员能做到坚持第四次回访。不注重客户的跟踪回访，觉得接二连三的回访比较麻烦，是销售员业绩不高的一个重要原因。

情景案例

销售员："您好！请问您是 ×× 女士吗？"

客户："是的，你是哪位？"

销售员："您好！我是 ×× 店的回访员 ××，非常感谢您于 × 月 × 日在我公司购买 × 车，耽误您几分钟的时间，对您做个简短的回访，请问您现在方便接电话吗？"

客户："方便。"

销售员："好的，那耽误您 2 分钟的时间，谢谢您的配合。请问这款车您开着感觉怎么样？"

客户："还好吧，总体还可以。不过，有一处我不太满意……"

销售员（用笔记录）："好的，我明白了，您说的问题我已经详细记录下来了，对于给您带来的不便，我深表歉意，同时也非常谢谢您的反馈，稍后我们会积极为您处理此事，给您一个满意的答复。"

客户："好的。"

销售员："请问，您还要什么不满意的地方吗？"

客户："对了，你们这款车的动力也有点问题……我花了这么多钱，买了一辆问题车，感觉很不值得啊！"

销售员："哦，您的心情我可以理解。不过不要着急，您有什么问题慢慢跟我说，关于汽车动力的问题我也为您做了详细的记录……"

汽车销售是一个服务行业，销售员理当对回访的各个关键点耐心询问，把后续的服务做到位。案例中的销售员在拨通电话回访之后，除了态度温和，文明礼貌之外，最值得大家学习的就是很有耐心，不怕麻烦，面对客户絮絮叨叨的不满，他始终认真地做着记录，安抚着客户的情绪，并没有因为客户问题的繁琐而生发出一些负面的情绪，给客户留下了一个专业素质良好的销售形象。这很值得广大销售员学习借鉴。

业界有句名言，"第一辆车是销售人员卖出去的，可第二、三辆车是售后服务人员卖出去的。"可见售后的重要性。可是仍然有很多销售员还是抱着"相逢开口笑，过后不思量"的态度，没有跟踪或回访的概念，"他们早晚会来""客户在等降价"这只是销售员的一厢情愿，要知道买汽车的那么多凭什么一定要往你这来？客户在哪里买不到车？

况且每一份付出都是有回报的，不要怕麻烦。销售员每完成一次交易就像打了一次胜仗。可是客户到底满不满意，他们是怎么评价产品的呢？这些都不知道，需要通过回访才了解。人是不一样的，有的人满意，有的人不满意，有的可能认为这些服务都是理所应当的，既没有满意也没有不满意。但是不管何种态度销售员都要尽职尽责，一视同仁，做好回访，付出就有回报。著名的营销专家 Joe Girard 说："你所遇到的每一个人都有可能为你带来至少 250 个潜在客户。"反过来看，你没有让这一个客户满意，失去的不仅仅是一个客户，而是 250 个潜在的客户。口碑是无形的财富：一个客户满意，他会替你宣传，带来更多的潜在客户，这些客户又会宣传给其他的客户，无穷无止。所以要回访，而且不要怕麻烦。

跟踪回访就是了解客户的心态：因为使用过程中出现问题导致满意度下降、抱怨厂家质量不过关、抱怨维修厂不负责任等等；了解产品的性能：有没有出现什么故障、是不是像保证书上说的正常运行等。怕麻烦，不去了解客户的心理，就如上面所说会失去很多的潜在客户。而回访跟踪是解决客户的问题，也如上面所说，会带来更多的潜在客户。

回访跟踪不重形式，回答一些客户的问题，协助客户办一些事情都算。有的销售员抱怨不是我不想提供售后服务而是我不知道该提供哪些服务，我们负责卖车，其他如汽车维修不在我们的工作范畴。实际上这是观念上的错误认识，售后不一定是做具体的事情，任何对客户有帮助的、能让客户感到温馨的话语和行动都是售后服务。如多给客户打电话或上门拜访，有工作或家庭上的喜事给客户以祝福；回答客户的一些问题咨询；协助客户办理手续等。

小结

销售人员应该有一种执着的精神，客户不满意就做到客户满意为止，客户不是铁石心肠，一定会被你打动；不要认为回访跟踪没有用，已经回访跟踪过一次了，不需要再回访了。而是应该不怕麻烦，尽职尽责，做好跟踪回访。要明白“每一份付出都会有回报”，“好的口碑是无形的财富”。

要在短期内进行首次回访

客户新买的车需要做很多的程序：上保险、挂牌等，没有做这些，客户无法正常使用或有风险，因此销售员一定要在客户买车的短期内进行首次回访，督促客户尽快完成这些程序同时还可以表现对客户的关怀。

情景案例

李宇是金星汽车特约维修中心的客户经理。近期他在进行客户满意度的调查，通过电话回访来了解。

“是王刚吗？”

“我是，哪位？”

“我是金星汽车特约维修中心的。”

“有什么事吗？”

“是这样，我们在做一个客户满意度的调查，想听听您的意见。”

“我现在不太方便。”

“用不了您多长时间的。”

“我还在睡觉呢，您晚点打过来好吗？”

“我待会也要出去啊。您到现在还在睡觉，现在都这个点了，我得提醒您，您这个习惯可不好。”

“我用你提醒吗，两小时后你再打过来。”

“您还是现在听我说吧，这对您很重要，要不然您可别怪我。”客户挂断。

同样是金星汽车特约维修中心的客户经理，同样是对客户满意度的调查，张经理是这样做的：

“您好，请问是王刚先生吗？”

“我是，你是？”

“您好，我是金星汽车特约维修中心的客户经理，我叫张洋。”

“您有什么事吗？”

“是这样的：您是我们公司的老客户，为了能为您提供更好的服务，我们现在在做一个客户满意度的调查，想听听您的意见，您现在是否方便？”

“我现在不太方便”。

“噢，对不起，影响您工作了。”

“没关系。”

“哪您看您什么时候方便呢？我到时候再给您打过来。”

“您中午再打吧。”

“噢，那会不会影响您吃饭呢？”

“您可以在十二点半以后打过来。”

“好的，那我就十二点半以后再打给您，谢谢您，再见。”

上面两个案例对比非常明显。案例一中的李宇没有从客户角度考虑，不管客户是否方便就要现在说，而且语气生硬，太直，显得很霸道，很没有礼貌，最后那句要不然您可别怪我，是对客户威胁，这是不应该说的。而案例二中的张经理就处处为客户考虑：问现在是否方便、中午打电话会不会影响客户吃饭，让客户感到心里舒畅、温暖。同时张经理语气好，说话有礼貌，“您好”“对不起”“谢谢”的使用就是例子，而案例一就没有使用，所以客户也不会给李宇好语气，要知道对待是相互的，你怎样对待客户，客户就会怎样对待你。

所以从案例中我们可以得到这些启示：回访时对客户语气要好、态度要好、为客户考虑、说话要有礼貌，“您好”“您”“谢谢”等不要吝啬，不要指责客户，甚至威胁客户。

一般来说，销售员在客户提车的 3 天内进行首次回访，对客户表达感谢之情，并询问车辆使用、保险和上牌等情况；7 天左右进行第二次回访，再次询问新车使用情况、保险和上牌情况，未投保和上牌的，要促使客户尽快投保和上牌。客户完成了投保和上牌后仍要进行不定期的回访以增进情感，让其带来更多的客户。

销售顾问在回访时要填写《回访统计表》，如果是潜在客户的，还需在《车型潜在客户管理卡》、《车型潜在客户级别月度管控表》上做好记录。

怎么回访呢？下面介绍一些回访话术。

××× 先生 / 女士您好，我是 ××4S 店客服中心的 ××，很冒昧打扰您！您现在方便接听电话吗（如果客户现在不方便，致歉后询问方便的时间再联系，挂线）？非常感谢您购买我们 ×× 牌汽车，您的车已经上好牌了吗（问此问题前先要核对客户的信息，对于没有开具发票、没有领取合格证的客户，不宜提问此项目）？为了更好地爱护您的车辆，在一到两个月内，3000 公里左右车辆应该做首保，首保是免费的，你只需带着您的保养手册，我们的工作人员会为您的车做一次全面检查。您对我们销售员的接待服务是否满意？您对我们的服务有什么建议吗？谢谢您的宝贵意见，感谢您对我们工作的支持，再见！

等待客户挂电话后再挂电话。

如果客户不满意，应先代表公司表示歉意，对客户的问题表示理解，并详细记录下客户的问题、抱怨、建议等，邀请客户有空的时候来店，为其解决问题；

要把客户的问题及时反馈给相关各部门，根据各部门的处理意见进一步进行客户跟踪。

切记不要给客户不能实现的承诺；说出的话、做出的事要留有后路；要注意说话的语气、方式，不能让客户感觉像被审问一样；无论回访的结果是否有效都要对客户表示由衷的感谢。

为了减少客户的费用，尽量拨打固定电话；控制回访的时间，时间太长会让客户烦躁，变得没有耐心，太短，又会显得对客户不重视；回访的时候要列一个简单的提纲，切忌没有计划，那样回访的效率低，客户也会感到你不专业。

小结

客户提车后一定要短期内进行首次回访，询问车主的车辆使用情况、上保险、上牌照等情况，提醒客户尽快上保险、牌照；回访时客户不满意先代表公司致歉，并记下客户的问题、意见等，为客户解决问题，把客户反映问题反馈相关部门；回访时说话要有礼貌，时刻为客户考虑。

做好回访前的准备工作

未雨绸缪这个成语相信很多人都不陌生，它告诉人们凡事提前做好准备是非常重要的，临时抱佛脚什么都晚了。回访的工作也是如此，提前做好准备才能达到预期的效果，回访才更有可能成功，否则一定会失败。

情景案例

小王是某品牌汽车上海分店的销售员。前些天张先生在他所在的4S店买了一辆车。此时正是回访的最佳时间。小王准备了一下，客户的基本信息、所购车辆信息、维修记录等都记住了。回访时张先生就问了一些关于车使用时的问题。小王对自己卖的车并不太了解，也没有深入了解更多所卖车的信息，导致回答这些问题时吞吞吐吐，有的甚至回答不上来。结果张先生非常生气，表示“你的业务很不过关啊。你们公司就是这样培训你们的，我告诉朋友不要买你们家的车。”

上述案例中小王回访前没有做好充分的准备，只是简单了解了客户的基本信息、所购车辆等信息，而对于产品本身却不熟悉，这真是滑天下之大稽，哪有对自己卖的产品不熟悉的。就算不熟悉也应该多学习、了解、总结。连自己本职工作的内容都不熟悉这是不应该的。确实就像张先生说的，业务不过关，回访当然会失败。所以，回访前一定要做好充分的准备，不仅要了解客户的基本信息、所购车辆信息、购买日期、维修记录等，还要熟悉自己的产品以及会回访话术、注意礼貌用语。

汽车销售人员在回访前需要做哪些准备呢?

（1）了解客户的基本信息：姓名、性别、车龄、住址、爱好、生日等；所购车辆信息：车型、购车日期、配置、车主公司；维修记录。

（2）提前一天筛选要回访的客户名单。一般是在交车后两天整理出客户名单，然后往后一天回访。

（3）确定回访时间。按照提车日期顺序整理。如果客户有明确表示希望的回访时间，则按照客户的意愿进行。

（4）梳理并熟悉回访话术。

（5）准备回访工具。完善的客户信息卡、客户的投诉记录单、准备一个本子来记录客户反映的问题、意见等。

（6）充分了解产品。你需要对自己家的汽车充分了解，才能回答客户的问题，才能应对好各种相关问题。如你家的汽车和其他汽车相比有什么特点，使用你家的汽车会有什么特别的好处。

（7）确定回访的目的。回访前要确定回访的目的，要达成什么目标，达成什么效果等。（回访后应该总结思考是否达到了预定的目标，并分析和总结成败的因素，不断优化开展下一个客户沟通的方式方法）

（8）调整好情绪、准备好沟通语言。你的情绪和语言会感染客户，影响回访的成功。因此需要调整好自己的情绪，保持愉悦的心情；调试一下自己的语气是否和缓友好、语调是否抑扬顿挫、语速是否适中、说话时是否带有口头禅、发音是否悦耳动听、意思表达是否准确简练。

特别强调的一点，和善、开朗的询问很重要。其实回访并不是你想象的那么难，客户也不会是特别挑剔的，并不一定需要很多技巧，只要态度友好，语气和顺，谈话、行为有礼貌，为客户考虑，一般都能回访成功。

小结

回访前要做好充分的准备，要了解客户的基本信息、所购车辆信息；确定回访的时间、目的；熟悉自己的产品；学习回访话术；调整好情绪、准备好沟通语言（说话要有礼貌、您、您好、谢谢等不要吝啬；说话要主动、友好、柔和、不要生硬）；准备好记录本。

利用回访促进重复销售或交叉销售

我们都知道口碑的力量，如果你赢得了一个客户的心，你的产品让一个客户满意，他会给你带来很多的客户，因为他会免费为你宣传，产生群体效应。因此，维护好一个老客户，会为你带来无穷无限的财富，相反，失去一个老客户就是失去很多个潜在客户。所以利用回访使老客户重复销售或交叉销售是销售员售后工作中非常重要的一项内容。

情景案例

著名的销售大师乔•吉拉德非常善于维护和老客户的关系，当然这些老客户也为他带来了更多的财富。他每个月都要给他的所有客户寄出一封信。用的是普通信封，颜色和大小还经常变化，他还尽力让这些信看起来不像是广告推销产品，防止客户还没有看就扔进了垃圾桶。

他还会随信附上一张卡片，卡片上写着“我爱你”，但是卡片上的内容每个月都换新的。寄信的时间他绝不会选择每个月的 1 号、15 号，因为这时是人们缴纳各种费用的日子，他不想让客户心情不好的时候收到他们。

这也为他带来了丰厚的回报：他每年交易的 65% 来自于这些老客户的转介绍。

这个事例很好地说明了老客户的重要价值及维护好老客户的重要性。连世界销售大师都如此重视老客户，我们又怎能不重视呢？仔细想想，一味求新并不一定是好事，就像小学学过的课文小猴子捡东西一样，掰了玉米扔了西瓜，结果什么都得不到。新、老客户就像那些玉米、西瓜，我们总是在寻找新的、扔了旧的，那什么都得不到。而是应该得一项拥有一项。那样才会生意越做越好。

销售员在利用回访促成重复销售会交叉销售时需要注意哪些问题？

了解客户的需求。客户需要什么，有什么问题需要解决等，了解了客户的需求才能为他推荐适合的产品。比如客户每天要跑很远的路程，你应该为他推荐省油、储油量大的汽车；客户爱美，这时候你就可以给他推荐本公司的精美汽车装饰等。

解决客户的问题。客户在使用过程中遇到的问题，你要尽快帮客户解决，这样会让客户感到你是非常关注他，感到非常受重视，认为你或者你们公司不是那种做一锤子买卖的人。因此还会购买你的产品或相关产品。

真诚地为客户考虑。回访时根据客户的特殊要求提供最适合的解决方案。真诚地站在客户的角度考虑，一切为客户的利益着想。

经常问好。客户有值得庆贺的事时或者节日的时候给客户打电话祝贺一下或者发送贺卡、邮件等。

和客户成为朋友。多和客户保持联系，打个电话或上门拜访。有什么新行情也可以跟客户说一下，遇到什么烦心事也可以给客户说一下，慢慢就成为朋友了。

小结

做销售一定要明白口碑的重要，维护好一个老客户可能为你带来250个潜在客户，相反失去一个也就是失去250个潜在客户；一定要了解客户的需求，这样才可以应客户的需求提供相应的产品，实现重复销售或交叉销售；回访时要尽快解决客户的问题，客户满意了，更多的生意就会来。

耐心对待客户的抱怨

客户有抱怨是很正常的，应该正视。抱怨，从另一个方向看是好事，它是最好的产品情报，得来不易。因为假如产品的不良率有 10%，而买到产品并且注意到这些问题的可能只有一半，即 5%，而向厂家反映的可能就是 1% 了。而这 1% 的抱怨有一些可能仍会被公司忽略，所以公司处理的抱怨是九牛一毛，真的是非常珍贵的产品情报。

抱怨并不是你的产品不好，只是你的产品有令客户不满意的地方，客户看上了你的产品才会抱怨的，所以应积极应对客户的抱怨，解决客户的问题，而不应该逃避或者和客户据理力争，这样不仅徒劳无功，还增加了客户对你的反感。

情景案例

张先生新买了辆上海大众汽车，没开多久就出现了点火后容易熄灭的问题。他向 4S 店抱怨“刚买不久的车就这么糟！”销售员是这么回答的：“我们满怀热情地把这款车介绍给您，也希望您享受到高质量的生活。既然出现了这样的问题，我们当然会负起责任的。真的非常抱歉！找个方便的时间来我们厂好好检查一下吧，我陪您一起去，您看什么时候方便呢？

我很理解您的心情，但换车是不可能的。车是由很多零部件组成，不可能每一个都不好，只可能是某些部位出了问题。我一定负责到令您满意为止，去修理厂检查看看好吗？”

张先生听到销售员这么说，气也就消了，说：“好吧，我明天去你们维修厂看看。”

这就是很好的一篇应对客户抱怨的话术。对于客户的抱怨首先说客套话，“希望您可以享受到高质量的生活”，然后表示一定会为客户解决：我们当然会负起责任。这就让客户放心了。接下来表示歉意，使客户的气又减少了一点。然后再有礼貌地引导客户解决——来维修厂检查。对客户表示理解“我很理解您的心情”，让客户的心更加暖和。再明确表示自己的原则——不可能换车，这很重要。然后再解释问题不大，只是某一部件出了问题，（客户着急的心又放松了一点）。最后再引导到解决的办法上——来维修厂检查。总之，这篇话术很妙，需要销售员仔细体会其中的妙处。

以下是销售员处理客户的抱怨的几个步骤。

（1）接受客户的抱怨，并表示歉意。客户抱怨时，不管对与错，都要虚心接受并表示歉意。因为此时稳定客户的情绪才是最关键的。这也是应对客户抱怨的一个重要法则，即使有理由也不能立即反驳，否则只会带来很多的麻烦。但是也不要一味地赔罪，那样会让客户认为你真的错了，最好边道歉边向客户解释。

（2）调查客户抱怨的原因。客户所想和销售员所想是有区别的，你认为产品很好，非常适合他，可是客户却不一定这么认为。所以就要主动向客户询问，从多方面收集信息，掌握客户的实际情况，多听多问多观察，了解客户抱怨的原因。

（3）采取适当的应急措施。对客户抱怨的问题采取相应的措施，防止同样的事情发生。

（4）找出解决办法。

（5）改善产品。根据客户的抱怨寻找产品差距，改善产品。

（6）做好售后服务跟踪。为恢复公司的信用和信誉，除了赔偿客户的物质损失、精神损失，还要做好后续服务工作，使客户恢复对产品的信心。

小结

面对客户抱怨，不要逃避或据理力争。而应该虚心接受并表示歉意，不管客户对与错都要表示歉意。然后调查原因寻找解决办法。根据客户的问题改善产品。最后做好售后跟踪服务，使客户对产品恢复信心。

附赠实用工具

配套资源下载地址：
http://upload.m.crphdm.com/2019/0813/1565693637613.doc